GERD BUSSE
ANGELA PAUL-KOHLHOFF
PETER WORDELMANN

FREMDSPRACHEN UND MEHR

INTERNATIONALE QUALIFIKATIONEN AUS DER SICHT VON BETRIEBEN UND BESCHÄFTIGTEN

Eine empirische Studie über Zukunftsqualifikationen

Herausgeber: Bundesinstitut für Berufsbildung · Der Generalsekretär

Die deutsche Bibliothek - CIP - Einheitsaufnahme

Busse, Gerd:
Fremdsprachen und mehr : internationale Qualifikationen aus der
Sicht von Betrieben und Beschäftigten ; eine empirische Studie über
Zukunftsqualifikationen / Gerd Busse ; Angela Paul-Kohlhoff ; Peter
Wordelmann. Hrsg.: Bundesinstitut für Berufsbildung, Der
Generalsekretär. - Bielefeld : Bertelsmann, 1997
   ISBN 3-7639-0812-9

Vertriebsadresse:
W. Bertelsmann Verlag GmbH & Co. KG
Postfach 10 06 33
33506 Bielefeld
Telefon: (0521) 9 11 01-0
Telefax: (0521) 9 11 01-79
Bestell-Nr.: 110.335

Copyright 1997 by Bundesinstitut für Berufsbildung, Berlin und Bonn
Herausgeber: Bundesinstitut für Berufsbildung · Der Generalsekretär
Redaktionelle Bearbeitung: Barbara Krech
Textbearbeitung: Gabriele Lange
Umschlagsgestaltung: Hoch Drei, Berlin
Druck: Bundesinstitut für Berufsbildung, Berlin
Verlag: W. Bertelsmann Verlag, Bielefeld

ISBN 3-7639-0812-9

Gedruckt auf Recyclingpapier, hergestellt aus 100 %Altpapier

Vorwort

Internationale Qualifikationen haben eine Grundlage, die einem auf Anhieb sicher nicht einfallen würde: hervorragende Fachkenntnisse. Das sagen vor allem Personalverantwortliche aus Betrieben. Für die international tätigen Fachkräfte, die wir befragt haben, dürfte es eine Selbstverständlichkeit sein, daß sich die Wege zu internationalen Tätigkeiten über hohe fachliche Kompetenz erschließen.

Dann werden Fremdsprachenkenntnisse als zweite wichtige Dimension genannt. Fremdsprachenkenntnisse werden von Beschäftigten wie von Arbeitgebern als so selbstverständlich für internationales berufliches Handeln betrachtet, daß sie bei Einstellungen oder der Übertragung von internationalen Aufgaben kein großes Thema sind. Im Kontext mit den anderen qualifikatorischen Elementen, vor allem der Fachkompetenz, dürften sie allerdings nach wie vor von Bedeutung sein.

Je nach Funktion können minimale Fremdsprachenkenntnisse ausreichen, vor allem, wenn es um eher „technische" Aufgaben geht. Dann kann fehlende Sprachkompetenz durch Fachkompetenz und auch Persönlichkeitskomponenten ersetzt werden. Im Bereich von Führungskräften gehen die Anforderungen bis hin zu hoher fremdsprachlicher Verhandlungskompetenz.

Die Betriebe, aber auch über die Hälfte der von uns befragten Beschäftigten, halten darüber hinaus die interkulturelle Dimension für wichtig. Als herausragend wird dabei die Fähigkeit angesehen, „mit ausländischen Partnern/Kollegen/Kunden auf einer gemeinsamen Ebene zu kommunizieren und zu kooperieren". Dazu kommen „Kenntnisse über fremde Kulturen (Lebensweisen, Sitten, Gewohnheiten, Mentalitäten)" und über „ausländische Märkte". Wichtig sind auch die Fähigkeiten, „sich den schnellen Veränderungen im internationalen Geschäft anzupassen" und „über die eigenen Grenzen hinaus zu denken und zu handeln". Weniger wichtig ist interessanterweise – zumindest für den befragten Personenkreis – die Fähigkeit, mit ausländischen Partnern in Konkurrenz zu treten. Relativ unwichtig ist dagegen – noch? – die Fähigkeit, „mit internationalen Datenbanken und Informationssystemen umzugehen". Dazu werden im Schlußteil dieses Berichts weiterführende Überlegungen angestellt.

Schließlich ist noch wichtig: die würdige Vertretung – sowohl fachlich als auch persönlich – des Betriebes, aber auch der deutschen Wirtschaft insgesamt nach außen. Sie liegt durchaus im Interesse der Betriebe, auch im gesellschaftspolitischen Sinne.

Die international tätigen Fachkräfte zeichnen sich über die vorhandenen Qualifikationen hinaus durch eine hohe Mobilitätsfähigkeit und -bereitschaft aus. Sie sind jung, überwiegend kinderlos und familiär häufig noch ungebunden. Dazu kommt ein verhältnismäßig hohes schulisches Bildungsniveau. Rund ein Drittel der befragten Fachkräfte ist bereit, „aus eigenem Antrieb, d.h. aus persönlichem Interesse und ohne ein Angebot und die Unterstützung ihres derzeitigen Arbeitgebers, ins Ausland zu gehen, um dort zu arbeiten". Frauen zeigen im Verhältnis zu den Männern eine stärkere Motivation, selbst initiativ zu werden, um eine Stelle im Ausland antreten zu können. Es darf vermutet werden, daß in dieser sehr mobilitätsbereiten – und aufgrund der sprachlichen Fähigkeiten, des Alters und der familiären Situation auch mobilitätsfähigen – Gruppe derer, die aus eigenem Antrieb ins Ausland gehen würden, ein nicht ausgeschöpftes Potential hinsichtlich beruflicher Einsatzmöglichkeiten im Ausland liegt.

Bei dem diesem Bericht zugrundeliegenden Projekt haben viele Menschen und Organisationen mitgewirkt, denen wir hier noch einmal ausdrücklich danken wollen. Das gilt insbesondere für die Betriebe und ihre Mitarbeiterinnen und Mitarbeiter, die für die z.T. aufwendigen Befragungen zur Verfügung standen. Unser Dank richtet sich an die Studentinnen und Studenten der Technischen Hochschule Darmstadt und der Sozialforschungsstelle Dortmund, die als Interviewer tätig waren, aber auch an Detlef Ullenboom, Claudia-Yvette Matthes und Melanie Form, die als studentische Hilfskräfte bei der Sozialforschungsstelle Dortmund bzw. dem BIBB wertvolle Arbeit geleistet haben. Schließlich sei auch unserem Kollegen Hans Borch für seine kritische und konstruktive Begleitung des Projekts gedankt.

Gerd Busse
Angela Paul-Kohlhoff
Peter Wordelmann,   Berlin/Dortmund, November 1996

Inhalt

1 Einleitung: Internationalisierung des Wirtschaftens, Wettbewerbsfähigkeit und Zukunftsqualifikationen

In der bildungspolitischen Debatte um die Zukunft der schulischen und beruflichen Bildung in der Bundesrepublik Deutschland hat das Thema der „internationalen Qualifikationen" in den letzten Jahren zunehmend an Bedeutung gewonnen (Baur, Wolff u. Wordelmann 1991; EGB 1991; Feuchthofen 1992; Finkenstaedt u. Schröder 1990; Kramer 1992; Kuratorium der Deutschen Wirtschaft für Berufsbildung 1991; Lipsmeier 1991; Schleicher 1993; Schröder 1994; Sellin 1991; Sutter 1992; Weiß 1992; Wordelmann 1991/93/95). Wichtige historische Eck- und Kristallisationspunkte bilden dabei die Schaffung des Europäischen Binnenmarktes, die Bedrohung des Wirtschaftsstandortes Deutschland/Europa angesichts einer wachsenden Konkurrenz, insbesondere aus dem südostasiatischen Raum, sowie die Öffnung der osteuropäischen Märkte nach dem Zusammenbruch der Sowjetunion.

Eine Theorie des globalen Wirtschaftens (vgl. z. B. Narr u. Schubert 1994; Hamel u. Prahland 1995), die eine Abschätzung der Folgen für das Bildungssystem ermöglichen würde, fehlt noch weitgehend. Die neoklassische oder reale Handelstheorie (Rose u. Sauernheimer 1992) stellt den Devisenmarkt in den Mittelpunkt ihrer Untersuchungen, die „neue Wachstumstheorie" (Hasse u. Schäfer 1994) bewertet immerhin das Humankapital als eigenständigen Produktionsfaktor und damit als mitentscheidend für wirtschaftliches Wachstum und Wettbewerbsfähigkeit. Wie aber das Bildungssystem auszugestalten sei und welche Rolle der Staat zu spielen habe – Interventionismus versus freie Entfaltung – ist noch ungeklärt.

In einem ersten Zugang lassen sich die hinter den ökonomischen Integrationsbemühungen – nicht nur in Europa – stehenden bildungsrelevanten Dimensionen identifizieren (zum folgenden vgl. Wordelmann 1994). Diese heißen **Raum, Zeit** und **Konkurrenz**. Zukünftig dürfte die globale Entwicklung der **Technik**, insbesondere der neuen Informations- und Kommunikationstechniken, für alle Arbeitsplätze im Kontext internationalen beruflichen Handelns eine wichtige Rolle spielen.

Schaubild 1:   Bildungsrelevante Dimensionen der Internationalisierung des
                Wirtschaftens

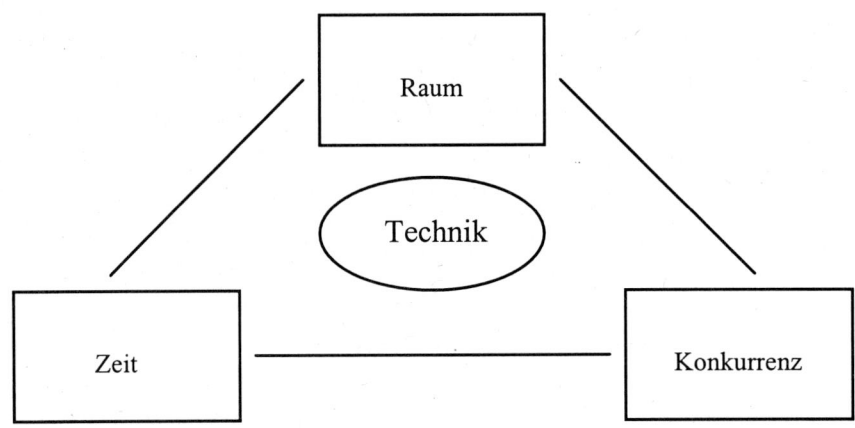

Quelle: BIBB-Projekt 1.2002, 1996

Ausgangspunkt der Internationalisierung des Wirtschaftens ist der größere **räumliche Handlungsrahmen**, am ehesten verdeutlicht durch die Schaffung von Binnenmärkten, wie dem der Europäischen Union, innerhalb dessen die Bedingungen des wirtschaftlichen Handelns verbessert werden, etwa durch den freien Verkehr von Waren, Personen, Dienstleistungen und Kapital. Mit den größeren und erleichterten ökonomischen Austauschbeziehungen zwischen Inland und Ausland und im Idealfall einem grenzenlosen Raum wird als Vorteil vor allem eine Verbesserung der „economies of scale" erwartet. Ob das tatsächlich geschieht, dürfte u.a. auch von den qualifikatorischen Voraussetzungen in den Unternehmen abhängen, da es um das Angebot von „internationalen" Produkten und Dienstleistungen auf dem Weltmarkt geht. Internationale ökonomische Handlungsräume verlangen entsprechende Qualifizierungsräume, in denen die Mobilität von Arbeitnehmern oder allgemeiner von Qualifikationen möglich ist. Dabei bewegen sich diese Handlungsräume schon längst nicht mehr auf der Ebene des europäischen Binnenmarktes, sondern in einem Spannungsfeld des globalen Rahmens zum einen und der Kleinräumlichkeit („Europa der Regionen") zum anderen. Dem entspricht das bildungspolitische Spannungsfeld von der notwendigen Identifikationsmöglichkeit mit der Region als Lebenswelt bis hin zur multikulturellen Weltbürgerlichkeit. Was das unter Einbeziehung der technologischen Entwicklungen – insbesondere der Telekommunikation – bedeuten kann, beschreibt B. Guggenberger (1994):

> „Heimat ist nur noch eine sentimentale Worthülse, der keine wesentliche soziale Erfahrung mehr entspricht; das traditionelle Band zwischen unseren physischen Orten und den sozialen und psychologischen Erlebniswelten ist zerschlissen. Wir leben nicht mehr in einer Region, sondern in einem Kommunikationssystem; wir hausen nicht mehr in Dörfern und Städten, sondern in Programmsegmenten."

Die zweite wichtige Dimension internationalen Wirtschaftens sind die veränderten, in der Regel schnelleren **zeitlichen Rahmenbedingungen** des Handelns. Größere Räume und mehr Konkurrenten schaffen von sich aus eine eigene ökonomische Dynamik in den Märkten. Folgen dieser Dynamik sind u.a. das Ausscheiden von Konkurrenten und regionale Verarmung. Darüber hinaus entstehen Ungleichzeitigkeiten im Raum: irgendwo ist immer jemand schneller, und sei es allein durch die Zeitunterschiede. Die rasante Entwicklung in den Informations- und Kommunikationstechniken unterstützt die Dynamik, verschafft aber neue zeitliche Qualitäten: in dem Maße, in dem physische Distanzen verschwinden, verschwimmen die Ungleichzeitigkeiten zu einer globalen Zeitgleichheit. Nicht nur wegen dieser technologischen Dynamik veraltet Wissen immer schneller, globaler räumlicher Bezug und Wettbewerb tragen dazu ebenso bei.

> „Die deutliche Tendenz zu einer Homogenisierung der Zeit eines ganzen Planeten, der künftig der Tyrannei der Echtzeit, das heißt einer Weltzeit unterworfen sein wird, die in zunehmendem Maße die lokale Zeit der unmittelbaren menschlichen Aktivitäten entwertet, wird verstärkt durch ein noch ganz junges Projekt („Daten-Autobahnen", d. Verf.), mit dessen Hilfe man schon bald die Verfahren der weltweiten Telekommunikationssysteme zur Durchsetzung einer neuen Zeitordnung endgültig einsatzfähig machen will." (Virilio 1994).

In engem Zusammenhang mit der Ausdehnung des räumlichen Bezugs ökonomischen Handelns steht die Dimension der **Konkurrenz**. Nicht von ungefähr bestand eine der Begründungen für den EU-Binnenmarkt in den Kosten von „Non-Europe". Durch offeneren Wettbewerb sollen

Konkurrenz erhöht und Kosten reduziert werden. Die Konkurrenz bezieht sich vor allem auf:

- die Konkurrenz um **Wirtschaftsstandorte** und damit auch der Standorte untereinander. Direktinvestitionen sind zum wichtigsten Medium globaler Arbeitsteilung geworden. Wichtige Standortfaktoren sind u. a. die Struktur der beruflichen Bildung – hier wird für die Bundesrepublik Deutschland häufig die praxisnahe Ausbildung hervorgehoben –, aber auch die Qualifikation der Arbeitnehmerinnen und Arbeitnehmer. Diese ist aber nur eine notwendige Bedingung.

- die Konkurrenz auf den **Güter- und Dienstleistungsmärkten**, wobei letztere durch die raum- und zeitüberspannenden neuen Technologien eine immer größere Bedeutung erlangen. Zugleich besteht ein hohes Unsicherheitsniveau, weil sich gegenwärtige Vorteile in bestimmten Sektoren allein aufgrund neuer Erkenntnisse in der Forschung sehr schnell zu künftigen Nachteilen im globalen Wettbewerb entwickeln können (Wolff 1994).

- die Konkurrenz auf den **Arbeitsmärkten**, die sich am ehesten durch die Beschäftigung von Arbeitskräften aus Billiglohnländern in den Hochlohnländern zeigt. Der Wanderungsdruck auf die reichen Industrieländer wächst weltweit, wobei vor allem relativ höher qualifizierte Arbeitskräfte zuerst abwandern. Die Konkurrenz entwickelt sich zu einem globalen Kampf um Arbeitsplätze.

- die Konkurrenz um **Zukunft** der nationalen Volkswirtschaften überhaupt: dieser Aspekt beinhaltet die Konkurrenz um internationales Kapital und internationale Qualifikationen (Porter 1991). Dabei geht es sowohl um inhaltliche Qualifikationen (neue „internationale" Qualifikationen) als auch um Minimierung der entstehenden Kosten für die Qualifizierung und Bereitstellung des Personals. Damit ist klar, daß internationale Qualifikationen vor allem auch eine Investition in Zukunft sind. Ziel dieser Bemühungen sind letztlich globale strategische Allianzen.

Die globale Entwicklung der **Technik**, insbesondere der neuen Informations- und Kommunikationstechnologien, wird einen zunehmenden Einfluß auf internationales berufliches Handeln gewinnen. Sie ermöglicht die Überwindung von Zeit und Raum und wird im Zusammenhang damit vermutlich völlig neue qualifikatorische Anforderungen an die „internationalen" Arbeitsplätze stellen (vgl. auch Kap. 5).

In den Zusammenhang der Dimensionen internationalen Wirtschaftens gestellt, gibt es verschiedene Formen internationalen ökonomischen Handelns (vgl. Schaubild. 2).

Schaubild 2:   Dimensionen und Formen internationalen ökonomischen Handelns

Kon- Raum: kurrenz/ Bezug/ Koope- Größe ration	inter (Inland → Ausland)	intra (Ausland →Inland)	Austausch (Inland ↔ Ausland)	Größe ohne Grenzen
um Standorte	Standorte im Ausland finden, errichten, ausbauen	inländische Standorte sichern, errichten, ausbauen gegen ausländische Konkurrenz	Kooperation zwischen Standorten im In- und Ausland Joint ventures	globaler Kampf von Standorten
auf Güter- und Dienstleistungs-märkten	Produkte und Dienstleistungen im Ausland einkaufen und verkaufen	ausländische Produkte u. Dienstleistungen im Inland verkaufen; inländische Produkte u. Dienstleistungen gegen ausländische verkaufen	Kooperation bei der Entwicklung und Herstellung von internationalen Produkten und Dienstleistungen	globaler Kampf um Marktanteile
auf dem Arbeitsmarkt	Arbeitskraft im Ausland einkaufen, anbieten, verkaufen (internationale Mobilität)	ausländische Arbeitskräfte im Inland beschäftigen	Kooperation von Mitarbeiterinnen und Mitarbeitern (geistige Mobilität, kulturelle Synergie)	globaler Kampf um Arbeitsplätze
um Zukunft (internationales Kapital; internationale Qualifikationen)	↖	↑ **ZEIT (Dynamik)**	↗	Markt beherrschung, Verflechtung, strategische Allianzen

Quelle: BIBB-Projekt 1.2002, 1996

Die Matrix macht deutlich, daß sich die Formen internationalen Wirtschaftens in einem **Geflecht** von räumlichen Austauschbeziehungen und Konkurrenz- bzw. Kooperationsformen abspielen. Internationale Kooperationsfähigkeit ist vermutlich eher in multinationalen Unternehmen, dort in den Managementebenen und zur Sicherung strategischer Marktpositionen gefordert; Konkurrenzfähigkeit zur Gewinnung auch kurzfristiger Marktchancen tendenziell auch in den Ebenen unterhalb des Managements, vermutlich eher in kleinen und mittleren Unternehmen. Personalisierte internationale Qualifikationen werden auf einem internationalen Arbeitsmarkt „gehandelt". Dabei geht es sowohl darum, Mitarbeiter für internationale Aufgaben zu gewinnen, als auch Personalentwicklungssysteme international zu gestalten und einzusetzen. Ein solcher internationaler Arbeitsmarkt dürfte – sieht man einmal von Leih- und Saisonarbeitern ab – derzeit wohl nur für die höheren Managementebenen bestehen. Die Mobilität von Facharbeitern und Fachangestellten hält sich dagegen im Rahmen und hat keineswegs die Entwicklung genommen, die viele nach Schaffung des europäischen Binnenmarktes erwartet haben. So betrug der Anteil der 1991/92 in der repräsentativen BIBB/IAB Erhebung befragten Beschäftigten (nur westliche Bundesländer) mit Auslandsaufenthalt bei den Facharbeitern 2,8 %, bei den Fachangestellten 2,1 % und bei Hochschulabsolventen 14,4 % (Wordelmann u. Matthes 1995).

Denkbar ist, daß es in Zukunft nicht mehr primär um regionale, physische Mobilität, sondern verstärkt um globale, „geistige" Mobilität gehen dürfte. Diese schließt sowohl Formen interkultureller Innovationen im Sinne kultureller Synergieeffekte – etwa bei der Entwicklung von neuen „internationalen" Produkten – als auch solche von ortsunabhängigen Transfers von Qualifikationen ein – etwa die vielzitierte weltweite Nutzung von EDV-Kapazitäten aus dem Billiglohnland Indien. Nicht mehr Arbeitskräfte wandern, sondern Qualifikationen können zunehmend global abgerufen werden.

Die globalen wirtschaftlichen Aktivitäten lösen erhebliche Folgen für die **nationalen Gesellschaften**, ihre politischen, Wirtschafts- und Sozialsysteme aus. Dabei handelt es sich nicht nur um Strukturprobleme (z.B. Sozialdumping), sondern auch um Steuerungsprobleme.

> „Je mehr die Ökonomie jedoch global wird, desto weniger passen die Märkte und die Institutionen, die sie ordnen sollen, überein. Es findet ein Wettbewerb der Wirtschaftsordnungen statt, der immer mehr Lebensbereiche betrifft. Die Regierungen der Nationalstaaten verlieren Stück für Stück die Fähigkeit, die wirtschaftliche Zukunft ihrer Bürger zu gestalten." (Piper 1994)

Eine Folge der Internationalisierung sind auch neue Machtzentren, und zwar sowohl ökonomische (multinationale Konzerne) als auch politische (supranationale Einrichtungen). Einzelstaatliche Problemlösungen sind zudem häufig viel zu langsam, was vor allem auch für Infrastrukturmaßnahmen im weitesten Sinne – also auch für Bildungs- und Beschäfti-gungspolitik – gilt. Insofern gibt es langfristig gesehen sicher auch An-gleichungsprozesse zwischen den verschiedenen nationalen Bildungssy-stemen. Diese sind selbst Gegenstand des internationalen Wettbewerbs. Die Outputfaktoren „Qualifikation des Humankapitals" und „Aufwen-dungen für und Qualität von Forschung und Entwicklung" stellen wich-tige Indikatoren für die Wettbewerbsfähigkeit nationaler Volkswirtschaf-ten dar. Es handelt sich aber nach wie vor um „weiche" Faktoren. Der Nachweis der eindeutigen Wirksamkeit auf das Wirtschaftswachstum ist noch nicht erbracht. Internationales mobiles Kapital wird eben auch durch andere Faktoren angezogen. Darüber hinaus wird die globale Mobilität von Qualifikationen die Meßbarkeit der Bedeutung für natio-nale Volkswirtschaften nur noch erschweren.

Eines erscheint jedenfalls klar: Die im Bildungs- und Ausbildungssy-stem vorrangig vermittelten Kenntnisse – auch Sprachkenntnisse – und Fertigkeiten allein werden den Anforderungen der Arbeitsplätze der Zukunft nicht mehr gerecht. Auf Bildung und Bildungspolitik kommt eine neue Dimension zu. In der Interdependenz mit den Anforderungen des Marktgeschehens werden sie ihren Stellenwert nun verstärkt auch **supranational** ständig neu definieren und vielleicht erkämpfen müssen. Welche Entwicklungen der Internationalisierung des Wirtschaftens hat die Bildungspolitik zu unterstützen, welche kurz-, aber auch längerfristi-gen Folgen sind zu vermeiden oder mindestens zu begrenzen? Welcher eigenständige Wert wird Bildung als der umfassendsten Form der Per-sönlichkeitsentwicklung in Zukunft beigemessen, und welche Folgen er-geben sich daraus wiederum für die Bildungspolitik? Kann die Berufs-bildung ihren Bildungsauftrag überhaupt bewahren?

Die Kernfrage lautet aber: Was müssen wir unter der Dynamik der Internationalisierung des Wirtschaftens und des Lebens für die Zukunft lernen? Diese Qualifikationen nennen wir „internationale Qualifikatio-nen". Sie haben den Charakter von Zukunftsqualifikationen, weil sie die Beschäftigten in einer sich rasch wandelnden Arbeitswelt dazu befähi-gen, auch in Zukunft ihre Tätigkeiten qualifiziert auszuüben. Aber nicht nur das, sie sind in ihrer Gesamtheit auch erforderlich, um regionalen und nationalen Ökonomien im globalen Wettbewerb bestehen zu helfen, letztlich Arbeitsplätze zu sichern und ggf. neu zu entwickeln.

Da diese Problematik auch und vor allem Fragen der Berufsbildung berührt, wurde die Sozialforschungsstelle Dortmund (sfs) vom Bun-desinstitut für Berufsbildung in Berlin (BIBB) mit der Durchführung einer breit angelegten und inzwischen abgeschlossenen empirischen Untersuchung im Rahmen des Forschungsprojektes: „Berufliche Qualifikationen im internationalen Kontext" beauftragt, wobei das besondere Augenmerk der Gruppe der Facharbeiter/-innen und Fachangestellten gelten sollte. Das Ziel des Projektes war es, drei Punkte zu klären:

• Wie lassen sich „internationale Qualifikationen" begrifflich fassen?

• Wie stellt sich das Problem der „internationalen Qualifikationen" auf der betrieblichen Ebene, d. h. in der konkreten Personal- und Ausbildungsarbeit, aber auch aus Sicht international tätiger Fachkräfte dar?

• Was läßt sich über den Umfang und die Ausprägung „internationaler Qualifikationen" als Teil der berufsfachlichen Gesamtqualifikation bei Facharbeiter- bzw. Fachangestelltentätigkeit sagen?

Das Projekt lief in mehreren Phasen ab:
– eine eingehende Literaturrecherche bzw. -auswertung unter dem Stichwort „internationale Qualifikationen",

– Expertengespräche, zusammengefaßt in einem Workshop „Internationale Qualifikationen",

– die Durchführung leitfadengestützter Expertengespräche mit Personalverantwortlichen/Ausbildungsleitern und Betriebsräten in einer Reihe von Betrieben, verteilt über die gesamte Bundesrepublik, und die Erstellung von Betriebsfallstudien,

– leitfragengestützte Einzelgespräche mit 13 international tätigen Fachkräften sowie

– eine bundesweite Befragung von 500 Facharbeitern und Fachangestellten mit spezifischen Merkmalen über Umfang und Ausprägung „internationaler Qualifikationen" im Rahmen ihrer beruflichen Tätigkeit.

Darüber hinaus wurden Ergebnisse der regelmäßig stattfindenden repräsentativen Befragung von Erwerbstätigen durch das Bundesinstitut für Berufsbildung und das Institut für Arbeitsmarkt- und Berufsforschung verwertet.

Die verschiedenen Untersuchungsansätze sind in dem folgenden Schaubild 3 dargestellt:

Schaubild 3:   Struktur der verschiedenen Untersuchungsansätze

	Befragte	Gültigkeit	Berufe/Betriebe
15 Betriebsfallstudien 1994/95 + 5 Vorstudien Leitfaden Tonbandaufzeichnung ca. 1-2 Stunden	Personalleiter, Ausbildungsleiter in international tätigen Betrieben	nicht repräsentativ grenznah, -fern Großbetriebe u. KMU alte/neue Bundesländer Ballungsraum/ländlich	Chemie, Bau, Stahl, Automobilindustrie, Schwermaschinenbau Bekleidung, Versicherungen, Banken, Spedition, Automation, EDV, Kautschukverarbeitung, Hotel- und Gaststätten, Bäckerhandwerk
500 Interviews (Fragebogen) am Arbeitsplatz 1995 ca. 45 Min.	international tätige Beschäftigte (Fremdsprachenbedarf/Auslandsaufenthalt) mit abgeschlossener Berufsausbildung, mind. 5 Jahre im Beruf 35 % Frauen	vergleichsweise hohe Internationalität (gute Fremdsprachenkenntnisse, hohe Mobilitätsbereitschaft, viele Auslandsaufenthalte), jung, geringe Kinderzahl, hohe Schulbildung	gewerbl.-techn. Berufe, insb. Metall und Elektro, Groß- und Außenhandelskaufleute/Verkehrsberufe (Reise, Spedition), Bankkaufleute, Hotel- und Gaststättenberufe, Einzelhandelskaufleute, Büroberufe (Industriekaufleute, Kaufleute für Bürokommunikation, Sekretariatsberufe)
13 Intensivinterviews Leitfragen/Tonbandaufzeichnung 1995 1 1/2- 3 Stunden	5 Frauen, 8 Männer, Ausbildung im dualen System (eine Ausnahme), plus teilw. weitere Qualifizierung	nicht repräsentativ	3 Industriekauffrauen, Bankkauffrau, Reiseverkehrskauffrau, Chemielaborant (Chemotechniker), Schlosser (Maschinenbauingenieur), Elektriker (Ing.), Meß- u. Regelmechaniker (Meister), Elektriker, Koch, Feinmechaniker (Ingenieur), Bankkaufmann (abgebrochen)
BIBB/IAB-Erhebungen 1985/86; 1991/92	Erwerbstätige insgesamt, Westteil und Ostteil	repräsentative 1 % Stichprobe	alle Berufe

Quelle: BIBB-Projekt 1.2002, 1996

In der vorliegenden Studie werden die Ergebnisse unter dem Aspekt der Sichtweisen von Beschäftigten und Betrieben präsentiert und erläutert. In der Zusammenfassung am Schluß des Berichts wird darüber hinaus der Aspekt von internationalen Qualifikationen als Zukunftsqualifikationen aufgegriffen.

2 „Internationale Qualifikationen" aus Sicht der Betriebe: keine Probleme – oder doch?

Bei den Betriebsfallstudien handelte es sich um 15 Unternehmen unterschiedlicher Größe und aus unterschiedlichen Branchen (Chemie, Bau, Stahl, Automobilindustrie, Schwermaschinenbau, Bekleidung, Versicherungs- und Bankgewerbe, Spedition, Automation, EDV, Kautschukverarbeitung, Hotel- und Gaststättengewerbe; zusätzlich wurde ein kleiner, grenznaher Betrieb des (Bäcker-)Handwerks einbezogen). Da weder der Anspruch auf Repräsentativität noch auf Quantifizierbarkeit der Ergebnisse erhoben wurde, sondern eher das heuristisch motivierte Interesse im Vordergrund stand, mehr über Qualität, Umfang und Ausprägung „internationaler Qualifikationen" bzw. über die Wege zur Deckung eines Bedarfs an solchen Qualifikationen zu erfahren, wurden nur solche Unternehmen einbezogen, die sich zumindest im Anfangsstadium der Internationalisierung befanden, also grenzüberschreitend aktiv waren oder ausländische Kunden im Inland besaßen. Ein vorab erarbeiteter Kriterienkatalog sollte das Vorhandensein eines möglichst breiten Spektrums an eventuellen Einflußfaktoren für die Notwendigkeit zur „internationalen" Qualifizierung der Belegschaft gewährleisten. Dieser Kriterienkatalog umfaßte unter anderem Aspekte wie Klein-, Mittel- oder Großbetrieb, Grenznähe/Grenzferne, Sitz in den alten bzw. neuen Bundesländern, in einem Ballungsraum oder in einer ländlichen Region, hoher Frauen- bzw. Männeranteil an der Gesamtzahl der Beschäftigten bzw. hoher Ausländeranteil an der Belegschaft.

Obwohl die Fragestellung bei den angesprochenen Unternehmen auf reges Interesse stieß, gab es einige Probleme, die betrieblichen Ansprechpartner davon zu überzeugen, daß sie durch die Diskussion der Personal- und Ausbildungspolitik ihres Unternehmens etwas zum Thema beitragen könnten. Das Spektrum der Aussagen reichte von der Behauptung, daß „wir internationale Qualifikationen hier bei uns überhaupt nicht brauchen", bis hin zur Feststellung, daß man „gar nicht international, sondern nur innerhalb Europas" tätig sei.

Solche Äußerungen im Vorfeld der Untersuchung nahmen bereits einiges von dem vorweg, was sich später auch in den Interviews mit Aus- und Weiterbildungsleitern, Personalchefs und Betriebsräten zeigte: Der Begriff der „internationalen Qualifikationen" wird vielfach mit einem Bündel eher vager Fähigkeiten assoziiert, die jedoch vom Umfang her weit über die Kenntnis etwa fremdsprachlicher Fachbegriffe oder internationaler Normen hinausreichen. Für die meisten schien dieser Begriff auch ausschließlich mit internationalen Aktivitäten des Unternehmens verbunden zu sein: Die Qualifizierung ausländischer Mitarbeiter für die Arbeit in der Bundesrepublik wurde ebensowenig mit „internationalen Qualifikationen" in Verbindung gebracht wie etwa Qualifizierungsmaßnahmen für deutsche Beschäftigte oder Ausbilder beim Umgang mit ausländischen Kollegen oder Auszubildenden.

Sucht man in der Literatur nach brauchbaren Beschreibungen dessen, was „internationale Qualifikationen" beinhalten können, stößt man auf eine Vielzahl unterschiedlicher Begrifflichkeiten für einen scheinbar stets identischen Sachverhalt. Da ist etwa die Rede von „internationaler Bildung" (Hummel 1992a), „interkultureller Kompetenz" (Kramer 1992), „Europafähigkeit" (Schleicher 1993), „Europakompetenz" (Schmidt 1990), europarelevanten „Meta-" oder „Schlüsselqualifikationen" (Feuchthofen 1990), „Euroqualifikationen" (Sellin 1991) oder „internationalen Qualifikationen" (Wordelmann 1991).

Erst bei genauerem Hinsehen bemerkt man, daß sich hinter den verschiedenen Benennungen häufig auch unterschiedliche Bildungsbegriffe verbergen, die sich entweder – mal mehr, mal weniger – an ökonomischen Verwertungsaspekten von Bildung orientieren oder aber ihre identitätsstiftende, persönlichkeitsbildende Dimension in den Vordergrund rücken.

Gummersbach (1992) beispielsweise betont eher den Verwertungsaspekt „europarelevanter Schlüsselqualifikationen" in der kaufmännischen Aus- und Weiterbildung vor dem Hintergrund des Wegfalls der europäischen Binnengrenzen: es geht ihm um die Vermittlung von „Handlungskompetenz".

„Damit ist gemeint
– das Beherrschen der fachlichen Inhalte. Dazu zählt neben den typisch kaufmännischen Inhalten auch das Beherrschen mindestens einer Fremdsprache.

– das Gewinnen von Methodenkompetenz, das heißt selbständig planen und entscheiden können, sich Informationen beschaffen und verarbeiten können. Hierzu gehört auch die Fähigkeit, mit internationalen Datenbanken umgehen zu können.

– ein großes Maß an Sozialkompetenz, das heißt kommunizieren und kooperieren können [...]. Dabei ist es wichtig, daß die kaufmännischen Gepflogenheiten der Nachbarländer beachtet werden.

– daß auch Grundeinstellungen und Werthaltungen gelernt und ständig korrigiert werden, wie zum Beispiel eine gewisse Offenheit für neue Ideen, verantwortliches Handeln, Initiative und vor allem ein großes Maß an Belastbarkeit." (Ebd.)

Auch Wordelmann (1991) zielt mit seinem Begriff der „internationalen Qualifikation" eher auf die Verwertung von Bildung, führt ihn jedoch – „angesichts der weltweiten Orientierung der Internationalisierung" – bewußt über den Rahmen der Europäischen Union hinaus.

Schmidt (1990) akzentuiert mit seiner (indirekten) Definition von „Europakompetenz" in der Berufsbildung hingegen vor allem den persönlichkeitsbildenden Aspekt von Bildung. Zur Europakompetenz zählen für ihn

– Sprachfertigkeiten,

– Kenntnisse über Kultur, Sitten und Gewohnheiten in den Nachbarländern,

– Informationen über das Sozial-, Arbeits- und Steuerrecht in den anderen Staaten.

Die wohl umfangreichste Definition „internationaler" Anforderungen, die beide Aspekte von Bildung in sich vereint, findet sich in Wolfgang Kramers Konzept der „interkulturellen Kompetenz". Sie wird erworben über:

„– Fremdsprachenkenntnisse,

– Verständnis für andere Mentalitäten,

– Kenntnisse des ausländischen Rechts,

– Einsicht in Lebens- und Verhaltensweisen ausländischer Partner oder Mitarbeiter,

– Kenntnisse der jeweils vorhandenen Wirtschafts- und Arbeitsbeziehungen,

– Bereitschaft und Fähigkeit, sich flexibel anderen soziokulturellen Bedingungen anzupassen". (Kramer 1992)

Bezogen auf die Frage der beruflichen Qualifikation im internationalen Kontext scheint diese Definition die brauchbarste zu sein, da sie sowohl die Bereiche Wirtschaft und Arbeit als auch die (soziale) Ebene der Interaktion mit anderen Menschen und Kulturen umfaßt. Ergänzt werden müßte sie vielleicht noch um den Punkt der „internationalen" fachlichen Kenntnisse, d. h. Kenntnisse über die in anderen Ländern eingesetzten Technologien oder Produktionsstandards.

2.1   Die Begriffe „international" und „internationale Qualifikationen"

Die Frage ist, inwieweit sich diese Definitionen im konkreten betrieblichen Kontext für die Beschreibung der dort vorhandenen oder angestrebten internationalen Bezüge in den beruflichen Tätigkeiten eignen. Aus diesem Grund – aber auch, um zu erfahren, was die unmittelbar mit der Personalarbeit bzw. -vertretung betrauten Personen (Personalleiter, Personalentwickler, Ausbilder und Betriebsräte) überhaupt unter dem Stichwort „internationale Qualifikationen" verstehen – wurden die Gesprächspartner in den Betrieben jeweils um eine spontane, persönliche Definition des Begriffs gebeten.

Obwohl die Antworten auf diese Frage im allgemeinen eher zögerlich kamen, lag das Problem für die befragten Experten nicht so sehr in der Aufzählung konkreter beruflicher Qualifikationen in einem internationalen Kontext als vielmehr im Verständnis des Begriffs „international" selbst.

Es scheint, daß Geschäfte in Europa für eine Reihe von Branchen längst zu einem Stück Normalität geworden sind, so daß sie nicht mehr als „international" verstanden werden – ebenso wie übrigens der Umgang mit ausländischen Beschäftigten oder die Fertigung nach internationalen Normen und Standards nicht spontan dazugerechnet wird. Insgesamt gewinnt man den Eindruck, daß die Begriffe „national" und „international" im Zusammenhang der geschäftlichen Aktivitäten eher in Kategorien wie „Vertrautheit" bzw. „Fremdheit" als in denen staatlicher Grenzen gedacht werden.

So präzisierte etwa der Personalreferent eines weltweit operierenden Softwareunternehmens seine Äußerungen über „nationale" Weiterbildungsmaßnahmen mit den Worten:

„'National' heißt für mich natürlich auch, wenn die Österreicher und die Schweizer dabeisitzen. International wird es für mich dann, wenn die Osteuropäer dazukommen."

Bei einem der Unternehmen, einem multinationalen Automobilkonzern, bildete die Verknüpfung des Begriffs des „Internationalen" mit dem Aspekt der „Fremdheit" gar die Grundlage der Personalarbeit mit Beschäftigten, die von längeren Auslandsaufenthalten zurückkehrten. Solche Beschäftigte erhielten zu Hause „Reintegrationsseminare" – in der Regel allerdings nur dann, wenn sie im *außereuropäischen* Ausland eingesetzt waren, da nach Aussagen eines Personalentwicklers die kulturellen und sozialen Unterschiede innerhalb Europas nicht so groß seien.

Auch ein weiteres, zunächst etwas merkwürdig anmutendes Untersuchungsergebnis erklärt sich möglicherweise durch die Besetzung des Begriffs „international" mit „Fremdheit" – die Tatsache nämlich, daß einige der Gesprächspartner beim Stichwort „international" keineswegs spontan auf die Auslandsbezüge ihres Unternehmens zu sprechen kamen, sondern statt dessen über die Schwierigkeiten und Herausforderungen bei Aufnahme geschäftlicher Aktivitäten auf dem Gebiet der ehemaligen DDR berichteten.

So antwortete der Personalentwickler einer großen deutschen Bank auf die Frage nach Weiterbildungsangeboten, die sich aus dem internationalen Bezug seines Unternehmens ergeben:

„In dem Zusammenhang hatten wir ganz zu Anfang nach der Öffnung der innerdeutschen Grenze auch Seminare laufen – Wie ist was zu betrachten? Was bedeuten die Schulabschlüsse? Was bedeuten die verbalen Kommentierungen in den Zeugnissen? Wie lief das System? – um auch hier ein besseres Verständnis zu ermöglichen, um mit Kunden, aber auch mit Bewerbern umgehen zu können."

Die Antworten auf die Frage, was denn eigentlich berufliche Qualifikationen mit internationalen Bezügen seien, kamen vielfach ähnlich zögerlich wie die nach den internationalen Bezügen des Unternehmens.

„Wir machen natürlich internationale Qualifizierungen. Im Grunde genommen jeweils vor Ort, d. h. in den einzelnen Auslandsstellen. Wir sind dabei zu versuchen, gewisse Dinge – Beispiel Führung, Corporate-identity-Fragen und derartiges – unter einen Hut zu bringen. [...] Was die fachliche

Qualifizierung [für internationale Einsätze] angeht, wird das eigentlich sehr stark vor Ort und dann sehr gezielt gemacht."

So der Personalleiter der oben bereits erwähnten Großbank mit einem weltweiten Filialnetz. Nicht sehr viel konkreter äußerte sich der Personalentwickler dieser Bank zum Stichwort „internationale Qualifikationen":

„Es gehört nun mal zu unserem Beruf, daß wir die Kunden beraten, so daß eine Offenheit da sein muß, um auf andere zuzugehen und mit ihnen umzugehen. Und das ist für mich so ein Punkt in diesem [internationalen] Zusammenhang: daß ich da keine Ressentiments habe und bereit bin, zu kommunizieren. Sich Vorstellungen über eine Kultur im Ausland aufzubauen, wie die Menschen denken, wie sie fühlen, wie sie handeln, [...] ist etwas, was wir hier nur sehr schwer unmittelbar berücksichtigen können. Interessant wird es sicher später für diejenigen, die überwiegend mit internationalen Firmen zusammenarbeiten. Da ist diese Arbeit sicher erforderlich."

Vertreter anderer Branchen taten sich mit einer Begriffsbestimmung jedoch nicht minder schwer – so etwa die verantwortliche Leiterin der Aus- und Weiterbildung in einem Unternehmen aus der Bekleidungsindustrie:

„Ich formuliere das mal ganz global. Und zwar: sich auf die ständig wechselnden Anforderungen flexibel einstellen zu können. [...] Dazu gehören, neben dem Bereich EDV-Technologien – was sicherlich heute ein *ganz* wichtiger Faktor ist –, *Sprachen* [...]. Wer heute kein Englisch spricht, kann sowieso schon nicht mehr mitreden. [...] Ein bis zwei Fremdsprachen zu sprechen – ich denke, das ist für die nahe Zukunft Voraussetzung. [...] Ganz wichtig ist es auch, daß der *Verhaltensbereich* entsprechend geschult wird – was nicht nur eine Aufgabe der Betriebe ist, sondern viel mehr integriert werden müßte in unser Bildungssystem, sprich: Schule und Universitäten. Verhaltensbereich, damit meine ich auch: die Fähigkeit, mit Menschen umzugehen, Menschenführung, [...] sicherlich dieser Begriff 'Schlüsselqualifikatio-

nen' (Fach-, Methoden- und Sozialkompetenz), der jetzt gerade so ein Renner ist. [...] Und vielleicht sollte man auch
schon innerhalb der Ausbildung, ob das nun in der Füh-
rungskräftenachwuchsausbildung ist oder auch schon in der
Erstausbildung, einen Auslandsaufenthalt in die Ausbildung
integrieren – und wenn es auch nur für drei, vier Wochen ist –,
um die Kultur, die Menschen und die Besonderheiten des
entsprechenden Landes kennenzulernen."

Auch einem Mitglied des Betriebsrätegremiums des Automobilkonzerns
fiel die Antwort auf die Frage nach den „internationalen Qualifikationen" zunächst schwer, obwohl er anschließend doch relativ konkrete
Aspekte solcher Qualifikationen nannte:

„Damit habe ich große Schwierigkeiten. [...] So etwas wie
Sprachkenntnisse gehören sicherlich dazu. Bei den Fachauf-
gaben: Kenntnisse des internationalen Rechtes, bei Techni-
kern Normen. Dazu gehören Marktanalyse, Markteinschät-
zungen bei einem Unternehmen, das auch auf anderen
Märkten präsent sein will. Dazu gehören Verhandlungsfüh-
rung in einem anderen Land, Wissen darüber, was dort üblich und was dort unüblich ist und ein bißchen Beschlagen-
heit und Kulturkenntnisse. [...] Was sicherlich auch dazuge-
hört, ist, zumindest bei unseren Führungskräften, die zunehmend Auslandserfahrung haben müssen, Kenntnis des
Arbeitsrechts."

In dieser Begriffsbestimmung sind in knapper Form die drei Bereiche
„Fremdsprachen", „Kenntnisse anderer Kulturen/Auslandserfahrungen"
(interkulturelle Kompetenz) sowie „hervorragende, auch internationale,
fachbezogene Kenntnisse" aufgeführt, die in vielen Gesprächen –
wenngleich oft weniger explizit und in anderen Zusammenhängen angesprochen – immer wieder eine Rolle spielten und die deshalb im folgenden auch bei der Unterscheidung der unterschiedlichen Facetten „internationaler Qualifikationen" übernommen werden sollen. Einschränkend
muß jedoch hinzugefügt werden, daß eine solche Unterteilung des Begriffs in „Fremdsprachen", „interkulturelle Kompetenz" und „fachbezogene internationale Kenntnisse" letztlich eine künstliche ist und lediglich der besseren systematischen Darstellung dient. Denn in der Realität
bilden diese einzelnen Qualifikationen eine Einheit und sind kaum
voneinander zu trennen. Sprachkenntnisse sind in der Regel mit Kennt-

nissen des Landes verbunden, zur interkulturellen Kompetenz gehören häufig auch fachliche Kenntnisse, etwa die Kenntnis des dortigen Rechtssytems, und die internationalen Fachkenntnisse definieren sich zu einem nicht geringen Teil über die Beherrschung fremdsprachlicher Fachbegriffe.

Im folgenden einige weitere Definitionsversuche zum Begriff der „internationalen Qualifikationen":

> „Zunächst sind einmal Sprachkenntnisse zu nennen [...]. Verständnis für die Gegebenheiten im Gastland: die Mentalität und die Kultur [...]. Und schließlich müssen die Leute, die ins Ausland gehen, fachliche Basiskenntnisse aus Deutschland mitbringen, da sie im Gastland eine Vorbildfunktion haben."

Ähnlich wie dieses Betriebsratsmitglied der bereits oben erwähnten Bank äußerte sich der Personalentwickler eines Unternehmens aus der Versicherungsbranche:

> „[International tätige] Mitarbeiter müssen in der Lage sein, mit Menschen anderer Nationalitäten zu kommunizieren, also die sprachlichen Fähigkeiten sind ein wichtiges Thema. Darüber hinaus spielt ein Verständnis für die andere kulturelle und politische Welt eine Rolle. Wichtig ist es auch, Kenntnisse über externe Märkte zu erwerben."

Der kaufmännische Leiter eines mittelständischen Bauunternehmens mit Sitz an der deutsch-niederländischen Grenze gab die folgende Definition:

> „Internationale Qualifikation bedeutet für mich, daß jemand bereit ist, sich auch mit anderen Werten in der Erstellung von Bauvorhaben zu beschäftigen."

Diese „anderen Werte in der Erstellung von Bauvorhaben" umfaßten für ihn jedoch mehr als nur Fremdsprachenkenntnisse und das Wissen um technische Normen, nämlich: sich in die Mentalität und die Wertvorstellungen des niederländischen Kunden hineinversetzen zu können, etwa um zu begreifen, weshalb Niederländer eher als Deutsche bei Bauangelegenheiten dazu bereit sind, auf bestimmte Dinge zu verzichten. Er erläuterte dies am Beispiel der Heizungsrohre, die in den Niederlanden, anders als in Deutschland, in aller Regel *über* Putz verlegt würden – was durch keine gesetzliche Baunorm festgelegt, sondern letztlich eine Frage der Tradition sei.

Daß „internationale Qualifikationen" auch einmal das Gegenteil der obigen Begriffsbestimmung beinhalten können, nämlich den ausländischen Kunden dazu bewegen zu können, sich an die eigenen Normen anzupassen, machte die Äußerung eines Kleinunternehmers aus derselben Region deutlich. Hierbei handelte es sich um einen Bäcker, der einige Niederlassungen auf der niederländischen Seite der Grenze gegründet hatte, um dort als „De Duitse Bakker" sein „deutsches" Brot zu verkaufen, und bei der Frage nach „internationalen Qualifikationen" unmittelbar auf die konkreten Nöte und Bedürfnisse bei seinen grenzüberschreitenden geschäftlichen Aktivitäten zu sprechen kam.

> „Ich glaube schon, daß die deutsche Ausbildung, wenigstens im Handwerk, fachbezogener ist [als die in den Niederlanden]. Auch Fachverkäuferinnen wie bei uns gibt es in dem Sinne in den Niederlanden nicht. Deshalb ist die Einarbeitung von Verkaufskräften [...] schwierig. Es fehlt das Fachwissen, und das Fachwissen ist für unser Produkt in den Niederlanden ganz wichtig. Man muß dem Kunden erklären können, warum er mehr zahlen muß für das Brot und warum es besser ist."

Dieser Punkt der Vergleichbarkeit (bzw. Unvergleichbarkeit) von beruflichen Qualifikationen sowie der damit eng zusammenhängende Aspekt der internationalen Anerkennung der Berufsabschlüsse, insbesondere im Zusammenhang mit der Schaffung eines gemeinsamen europäischen Wirtschaftsraums, wurde auch von anderen Gesprächspartnern thematisiert – etwa dem Ausbildungsleiter eines ostdeutschen Schwermaschinenbauunternehmens.

> „Ich würde den Begriff der 'internationalen Qualifikationen' unter zwei Gesichtspunkten beleuchten wollen. Zum einen: 'internationale Qualifikationen' würde für mich zunächst, wenn wir auf das einheitliche Europa und den einheitlichen europäischen Markt blicken, eine internationale Vergleichbarkeit der Qualifikationen bedeuten. Das heißt also, daß Berufe, die erlernt werden, eine gewisse Vergleichbarkeit in den verschiedenen Staaten haben. Es gibt zwar Abkommen zwischen Staaten, daß bestimmte Berufsabschlüsse gegenseitig anerkannt werden, aber es muß dort sicher eine Ein-

heitlichkeit hereingebracht werden, wenn z.B. ein Industrie-
kaufmann ausgebildet wird, daß der die gleichen Inhalte in
Italien, Spanien, Deutschland oder sonstwo hat. [...] Der andere Aspekt ist natürlich die Sprache. Englisch als Welt-
sprache ist überhaupt keine Frage, aber für uns ist an Sprachen auch sehr wichtig, daß wir *die* Sprachen mit in der
Ausbildung haben, die auf unseren Hauptmärkten gesprochen werden. Das ist für uns heutzutage immer noch die
GUS, [...] also Russisch, und dann, weil wir verstärkt auf den
südamerikanischen Markt wollen, hauptsächlich Spanisch."

Ein Hotel-Geschäftsführer sah in „internationalen Qualifikationen"
ebenfalls

> „eine Qualifikation, die den Ansprüchen sowohl des Inlan-
> des entspricht als auch Ansprüchen, die man auf andere
> Länder übertragen kann, bzw. Anforderungen, die andere
> Länder an dieses Berufsbild [des Restaurant- und Gaststät-
> tenfachmanns bzw. Kochs] stellen, die man miteinander
> vergleichen kann und die man auf ähnliche Situationen in
> ausländischen Betrieben übertragen kann".

Generell läßt sich sagen, daß der Aspekt der Fremdsprache als die we-
sentlichste Komponente „internationaler Qualifikationen" betrachtet
wird. Eine Ausnahme bildeten zwei der Gesprächspartner, beide mit der
Personalleitung betraut, die interessanterweise Branchen repräsentier-
ten, die gegensätzlicher nicht sein könnten: die Stahl- bzw. die Softwareindustrie.

Für den Personalleiter des Stahlwerks, in dessen geschäftlichen Aktivitäten „internationale" berufliche Kompetenzen nur eine sehr untergeordnete Rolle spielen („In meinen mittlerweile drei Jahren [im Un-
ternehmen] habe ich beispielsweise noch nicht ein einziges Mal einen
englischen Satz mit jemandem reden müssen."), bedeuteten „internationale Qualifikationen"

> „etwas wesentlich anderes als Sprachkompetenz [...]. Ich
> würde es als die Fähigkeit definieren wollen, sich auf die
> sozialen, kulturellen, historischen, wirtschaftlichen Bedin-
> gungen jeweils anderer Nationen, jeweils anderer Regionen
> einstellen zu können und sich, ohne Aufgabe der eigenen
> Identität, in diesen Bezügen bewegen zu können. Es ist für

mich eher eine soziale Kompetenz als eine Sprachkompetenz."

Auch der Personalreferent der deutschen Niederlassung einer internationalen Softwarefirma – in der bei den Beschäftigten die Kenntnis der englischen Sprache als Selbstverständlichkeit vorausgesetzt wird – wollte den Begriff nicht auf reine Fremdsprachenkenntnisse beschränkt sehen. Für ihn stand das im Vordergrund, was er „interkulturelles Einfühlungsvermögen" nannte. Ein solches Einfühlungsvermögen zu besitzen, sei

> „eine absolute Notwendigkeit für die Persönlichkeit eines jeden [Mitarbeiters]. Denn ansonsten würde die Kommunikation in unserem Konzern nicht funktionieren. Wenn Sie sich als zuständiger Marketingmann für eines unserer Produkte treffen, und Sie sitzen dann in Frankreich mit den Italienern, Spaniern, Engländern, Amerikanern und Franzosen zusammen, dann ist es wichtig, daß Sie wissen, wieso beispielsweise der Franzose dies jetzt anders sieht. Was steckt da im Hinterkopf für eine ganz andere Kultur? Was erwarten die von mir? Manche Gags, von denen Sie denken: 'Riesenwitz' – und das war's dann doch nicht; und dann denken Sie nach: naja, es hängt vielleicht mit den und den historischen, politischen oder wirtschaftlichen Bedingungen zusammen. Von daher ist bei uns diese internationale Erfahrung natürlich sehr, sehr wichtig."

Festzuhalten bleibt, daß sich die betriebsseitigen Versuche einer Begriffsbestimmung weitgehend mit den Forderungen decken, wie sie in der bildungspolitischen Auseinandersetzung über „internationale Qualifikationen" erhoben werden. Bedeutet dies nun – unter der Voraussetzung, daß die aus den Gesprächen gewonnenen Dimensionen von „internationalen Qualifikationen" auch tatsächlich in der Qualifizierungs- und Personalbeschaffungspolitik des Unternehmens umgesetzt werden – , daß die (weitgehend theoretisch geführte) Diskussion von der betrieblichen Wirklichkeit längst eingeholt worden ist, daß von den Bildungstheoretikern hier sozusagen das Rad ein zweites Mal erfunden wurde?

Die Antwort lautet sowohl Ja als auch Nein, je nachdem, welche Branche und welchen Bereich, den gewerblich-technischen oder den kaufmännisch-verwaltenden bzw. Dienstleistungsbereich, man gerade betrachtet. Denn das Thema der „internationalen Qualifizierung" hat nicht nur eine berufs- und branchenspezifische Dimension: der Speditionskaufmann ist wesentlich stärker davon betroffen als der Versicherungskaufmann, im Bankenbereich spielen „internationale Qualifikationen" traditionell eine größere Rolle als beispielsweise in der Stahlindustrie. Darüber hinaus korrespondiert der Bedarf an solchen Qualifikationen aber auch eng mit der Zugehörigkeit zu bestimmten Beschäftigtengruppen sowie mit der jeweiligen beruflichen Stellung im Unternehmen. Konkret bedeutet dies: der Bedarf an „internationalen Qualifikationen" ist im Angestelltenbereich stärker ausgeprägt als auf der Ebene der gewerblichen Mitarbeiter und nimmt an Breite wie auch an Tiefe mit steigender Position innerhalb der Betriebshierarchie zu – wobei „internationale Qualifikationen" als Kriterium für einen beruflichen Aufstieg mehr und mehr an Gewicht zu gewinnen scheinen. Dies wird deutlich, wenn man sich die aus den Gesprächen gewonnenen Definitionen „internationaler Qualifikationen" einmal näher hinsichtlich ihrer Einzelaspekte betrachtet.

2.2   Internationale Qualifikation „Fremdsprachenkenntnisse"

Kaum eine Branche ist so international wie das Transportgewerbe, doch die Erwartung, daß Fremdsprachenkenntnisse eine absolute Voraussetzung für die berufliche Tätigkeit in diesem Sektor darstellen würden, erfüllte sich in den Expertengesprächen bei einer Großspedition nicht. Nach Angaben des Personalleiters benötigen nur etwa 50 Prozent der Mitarbeiter im kaufmännischen Bereich Fremdsprachenkenntnisse. Dies wurde von einem Betriebsratsmitglied bestätigt:

> „Der 'normale', ausgebildete Speditionskaufmann braucht im Grunde genommen zunächst einmal keine Fremdsprachen. Aber wenn er sich für seine Person und für das Angebot im Unternehmen weiter qualifizieren will, dann kommt er ohne Fremdsprachen [in der Hauptsache Englisch] nicht aus. Der Mitarbeiter, der in der Abteilung Export/Import sitzt, braucht die Fremdsprache. [...] Auch der Mitarbeiter, der in der Messeabteilung sitzt, also eine der wenigen Abteilungen, wo die Bandbreite sehr groß ist, braucht die Fremdsprache. Auch im Luftfrachtverkehr ist die Fremdsprache –

Englisch – ein ganz besonderer Bestandteil der Tagesarbeit."

Die Anforderungen an Fremdsprachenkenntnisse reichen dabei

„vom Erkennen von Formularvordrucken über das Lesen fremdsprachlicher Texte – im wesentlichen Englisch und Französisch – bis hin zur verbalen Kommunikation am Telefon und dem Ausarbeiten von Offerten, wenn Sie Anlagengeschäfte grenzüberschreitend machen. Die Bandbreite ist gewaltig, aber nicht jeder Mitarbeiter im Unternehmen muß alles beherrschen." (Zum Thema der internationalen Qualifizierung von Speditionskaufleuten siehe die Beiträge von Alois Brands bzw. Enno Pohl in: Wordelmann, 1995).

Völlig anders sehe es dagegen im gewerblichen Bereich aus, der stark von angelernter Arbeit geprägt ist.

„Wenn ich mich hier so umgucke, dann könnten wir uns selbständig machen. Wir haben fast alles: vom Schuster über den Fleischer, Bäcker usw."

So eines der interviewten Betriebsratsmitglieder. Die Ansprüche an die Qualifikation der Beschäftigten in diesem Bereich sind nach Aussage des Personalleiters jedoch äußerst bescheiden: „Einen Kopf, zwei Hände, und gesund muß er sein."
Fremdsprachen spielten dem oben erwähnten Belegschaftsvertreter zufolge nicht einmal bei den Kraftfahrern eine Rolle.

„Ein Fernfahrer spricht die deutsche Sprache, und damit muß er sich durchwurschteln. In der Vergangenheit beim Zoll hat er die Papiere hingelegt, und wenn er nicht weiter wußte, hat er sich irgendwie durchgewurschtelt und ist zurechtgekommen. Daß eine Fremdsprache gefordert war, das gab's nicht – und das wird es auch in Zukunft nicht geben. Im Gegenteil: der LKW wird sich gar nicht mehr so oft ins Ausland bewegen. [...] Man geht [von der Straße] auf die Bahn."

An den Arbeitsplätzen im Lager seien Fremdsprachenkenntnisse ebenfalls nicht erforderlich.

„Der [Lagerarbeiter] kriegt seine Ladepapiere, da steht dann eine Nummer drauf. Er vergleicht die Nummern, lädt sie ab und stellt sie auf den Platz X, weil er von der Disposition, also vom kaufmännischen Personal, die entsprechende Vorgabe bekommen hat. [...] Die Fremdsprache als solche braucht er nicht. Wer sie eventuell brauchen könnte, das wäre der Kraftfahrer [...] – etwa in puncto Gefahrengut. Nur, welche Firma macht das schon?! Unsere Firma geht da mit gutem Beispiel voran, weil wir unsere Kunden zufriedenstellen wollen. Die Ware soll unbeschädigt beim Empfänger ankommen."

Ähnliches gilt auch für die anderen untersuchten Branchen mit einem starken gewerblichen Bereich – gleichviel, ob es sich dabei um die Bauwirtschaft, die Stahlindustrie oder den Schwermaschinenbau handelt: Fremdsprachenkompetenz spielt im Anforderungsprofil der in diesem Bereich Beschäftigten keine Rolle. Eine der wenigen Ausnahmen bilden die Facharbeiter, Techniker und Meister, die ins Ausland auf Montage entsandt werden. Sie erhalten, wenn auch nicht durchgängig und überall, eine Fremdsprachenschulung – so etwa in dem bereits erwähnten ostdeutschen Schwermaschinenbauunternehmen. Die Schlosser, die ins Ausland gehen, werden in einem speziell auf ihr Tätigkeitsfeld zugeschnittenen Programm mit der Sprache und – in der Regel vor Ort – mit den Gegebenheiten im Land vertraut gemacht.

In einem, ebenfalls ostdeutschen Unternehmen aus der Stahlbranche spielen Fremdsprachen fast ausschließlich – und dies auch nur bedingt – im kaufmännischen Bereich eine Rolle. Dabei geht es jedoch nicht um die *Entwicklung* von Sprachkompetenz, sondern – angesichts des massiven Beschäftigungsabbaus – um den mühsamen *Erhalt* solcher Fertigkeiten. So gab es eine Reihe von Mitarbeitern, die in der ehemaligen Sowjetunion studiert hatten und fließend Russisch sprachen, sowie Dolmetscher für Englisch und Französisch. Von Unternehmensseite wurde versucht, dieses Know-how zu erhalten, indem Mitarbeiter mit solchen Kenntnissen innerbetrieblich umgesetzt und mit Sachbearbeiterfunktionen im Verkaufsbereich betraut wurden.

Fremdsprachenkompetenz, so weisen die Betriebsfallstudien deutlich aus, zählt zu den Qualifikationen, die überwiegend im Angestelltenbereich zu finden ist. Dies gilt sowohl für die Bereiche Industrie und Handel als auch für das Handwerk. Das Spektrum reicht dabei von den zaghaften Versuchen des Versicherungsunternehmens, Englisch in der

Aus- und Weiterbildung einen festen Platz einzuräumen, über eine großzügige Unterstützung von Initiativen der Mitarbeiter, eine Fremdsprache zu erlernen, wie es bei der Bank und dem Bauunternehmen mit grenzüberschreitenden Aktivitäten der Fall war, bis hin zur Fremdsprachenbeherrschung als Einstellungsvoraussetzung, wie in der Softwarebranche. Nach dem wichtigsten Kriterium bei der Personalbeschaffung seines Unternehmens befragt, nannte der zuständige Personalreferent an erster Stelle

„Sprachkenntnisse – Englisch ist eine absolute Voraussetzung. Ohne englische Sprachkenntnisse haben Sie fast überhaupt keine Chance, hier zu arbeiten. [...] Aber ansonsten kommunizieren wir intern etwa zu 50 % in Englisch, plus die Kontakte und auch den Draht in die osteuropäischen Länder kriegen Sie nur, wenn Sie Englisch sprechen. [...] Französisch ist von Vorteil für die Abstimmung mit dem Headquarter in Paris."

Wenngleich dieses Unternehmen auch eine Ausnahme hinsichtlich der Fremdsprachenkompetenz als durchgängigem Einstellungskriterium bildet, läßt sich seine Aussage in einem Punkt für die meisten anderen untersuchten Betriebe verallgemeinern: wenn Fremdsprachen gefordert werden, handelt es sich dabei in aller Regel um Englisch.

Englisch besitzt in fast allen Branchen den Stellenwert einer internationalen Verkehrssprache und steht von daher auf dem ersten Platz der Sprachen-„Hitliste". Ausgenommen sind hiervon nur die Betriebe in Grenznähe, wie etwa das Stahlwerk an der Grenze zu Polen, der Meßgerätehersteller im Dreiländereck Deutschland, Schweiz und Frankreich oder das Bauunternehmen bzw. der Bäckerbetrieb im deutsch-niederländischen Grenzraum. Sie benötigen und pflegen in besonderer Weise die Sprache des Nachbarn – Polnisch, Französisch und Niederländisch –, nicht nur aufgrund der traditionellen Kontakte zwischen den Menschen hüben und drüben, sondern auch, weil sich das zum Überleben notwendige wirtschaftliche Hinterland dieser Betriebe bis jenseits der Grenze erstreckt. Man ist auf das Nachbarland als Arbeitskräftereservoir, aber auch als Kundenmarkt angewiesen.

Am deutlichsten wurde uns diese Abhängigkeit von dem Bäcker vorgeführt, der mit seinen Backwaren den Sprung über die niederländische Grenze gewagt hatte und mittlerweile über vier Filialen in den Niederlanden verfügt.

„Der holländische Verbraucher sieht in dem deutschen Brot
noch ein Luxusbrot. Man spricht auch nicht jeden Kunden
an, da doch der Preisunterschied – zumindest bei Brot – erheblich ist. Man hat auch eine ganz bestimmte Käufer-
schicht. Obwohl wir uns ganz klar als 'Der deutsche Bäcker'
vorgestellt haben, erschrecken manche Kunden doch über
die Gewichtseinheiten beim Brot und natürlich über den
Preis. Aber wenn sie das einmal gegessen haben, kommen
sie auch wieder. Das erfordert natürlich von den Verkäufe-
rinnen auch eine Beratungsleistung.“

Für die Arbeit in seinen niederländischen Filialen brauche er Fachverkäuferinnen, die dem Kunden erklären könnten, weshalb er für das
deutsche Brot tiefer in die Tasche greifen müsse als für das gewohnte
holländische Brot, und dabei seien Niederländischkenntnisse unerläßlich. „Da ist man praktisch schon auf die niederländischen Verkäuferin-
nen angewiesen.“

In der Geschichte des Bäckermeisters klingt ein Aspekt der Fremdsprachenkompetenz an, der sich wie ein roter Faden durch die Fallstudi-
en zieht und am treffendsten mit dem Satz: „Die beste Sprache ist immer die Sprache des Kunden!“ umschrieben werden kann – oder, wie es
der Personalentwickler einer Bank ausdrückte:

„Das Motto lautet: Um Ersatzteile zu bestellen, reicht Englisch, aber wenn Sie Verträge schließen wollen, müssen Sie
die jeweilige Landessprache beherrschen.“

Mit anderen Worten: solange es um allgemeine oder zeitlich begrenzte
internationale geschäftliche Aktivitäten geht, bei denen man zudem als
Kunde auftritt, reicht Englisch als Verständigungsmittel aus; werden jedoch langfristigere Perspektiven in einem bestimmten Land oder einer
bestimmten Region verfolgt, müssen ausgedehnte Kenntnisse in der jeweiligen Sprache vorhanden sein.

Dies gilt für alle von uns untersuchten Unternehmen, die Auslandsaktivitäten verfolgen, gleichermaßen. Selbst in dem sehr anglozen-
tristisch ausgerichteten Softwareunternehmen gebe es, so der Personalreferent der deutschen Niederlassung, hinsichtlich der Fremdsprachen
in einigen Ländern, wie beispielsweise der Schweiz, besondere Anforderungen.

„Wenn wir da Leute suchen, müssen sie praktisch absolut perfekt sein in Deutsch, Französisch, Englisch und idealerweise auch noch Italienisch."

Was das Geschäft mit ausländischen Kunden im Inland anbetrifft, spielen – zumindest in einer Branche, dem Bankgewerbe – spezielle Fremdsprachenkenntnisse ebenfalls eine Rolle. Dort wird Wert darauf gelegt, daß in Zweigstellen, die sich etwa in der Nähe von ausländischen Kasernen oder in Grenznähe befinden, das Bankpersonal in der Lage ist, sich mit den ausländischen Kunden in deren Muttersprache zu unterhalten.

In einem mittelständischen Unternehmen aus der Hotelbranche sind nach Angaben des Geschäftsführers vor allem Englischkenntnisse erforderlich – doch nicht bei allen Beschäftigten gleichermaßen:

„In der Rezeption ist das natürlich sehr wichtig, und im Restaurant ist es auch ein wenig wichtig, aber es ist häufig – mit Ausnahme der Rezeption – keine zwingende Voraussetzung. Wir gehen einfach heute davon aus, daß fast jeder etwas Englischkenntnisse hat. Das erwartet man ja schon von den Hauptschülern. [...] Aber es ist in den meisten Bereichen keine zwingende Voraussetzung. In der Küche interessiert mich nicht, ob einer nun gut Französisch kann. [...] Wichtiger ist, daß er gut kocht und organisieren kann."

Völlig anders sieht der Umgang mit ausländischen Kunden im Inland dagegen in einer anderen Dienstleistungsbranche aus, den Versicherungen. In den letzten Jahren sind immer wieder einzelne Versicherungsunternehmen in die Schlagzeilen geraten, weil bekannt wurde, daß sie Mitbürgern ausländischer Herkunft die Kfz-Haftpflicht- oder Vollkaskoversicherung verweigert oder ihre Außendienstmitarbeiter zur Zurückhaltung bei Vertragsabschlüssen mit Ausländern aufgefordert hatten. In dieser florierenden Branche scheinen die acht Prozent der in Deutschland lebenden Ausländer (noch) keine interessante Klientel darzustellen, sondern eher ein, wie es im Versicherungsdeutsch heißt, „schlechtes Risiko".

Diese tendenzielle Ausgrenzung ausländischer Kunden im Inlandsgeschäft findet eine gewisse Entsprechung in der Einstellungspolitik zumindest des untersuchten Versicherungsunternehmens. Der Anteil der ausländischen Mitarbeiter an der Gesamtbelegschaft lag dort bei nur einem halben Prozent. Dies läßt den Schluß zu, daß das Unternehmen in seiner Personalbeschaffungspolitik keinen Wert darauf legt, über die Einstellung beispielsweise türkischer Mitarbeiter mit ihren speziellen Sprachkenntnissen einen wichtigen Zugang zum Markt der vielen türkischen Händler zu bekommen, die in der Bundesrepublik einen Laden führen und sich versichern müssen.

Doch auch in jenen Bereichen der deutschen Wirtschaft, in denen ein hoher Ausländeranteil zu verzeichnen ist, werden die vorhandenen muttersprachlichen Kenntnisse der ausländischen Mitarbeiter nicht systematisch genutzt – ein Eindruck, der durch die Befragung von Facharbeitern und Angestellten mit einem internationalen Tätigkeitsfeld (vgl. Teil 3) gestützt wird: Der Ausländeranteil unter den Probanden lag mit 5,3 % sogar noch unterhalb des bundesweiten Anteils der Ausländer an der Erwerbsbevölkerung. Diese geringe Quote hat vor allem damit zu tun, daß ein Großteil der ausländischen Beschäftigten zur Gruppe der un- und angelernten Arbeitnehmer gehört, für deren Tätigkeit generell keine oder kaum Fremdsprachenkenntnisse benötigt werden. Dies deckt sich mit der im Zuge der Fallstudien gewonnenen Erkenntnis, daß Fremdsprachenkompetenz insbesondere ein Charakteristikum der Angestelltentätigkeit darstellt. Im gewerblich-technischen Bereich spielen Sprachkenntnisse eine untergeordnete Rolle; selbst dem Thema Deutsch als Fremdsprache für ausländische Beschäftigte wird nur geringe Aufmerksamkeit geschenkt.

Diese Feststellung läßt sich sogar noch zuspitzen. Nicht nur die Zugehörigkeit zum gewerblich-technischen oder zum kaufmännisch-verwaltenden Bereich, sondern – und offenbar noch viel stärker – auch die Stellung innerhalb der Betriebshierarchie entscheiden über die Notwendigkeit von Fremdsprachenkenntnissen. Man könnte es auch so formulieren: je höher die (angestrebte) Position im Unternehmen, um so höher auch die Anforderungen an fremdsprachliche Kenntnisse. In einer Reihe der untersuchten Unternehmen stellten Sprachkenntnisse sogar die Grundvoraussetzung für die Einstellung oder den innerbetrieblichen Aufstieg des Bewerbers bzw. Mitarbeiters dar.

Auch diese Tendenz ist wiederum im gewerblichen Bereich weniger stark ausgeprägt als im kaufmännischen. Bei der (verhältnismäßig kleinen) Gruppe gewerblich-technischer Arbeitnehmer, deren berufliche Tätigkeit internationale Bezüge aufweist – sei es, daß sie im Ausland Anlagen errichten oder warten, sei es, daß sie im Inland häufig Kontakt mit ausländischen Kunden haben –, handelt es sich zum überwiegenden Teil um Techniker oder Meister, also um die Spitzenkräfte in diesem Bereich. Zum Stellenwert von Fremdsprachenkenntnissen in dieser Gruppe erklärte ein Betriebsratsmitglied in einem Automobilwerk:

„Vor dem Hintergrund lebenslanger Beschäftigung [in dem Unternehmen] bedarf es so etwas wie einer berufsbiographischen Planung. [...] Ein Facharbeiter hat beispielsweise Perspektiven, im mittleren Erwachsenenalter ins Angestelltenverhältnis zu wechseln und dort vielleicht Planungsaufgaben wahrzunehmen. [...] Irgendwann wird man dann meinen, daß dieser Facharbeiter mit zusätzlicher Ausbildung ein geeigneter Planer wäre. [...] Spätestens an dieser Stelle wird der Kontakt zu Anbietern von Dienstleistungen oder Anlagenbau wie auch der Erfahrungsaustausch mit Konzerntöchtern interessant. Und dann braucht er Fremdsprachenkenntnisse. [...] Aber wenn man sagt: 'Wir erwarten eigentlich eine auf die Berufsbiographie angelegte Personalentwicklungsplanung', dann sind Fremdsprachenkenntnisse, die später aktualisiert werden können, von Vorteil. Sie erst im mittleren Erwachsenenalter herzustellen, ist sehr viel schwieriger, als welche unterstellen zu können."

Zur unabdingbaren Basisqualifikation werden Fremdsprachenkenntnisse jedoch erst auf der Ebene der leitenden Angestellten – angefangen bei den Trainees, über das mittlere Management, bis hin zu den Spitzenpositionen. Auf die Auswahlgesichtspunkte für die Einstellung von Trainees angesprochen, erklärte etwa ein Personalverantwortlicher aus dem oben erwähnten Automobilkonzern, daß Fremdsprachenkenntnisse in mindestens zwei Sprachen vorausgesetzt würden. Bei der Auswahlprozedur würden diese Kenntnisse zwar stichprobenartig überprüft, doch in der Regel sei dies nicht nötig, da die Bewerber meist längere Zeit im Ausland gelebt und studiert hätten, was aus den Zeugnissen eindeutig hervorgehe.

„Genügend Bewerber mit perfekten Fremdsprachenkenntnissen zu finden ist kein Problem. Viele können fünf Fremdsprachen und in einer erstaunlich breiten Sprachpalette. Fremdsprachen sind kein Thema mehr heutzutage."

Was für die (angehenden) Führungskräfte im Heimatbetrieb gilt, trifft in ganz besonderem Maße auf den Bereich seiner Außenvertretung, den Auslandsvertrieb, zu. Der Personalleiterin eines ostdeutschen Schwermaschinenbauunternehmens zufolge müsse ein Vertriebsmitarbeiter heutzutage „mindestens zwei Sprachen beherrschen, wobei Englisch, Russisch, Französisch und Spanisch obenan stehen." Für den langfristigen Erfolg einer Vertriebstätigkeit im Ausland – so die generelle Tendenz, die sich aus den Gesprächen ergab – ist es jedoch unerläßlich, über die Sprache des Kunden zu verfügen.

Werden vorhandene Fremdsprachenkenntnisse bei den Beschäftigten generell begrüßt, scheiden sich bei der Frage nach der Fremdsprachenvermittlung im Rahmen der beruflichen Erstausbildung, insbesondere an der Berufsschule, die Geister. Insgesamt läßt sich jedoch feststellen, daß Fremdsprachenvermittlung in der Ausbildung – und hiermit ist in der Regel Englisch gemeint, wenn auch bei den Unternehmen im grenznahen Raum die Sprache des Nachbarlands erwartungsgemäß eine herausragende Rolle spielte – im allgemeinen nur dann für sinnvoll gehalten wird, wenn sie an berufsfachliche Inhalte gekoppelt ist, d.h. zunächst einmal Fachsprache vermittelt. Dort, wo dies von den örtlichen Berufsschulen nicht geleistet werden kann, ist man – wenigstens in großen Unternehmen, die finanziell dazu in der Lage sind – bestrebt, entsprechende Sprachkenntnisse innerbetrieblich, d.h. im Rahmen von „Betriebs-" oder „Werkschulen" zu entwickeln. Doch dies ist weit eher die Ausnahme als die Regel.

Obwohl Initiativen der Beschäftigten, an einem Sprachkurs teilzunehmen, nach häufigerem eigenem Bekunden der Unternehmensleitung „großzügig unterstützt" würden, ließ sich bei keinem der untersuchten Unternehmen von einem echten Personalentwicklungskonzept in bezug auf Fremdsprachen für Facharbeiter und Angestellte sprechen – ein Punkt, der sich in der von uns durchgeführten Befragung dieser Zielgruppe selbst auch für andere Unternehmen bestätigte. Nicht einmal für die englische Sprache fand sich in den in die Fallstudien einbezogenen Unternehmen ein systematisches Weiterbildungskonzept mit dem Ziel, die Sprachkenntnisse bei den Mitarbeitern zu vermitteln, zu erhalten oder zu entwickeln. Ergibt sich für ein Unternehmen ein Fremdsprachenbedarf, der nur über die Weiterbildung von Mitarbeitern befriedigt werden kann, wird, wie eine Personalentwicklerin aus der Bekleidungsindustrie erklärte, kurzfristig eine entsprechende Sprachenschulung durchgeführt.

> „Wenn wir beispielsweise in Spanien rasch einen Mitarbeiter brauchen, aber nur jemanden haben, der das Potential, nicht aber die Sprachkenntnisse hat, dann wird sofort ein Crash-Kurs organisiert und ein dreimonatiges, hartes Training gemacht."

Das Fehlen eines langfristigen Konzepts zur Fremdsprachenentwicklung in den Betrieben hat also auch damit zu tun, daß sich ein spezieller Fremdsprachenbedarf oft sehr kurzfristig ergibt und dann ebenso kurzfristig darauf reagiert werden muß.

Ein weiterer Grund mag auch die Tatsache sein, daß eine systematische Fremdsprachenschulung ein sehr langwieriges und vor allem sehr kostspieliges Unterfangen ist bzw. daß in den Bereichen, wo die gute Beherrschung einer Fremdsprache gefragt ist, nämlich auf der Führungsebene, Sprachkompetenz mit einem Verständnis für die Kultur des anderen Landes verbunden ist. Deshalb ist man von Unternehmensseite bestrebt, bereits bei der Einstellung neuer Mitarbeiter – sicherlich auf der Ebene der Führungskräfte – entsprechende Qualifikationen „mit einzukaufen".

In diesem Zusammenhang ist noch ein Ergebnis unserer Recherchen erwähnenswert. Herrscht in der öffentlichen Debatte der Eindruck vor, die deutsche Wiedervereinigung bedeute vor allem Entwicklungshilfe für die neuen Bundesländer, wurde in den Gesprächen mehrfach auf das ungeheure qualifikatorische Potential hingewiesen, das im Osten der Republik nunmehr zur Verfügung stehe. So räumte die Personalleiterin des bereits erwähnten ostdeutschen Schwermaschinenbauunternehmens für die Belegschaft einen großen Nachholbedarf an Englisch ein, wies aber zugleich darauf hin, daß viele Beschäftigte ein exzellentes Russisch sprächen. „Und das sind die Leute, die heute gerade im Ostmarkt wahnsinnig gebraucht werden", wie der Ausbildungsleiter ergänzte. Die positive Einschätzung der in den neuen Bundesländern vorhandenen Sprachkompetenz wurde auch von Repräsentanten westdeutscher Unternehmen geteilt – etwa von dem für eine im Westen der Bundesrepublik beheimatete Bank tätigen Personalentwickler, der es als einen der wichtigsten Aspekte der Grenzöffnung im Jahre 1989 bezeichnete, daß sein Unternehmen mit einem Schlag Sprachen hinzubekommen habe, die man vorher nicht in dem Umfange gehabt hätte.

2.3   Internationale Qualifikation „interkulturelle Kompetenz"

Eine zweite wichtige Komponente „internationaler Qualifikationen" ist neben der Fremdsprachenkompetenz das, was in der Literatur mit dem Begriff „interkulturelle Kompetenz" angedeutet wird und bei den Gesprächen häufig unter dem konkreteren Stichwort „Auslandserfahrung" diskutiert wurde. Dieser Bereich ist weit weniger klar abzugrenzen als der der Fremdsprachen. Zu ihm gehören Kenntnisse eines anderen Landes und seiner Bewohner, ihrer Kultur und Mentalität, aber auch Aspekte der Persönlichkeit wie beispielsweise die Fähigkeit, sich auf eine fremde Kultur einzulassen und in ihr zu bestehen, oder eine generelle Offenheit gegenüber neuen Eindrücken und Einflüssen.

Hinsichtlich des Bedarfs an solchen „interkulturellen" Kenntnissen und Fähigkeiten im Rahmen internationaler beruflicher Tätigkeiten gilt ähnliches wie für den Komplex der Fremdsprachenkompetenz. Zum einen läßt sich bei diesem Aspekt „internationaler Qualifikationen" – neben einer berufs- und branchenspezifisch stärkeren oder schwächeren Ausprägung – ein starkes Gefälle zwischen dem gewerblich-technischen und dem kaufmännisch-verwaltenden Bereich feststellen, zum andern wachsen die Anforderungen an interkulturelle Kompetenz mit zunehmender Position in der betrieblichen Hierarchie.

Dies hängt sicherlich damit zusammen, daß im gewerblich-technischen Bereich weit weniger Mitarbeiter mit den Auslandsaktivitäten des Unternehmens in Berührung kommen als im kaufmännischen, und wenn man dort mit einem ausländischen Kunden zu tun hat oder ins Ausland entsandt wird, handelt es sich in aller Regel um Meister oder Techniker, die dann auch nur für einen sehr begrenzten Zeitraum im Ausland tätig sind – etwa, um eine Anlage aufzubauen oder zu warten. Es sind meist Spezialisteneinsätze, bei denen in erster Linie Fachkenntnisse gefragt sind – und keine interkulturelle oder Fremdsprachenkompetenz.

Im kaufmännischen Bereich sind dagegen spezifische Kenntnisse eines anderen Landes und seiner Kultur häufiger notwendig, nämlich überall dort, wo regelmäßig – schriftlich, telefonisch oder auch von Angesicht zu Angesicht – mit ausländischen Geschäftspartnern kommuniziert wird. Solche Kenntnisse reichen von verhältnismäßig banalen Dingen, wie der korrekten Anrede eines Gesprächspartners, über das Wissen um landestypische Eigenheiten – etwa, daß in Spanien zwischen 15 und 17 Uhr Siesta gehalten wird – bis hin zu spezifischen Geschäftspraktiken im Ausland – wie beispielsweise der Tatsache, daß in Frankreich vorzugsweise bei einer ausgedehnten Mahlzeit verhandelt wird, die dort also keineswegs, wie bei uns, den Abschluß erfolgreicher Verhandlungen signalisiert (siehe hierzu Mole 1993).

Auslandserfahrung bzw. interkulturelle Kompetenz scheinen insbesondere auf der Ebene der Führungskräfte von Bedeutung zu sein –

oder, wie es die Personalentwicklerin eines Bekleidungsunternehmens formulierte:

> „Je höher die Position in der Hierarchie, desto ausgeprägter muß das Anforderungsprofil dieser internationalen Qualifikationen [hinsichtlich spezifischer Auslandskenntnisse] sein."

So ist etwa für die Nachwuchsführungskäfte eines großen deutschen Automobilkonzerns ein dreimonatiger Auslandsaufenthalt im Rahmen ihres Traineeprogramms obligatorisch, oder für die untersuchte Großbank gilt „ein ungeschriebenes Gesetz", nach dem wenigstens einer der drei Leiter einer Gebietsfiliale über internationale Erfahrungen verfügen soll. „Wir betrachten die internationale Erfahrung als Karrierebaustein", so der Personalleiter.

Während interkulturelle Kompetenz von der Ebene des mittleren Managements an aufwärts als wünschenswert und karriereförderlich betrachtet wird, gilt sie für eine leitende Tätigkeit im Auslandsvertrieb als unabdingbar:

> „Denn was macht ein Verkäufer, der z.B. Rußland betreuen soll und sich überhaupt nicht mit dem Land, mit der Kultur, mit den ganzen Besonderheiten dieses Landes auskennt? Da ist es von absoluter Notwendigkeit, daß diese Menschen mit dem Land vertraut sind."

Diese Äußerung der oben bereits zitierten Personalentwicklerin aus der Bekleidungsindustrie deckt sich im wesentlichen mit dem, was wir von Vertretern der Personal- und Ausbildungsleitung des Schwermaschinenbauunternehmens erfuhren:

> „An die Vertriebsleute stellen wir überhaupt die allerhöchsten Anforderungen: von der Ausbildung her, der Vielseitigkeit und der Persönlichkeit."

Zur Vorbereitung auf einen Auslandseinsatz werden die Mitarbeiter dann zunächst zu einem Intensiv-Sprachkurs – vorzugsweise vor Ort – geschickt, da sich gezeigt hat, daß sich eine Sprache am besten im Land selbst erlernen läßt.

> „Und es hat einen wesentlichen Vorteil: er lernt nämlich nicht nur die Sprache mit allen Dialekten und Akzenten, er lernt vor allem die Kultur kennen."

Solche – äußerst kostspieligen – „interkulturellen" Sprachkurse werden in aller Regel nur für eine relativ kleine Gruppe unter den leitenden Mitarbeitern organisiert, nämlich für jene, deren Tätigkeit einen hohen kommunikativen Anteil hat *und* die häufig in direktem Kontakt mit ausländischen Geschäftspartnern oder Mitarbeitern stehen. Bei Mitarbeitern auf den unteren Rängen, deren berufliche Tätigkeit ebenfalls einen hohen Grad an kommunikativer Kompetenz erfordert und die gleichfalls mit häufigem Auslandskontakt verbunden ist, wie etwa bei den Speditionskaufleuten oder den Auslandsmonteuren, scheint die Vermittlung „interkultureller Kompetenz" hingegen weithin für verzichtbar gehalten zu werden – hier wird sehr viel mehr Wert auf die Entwicklung der fachlichen Kenntnisse der Mitarbeiter gelegt. Diesen Eindruck hinterließen zahlreiche Gespräche mit Personalverantwortlichen, aber auch mit solchen Beschäftigten, die in internationalen Bezügen tätig sind.

Das Problem, daß Mitarbeiter, die nur unzureichend oder gar nicht auf Auslandseinsätze vorbereitet werden, am Zielort „viel Porzellan zerschlagen" können, war den Personalverantwortlichen dabei durchaus bewußt, liege jedoch in der Natur der Sache, da solche (mit drei bis vier Monaten meist kurzen) Einsätze nur selten geplant werden könnten und es von daher vorkomme, daß jemand ins Ausland geschickt werde, der die Mentalität nicht kenne und dann erheblichen Schaden anrichten könne.

Wie oben bereits erwähnt, läßt sich der Begriff der „interkulturellen Kompetenz" nur schwer eingrenzen: Er beinhaltet eine Vielzahl von sehr unterschiedlichen Kenntnissen und Fähigkeiten, die z.T. theoretisch oder im Kontakt mit ausländischen Kollegen, Kunden und Geschäftspartnern im Inland, z.T. aber auch im Ausland erworben werden. Auf ähnliche Schwierigkeiten stößt man, wenn man den Begriff der „Auslandserfahrung" näher bestimmen will. Man stellt dann fest, daß eine solche „Erfahrung" auf vielfältige Weise erworben werden kann: privat, durch Reisen, im Rahmen der Ausbildung durch einen Aufenthalt in einem anderen Land, ungeplant, d.h. als Nebeneffekt eines beruflich bedingten Einsatzes im Ausland, oder im Rahmen einer gezielten Vor- und Nachbereitung der Tätigkeit im Ausland.

Ebensowenig, wie es in der betrieblichen Praxis eine einheitliche Bestimmung dessen gibt, was der Begriff der interkulturellen Kompetenz im einzelnen beinhaltet, läßt sich auch von *dem* Auslandseinsatz sprechen. Die Baukolonne des grenznahen Bauunternehmens im Westen der

Republik pendelt etwa jeden Tag vom Betrieb in Deutschland zur Arbeitsstelle in den Niederlanden, wohingegen der Leiter eines ausländischen Vertriebsbüros des Stahlunternehmens seinen festen Wohnsitz in dem betreffenden Land hat. Ein Auslandseinsatz kann wenige Tage dauern, beispielsweise, wenn spezielle Fachkenntnisse benötigt werden, um eine Dienstleistung vor Ort zu erbringen, kann aber auch – z. B. bei einer Projektabwicklung – mehrere Monate umfassen. Es kann sich um regelmäßige kurze Auslandsaufenthalte handeln, wie etwa bei den Auslandsmonteuren in der Maschinenbaubranche, oder um mehrjährige Einsätze, beispielsweise, um im Ausland eine Bankfiliale aufzubauen.

Bei diesem letzten Typus von Auslandseinsätzen handelt es sich in den meisten Fällen um Führungspositionen in multinationalen Großunternehmen. Neben dem personalpolitischen Ziel der Entwicklung und Sicherung internationaler Erfahrung im Inland dienen solche Auslandsdelegationen vorrangig dem unternehmenspolitischen Ziel der Übertragung von Inlandserfahrung auf die Unternehmensaktivitäten im Ausland.

Wie dies in der Praxis umgesetzt wird, erläuterte ein für internationale Personalangelegenheiten zuständiger Mitarbeiter einer Bank:

> „Wir haben zwei neue operative Auslandseinheiten in [Osteuropa] eröffnet. In Gründungsphasen sind praktisch alle Mitarbeiter Delegierte. Parallel dazu werden lokale Mitarbeiter aufgebaut und qualifiziert, und sobald dieser erste Schritt erfolgt ist, werden die Delegierten zahlenmäßig abgebaut und beschränken sich dann auf Abteilungsleitungen und Leitungen, schließlich nur noch auf die Leitungen, und selbst davon wollen wir irgendwann einmal weg."

Als Grundvoraussetzung für eine Auslandsentsendung gilt dabei das Vorhandensein von Inlandserfahrung der betreffenden Mitarbeiter, „d. h., sie müssen schon eine gewisse Zeit in der Bank gewesen sein und das mit einem guten Ergebnis".

Mittelfristig strebt man im Unternehmen ein doppeltes Leitungsprinzip bei Auslandsfilialen an: einen festen lokalen Leiter, um den „satellitenförmig alle fünf Jahre ein deutscher Delegierter" kreist.

> „Das ist für mich persönlich das sinnvollste Konzept. Der Delegierte bringt immer wieder das Know-how aus dem Inland mit, damit sich diese Auslandsstelle nicht allzuweit vom Konzern entfernt."

Im Inland verfolgt das Unternehmen ein ähnliches (Führungs-)Personalkonzept, in dem festgeschrieben ist, daß mindestens einer der drei Leiter einer Gebietsfiliale über internationale Erfahrung verfügt. Entsprechendes hörten wir auch in einem multinationalen Automobilkonzern, wo man festgestellt hat, daß das Unternehmen von der Auslandstätigkeit seiner Beschäftigten bzw. den dort gewonnenen neuen Erfahrungen profitieren kann. Solche Mitarbeiter seien innovativ und brächten „frischen Wind" in die Firma.

Als Faustformel für diese Art der längerfristigen Auslandsdelegation gilt, daß sie nicht weniger als drei Jahre und nicht mehr als fünf Jahre umfassen soll. Der Grund für diesen langen Zeitraum liegt sowohl in dem hohen finanziellen wie zeitlichen Aufwand an sprachlicher und sonstiger Vorbereitung, den das Unternehmen in den Mitarbeiter investiert hat, als auch in der Tatsache, daß ein Auslandsdelegierter eine gewisse Vorlaufzeit, nicht nur zum Einleben in die fremde Umgebung, sondern auch zur Einarbeitung in seine neue Tätigkeit, braucht. Und genau hier liegt auch der Grund für die zeitliche Begrenzung der Auslandsentsendung nach oben. Das Leben und die Tätigkeit des oder der Auslandsdelegierten weicht nicht selten erheblich von dem ab, was er oder sie zu Hause gewohnt war und was bei der Rückkehr zu massiven Wiedereingliederungsproblemen führen kann. Am drastischsten formulierte dies ein für die Personalarbeit verantwortlicher Mitarbeiter aus der Chemieindustrie: „Zu lange Ausland versaut für's Inland."

Im Ausland lernen die „delegates" zu improvisieren, d.h. Fähigkeiten zu entwickeln, die zu Hause nicht unbedingt gefragt sind.

> „Hier [d.h. im Inland] ist doch die Arbeit im Vergleich zu vielen Auslandstätigkeiten sehr spezialisiert. Hier [im heimischen Automobilwerk] haben wir, sagen wir mal, 600 Abteilungsleiter. Da bist du für den linken hinteren Aschenbecher zuständig. [Im Ausland] dagegen bist du Abteilungsleiter für Rohbau, Lackiererei und auch noch Montage. So gibt es dann auch so etwas wie Statusprobleme, wenn die Leute zurückkommen."

So ein Personalverantwortlicher aus der Automobilbranche. Von ähnlichen Problemen wußte auch der Personalleiter der Bank zu berichten:

> „Je länger ein Mitarbeiter im Ausland ist, desto schwieriger wird es für uns, ihm im Inland etwas anzubieten, was der Bank und ihm gleichermaßen gefällt, wobei ich glaube, daß

die Schwierigkeit auf beiden Seiten liegt. Die Mitarbeiter, die sehr lange im Ausland waren, sind ein ganz anderes Maß an selbständigem Arbeiten, eigenständiger Verantwortung, Repräsentieren der Bank und und und gewöhnt als ein vergleichbarer Mitarbeiter im Inland. Im Inland sind das sehr viel engere Strukturen: es muß sehr viel abgestimmt und koordiniert werden – also, das schmeckt dem jahrelangen Auslandsmitarbeiter nicht so. Umgekehrt, und das ist ein Problem des Inlands, sagt das Inland: 'Was brauchen wir diese spezielle Erfahrung aus New York heraus. Das brauchen wir vielleicht nur einmal am Tag oder vielleicht nicht mal. Dieser Mann, der zehn Jahre in New York war, hat zwar eine hervorragende Ahnung der USA und unserer Geschäfte dort, aber was sich in diesen zehn Jahren im Inland getan hat, hat er als Erfahrung verpaßt. Und überdies: er ist mir eigentlich zu teuer. Und von daher nehme ich lieber seinen Kollegen Y aus dem Inland in diese Position.' In der Personalabteilung haben wir da das Problem, in einer Art Maklerfunktion zu sein."

Vor einigen Jahren, genauer: seit der Wiedervereinigung, war man bei dieser Bank dazu übergegangen, die Auslandszulage etwas zu reduzieren.

„Erstens wächst Europa langsam [...] zusammen. Wir haben zunehmend Schwierigkeiten, einem Mitarbeiter, den wir von Hamburg nach Dresden entsenden, zu sagen, das sei nun alles gar kein Problem gegenüber dem, den wir von Hamburg nach Luxemburg entsenden. An diesen beiden Beispielen wird vielleicht deutlich, daß man nicht von *hardship* sprechen kann, wenn man nun nach Luxemburg oder nach Paris geht, sondern vielleicht eher, wenn man nach Dresden geht. Also in Westeuropa nehmen wir die Auslandszulagen drastisch zurück. [...] Wir hoffen, damit aus einem Dilemma etwas herauszukommen, nämlich daß die Mitarbeiter sich zwar im Ausland sehr wohl fühlen, solange sie dort sind, aber – auch unter finanziellen Gesichtspunkten – nicht mehr, wenn sie ins Inland zurückkehren, weil es ein deutlicher Rückschritt – selbst bei karrieremäßigem Fortschritt – im Lebensstandard ist."

Dieses Sinken des Lebensstandards wurde auch von einem Vertreter der Automobilbranche als Problem von Rückkehrern von einem längeren Auslandsaufenthalt genannt. Häufig seien solche Mitarbeiter im Ausland etwa Dienstpersonal gewöhnt und müßten sich zu Hause plötzlich wieder in die vergleichsweise „bescheidenen" Lebensverhältnisse einfügen.

Schwerwiegender sind jedoch die familiären und psychischen Probleme, die – wie ein Betriebsratsvertreter dieses Automobilkonzerns berichtete – regelmäßig im Laufe von Auslandsaufenthalten auftreten:

> „Die Manager werden zunehmend in der Welt herumgeschickt, und das ist für einige schon ein Problem. [...] Da gehen auch Ehen in die Brüche, da passiert schon einiges."

Dies gelte jedoch nicht nur für Führungskräfte:

> „Ich kenne auch Arbeiter und Facharbeiter, die im Ausland waren und von ihrer Familie getrennt waren. Sie haben dort Alkoholprobleme gekriegt, und es gab Scheidungen. [...] Wir haben beispielsweise mal eine Vereinbarung getroffen, daß wir den Familienangehörigen Fahrkarten [für eine Besuchsreise] besorgt haben."

Um solchen beruflichen wie privaten Problemen vorzubeugen, legt man in den in die Studie einbezogenen Unternehmen, die häufig Mitarbeiter für längere Zeit ins Ausland entsenden, besonderes Gewicht auf eine gute Vor- und Nachbereitung solcher Maßnahmen. So sei es nach Angaben eines Personalverantwortlichen in einem großen, multinationalen Chemiekonzern unerläßlich, vor Antritt einer Auslandsstelle wenigstens „Eckdaten" über das zu vermitteln, was den Mitarbeiter dort erwarte; der Rest könne allerdings nicht kognitiv vermittelt werden, sondern beruhe mehr oder weniger auf den Erfahrungen, die man nur im Land selbst machen könne.

Ähnlich äußerte sich sein Kollege aus dem Bankgewerbe. Die Vorbereitung des Mitarbeiters auf einen Auslandsposten finde dort sowohl auf der fachlichen Ebene statt – beispielsweise durch einen gezielten Durchlauf durch verschiedene Abteilungen der Zentrale oder Abteilungen in anderen Auslandsstellen, die der späteren Stelle in etwa entsprechen – als auch auf der sprachlichen Ebene, durch Sprachseminare und Einzelunterricht.

„Den interkulturellen Bereich haben wir so intensiv wie manche andere noch nicht beschritten. Ich halte das allerdings auch für schwierig. [...] Wir haben auch nichts dagegen, wenn der Mitarbeiter sich vor Ort mal anschaut, wo er hin soll. Ich favorisiere das aber nicht [...]. Es ist ein Riesenunterschied, ob Sie ein paar Jahre in Hongkong tätig sein sollen oder ob Sie mal ein Wochenende dahin fahren, um sich die Wolkenkratzer anzuschauen. Also das bringt so furchtbar viel nicht. [...] Wir beziehen aber Ehefrauen in die Sprachkurse mit ein, wenn das gewünscht ist, und wir finanzieren vor Ort, jedenfalls wenn es sich um entfernte Regionen handelt, Mitgliedschaften in Freizeitclubs, um den Familien ein bißchen die Möglichkeit zu geben, sich etwas leichter einzuleben. [...] Die letzte Klippe dieser Integration in eine völlig fremde Kultur können wir nicht ausräumen."

Unterstützt und organisiert werde auch der Erfahrungsaustausch mit Kollegen, die bereits vorher in dem betreffenden Land eingesetzt waren. In der Zentrale erwarte man einmal jährlich – in Verbindung mit dem kostenlosen Heimflug – ein Gespräch mit dem Auslandsdelegierten. Darin gehe es um die Erfahrungen, die er auf seiner Auslandsstelle gemacht habe, um Verbesserungswünsche in der Betreuung, um Perspektiven für die berufliche Zukunft. Es finde also eine laufende Evaluation des Auslandsaufenthaltes statt. Außerdem gebe es ein Handbuch der Auslandsentsendung, in dem die Regeln für solche Einsätze zusammengefaßt seien. Schließlich seien die Auslandsmitarbeiter aufgefordert, „uns Anregungen zu geben, was wo zu verbessern ist".

Bei dem untersuchten Softwareunternehmen sah die Vor- und Nachbereitung der Beschäftigten für Auslandsaufenthalte ähnlich aus. Seien sprachliche Defizite vorhanden, werde der Mitarbeiter – nach Angaben des Personalreferenten des Unternehmens – entsprechend geschult. Alles weitere funktioniere „nach dem Prinzip *learning by doing*". Aufgearbeitet und ausgewertet würden solche Auslandseinsätze über einen „Feedback-Bogen", den der Mitarbeiter im Anschluß ausfüllen müsse. Dieser Fragebogen werde dann mit dem zuständigen Vorgesetzten noch einmal besprochen,

„da es passieren kann, daß zwei Monate später der nächste 'rübergeht. Und bis dahin sollten Problemfelder natürlich ausgemerzt sein. Also der [erste Mitarbeiter im Auslands-

einsatz] hätte beispielsweise drei Tage nichts zu essen ge-
kriegt, weil er die Karte nicht gehabt hat, wo er zum Essen
hin kann. Das wäre natürlich ein schweres Problem. [...] Es
sind oft kleine Sachen, aber ich denke, die sind doch sehr,
sehr wichtig."

In dem oben bereits erwähnten Automobilunternehmen werden – eine
Weile nach Rückkehr der Mitarbeiter von längeren Auslandseinsätzen –
„Reintegrationsseminare" zur Wiedereingliederung in die Arbeits- und
Lebensverhältnisse zu Hause durchgeführt. Solche Seminare werden je-
doch nicht allen Rückkehrern gleichermaßen angeboten, sondern nur
denjenigen, die im außereuropäischen Ausland tätig waren, da – so ein
Mitarbeiter der zuständigen Abteilung – die kulturellen und sozialen
Unterschiede innerhalb Europas nicht so gravierend seien wie außer-
halb.

Bestehen bei der Vor- und Nachbereitung von Auslandseinsätzen also große Unterschiede sowohl zwischen den einzelnen Branchen und
Unternehmen als auch zwischen den verschiedenen Beschäftigtengruppen, so gibt es – zumindest nach Aussage unserer Gesprächspartner –
eine allgemeine Übereinstimmung hinsichtlich des obersten Auswahlkri-
teriums für den Einsatz im Ausland: die Entsendung geschieht auf
freiwilliger Basis. Denn mit einem solchen Einsatz seien in der Regel so
hohe Kosten verbunden, daß ein Unternehmen es sich nicht leisten
könne, schlecht motivierte Mitarbeiter ins Ausland zu schicken.

Das Thema der Auslandsentsendungen war in den Gesprächen fast
durchweg mit dem Aspekt der Mobilitätsbereitschaft der Beschäftigten
verknüpft. Das Spektrum reichte dabei von den Klagen des Personalleiters eines Versicherungsunternehmens über die großen Schwierigkeiten,
Mitarbeiter selbst unter großzügiger Hilfestellung des Unternehmens zu
einem (zeitlich befristeten) Arbeitsplatzwechsel *innerhalb* Deutschlands
zu bewegen, über die Unlust von Montagearbeitern eines Stahlunternehmens, einen Auslandseinsatz anzutreten („Wer geht denn schon gern
nach Italien, wenn er dort nicht vom Betrieb hingeschickt wird?!", so ein
Betriebsratsmitglied), bis hin zu Aussagen wie der des Personalleiters
einer großen deutschen Bank:

„Das Interesse nach internationaler Erfahrung oder Einsatz
im Ausland ist sehr groß und steigt auch kontinuierlich.
Schon während des Studiums werden wir mit einer Fülle
von Anfragen bezüglich Auslandspraktika konfrontiert [...]

Also die Nachfrage nach Tätigkeiten im Ausland ist gegeben – gerade in der jüngeren Generation."

Gleich im Anschluß daran fügt er jedoch hinzu, daß diese generell hohe Mobilitätsbereitschaft mit zunehmendem Alter sinke, d. h., sobald beim Lebenspartner eine berufliche Bindung bestehe oder Kinder im schulpflichtigen Alter vorhanden seien.

Diese Äußerungen lassen bereits das Grundmuster erkennen, nach denen sich die Mobilitätsbereitschaft der Beschäftigten beschreiben läßt. Zunächst einmal gilt, daß die Mobilitätsbereitschaft der Mitarbeiter in *solchen* Branchen und Unternehmen am größten ist, die starke Auslandsaktivitäten entfalten. Mobilität stellt eine wichtige Voraussetzung für das Überleben des Unternehmens dar und wird über eine entsprechende Einstellungspolitik sichergestellt. So achtete man etwa bei der Zusammensetzung der Trainee-Gruppen des für die Studie untersuchten Automobilkonzerns streng auf eine bunte internationale Mischung, damit auch in der Gruppe selbst bereits die „nationalen Scheuklappen" abgebaut werden.

Damit ist auch schon ein zweiter Faktor für die Ausprägung der Mobilitätsbereitschaft unter Arbeitnehmern angesprochen: die Stellung innerhalb der Betriebshierarchie. Die Erkenntnis, die sich aus der Auswertung der Gesprächsprotokolle gewinnen läßt, könnte man auf den folgenden Nenner bringen: Je höher die Position innerhalb eines (international tätigen) Unternehmens, desto stärker die Anforderungen an die Bereitschaft zur Mobilität des Beschäftigten.

So berichtete uns der Personalreferent eines Softwareunternehmens, er selbst sei

„durchschnittlich in der Woche zwei bis drei Tage in den verschiedenen Ländern unterwegs. Wenn Sie von Ihrer persönlichen Weiterentwicklung profitieren wollen, und Sie möchten bei [unserem Unternehmen] die nächste Stufe erklimmen, und es wird Ihnen was in Belgien oder Frankreich oder Amerika oder Australien angeboten",

dann müsse der Bewerber natürlich bereit sein, umzuziehen. Mobilitätsbereitschaft sei zwar keine absolute Voraussetzung für den innerbetrieblichen Aufstieg in seinem Unternehmen,

„aber es erleichtert die Sache natürlich ungemein, wenn der Fokus nicht nur auf [den deutschen Firmensitz] gerichtet ist, sondern man weltweit schauen kann, was es an Stellen gibt."

Dieses Kriterium gelte jedoch ausdrücklich erst ab dem Spezialisten aufwärts, für Sachbearbeitungs- und Verwaltungsfunktionen sei es weniger wichtig.

Für Beschäftigte in solchen multinational tätigen Firmen – gleichgültig, ob es sich um die Computerbranche, die Automobilindustrie oder das Bankgewerbe handelt – gilt ab einer bestimmten Position in der Unternehmenshierarchie der Satz des Personalverantwortlichen eines internationalen Chemieunternehmens: „Wer Karriere machen will, muß im Ausland gewesen sein." So gehört in dem bereits erwähnten Automobilunternehmen ein drei- bis fünfjähriger Auslandsaufenthalt zum Förderprogramm bei Führungsnachwuchskräften – was jedoch im Umkehrschluß nicht bedeutet, daß ein längerer Auslandsaufenthalt automatisch eine Karrieregarantie beinhaltet. Dies stellte auch der Personalleiter einer deutschen Großbank ausdrücklich klar:

„Die einzige Garantie, die wir geben, ist der Rückfahrschein. [...] Ich möchte schon diese Karriereperspektive geben, aber gesetzt den Fall, der Auslandseinsatz klappt überhaupt nicht oder der Mitarbeiter verändert sich und setzt sich auch nicht mehr so ein, dann kann ich ja nicht schon bei der Entsendung die Garantie geben: 'Wenn du zurückkommst, rutscht du noch eins höher'."

Der dritte Faktor, der – neben dem Unternehmenstyp und der beruflichen Stellung – bei der Höhe der Mobilitätsbereitschaft von Beschäftigten eine Rolle spielt, ist das Alter: mit zunehmendem Alter wird es schwieriger, Mitarbeiter für einen längeren Auslandseinsatz zu gewinnen. Dies hat jedoch häufig weniger mit dem Lebensalter an sich als vielmehr mit bestehenden familiären Bindungen, dem Beruf des Lebenspartners, der Schulpflicht der Kinder usw. zu tun. So schätzte ein Betriebsratsvertreter aus der Speditionsbranche die Bereitschaft solcher Mitarbeiter, in einer Auslandsniederlassung des Unternehmens tätig zu sein, als eher „verhalten" ein:

„Im Ausland zu arbeiten bedeutet ja auch, mobil zu sein, keine Freundin und Familie zu haben. [...] Es gibt Ausnahmefälle, die ich kenne, doch da kam es denn auch zum Bruch der ehelichen Beziehung."

In diesem Zusammenhang ist auch die Frage des Verdienstes von nicht unerheblicher Bedeutung: Mit steigendem Alter nimmt die Bereitschaft der Beschäftigten ab, durch einen Auslandsaufenthalt bedingte Gehaltseinbußen in Kauf zu nehmen. So wäre es für einen Meister in dem von uns besuchten multinationalen Automobilunternehmen theoretisch möglich, eine feste Auslandsstelle beispielsweise bei einem Tochterunternehmen in Südamerika anzunehmen, doch, da er dann zu den im Lande geltenden Konditionen eingestellt werden würde, wäre ein solcher Stellenwechsel finanziell für ihn uninteressant.

Auch das Geschlecht spielt eine – wenn auch nicht direkt faßbare – Rolle, wenn es darum geht, Personal ins Ausland zu entsenden. Dies hängt sicherlich damit zusammen, daß – wenigstens in Großbetrieben – die technischen und kaufmännischen Positionen, in denen Auslandsentsendungen häufiger vorkommen, in aller Regel von Männern besetzt werden, doch es wurde noch ein weiterer Grund genannt:

> „Bei Frauen spielt die Familie immer eine große Rolle, bei Männern nur, wenn die Frau berufstätig ist."

Zwar würde dieser Personalentwickler eines Automobilkonzerns die Frage vermutlich ebenso heftig verneint haben wie die meisten anderen der Gesprächspartner, denen sie gestellt wurde, die Frage nämlich, ob das Geschlecht ein Selektionskriterium bei der Personalbeschaffung und Personalentwicklung sei, doch in der betrieblichen Wirklichkeit scheint ein heimlicher „Automatismus" zu walten, der weibliche Bewerber bzw. Mitarbeiter in diesen beiden Bereichen benachteiligt. So entfuhr es dem Personalleiter einer deutschen Großbank im Zusammenhang mit Personalentwicklungsmaßnahmen seines Unternehmens:

> „Immer wieder [gibt es] allerdings leichte, wenn auch nachvollziehbare Enttäuschungen, wo gezielte Entwicklungsmaßnahmen in weibliche Mitarbeiter vorgenommen werden, was alles ganz prima läuft, und dann wird die Bank verlassen aus privaten Gründen, und sie kommen auch nicht mehr zurück. Nun können Sie entgegenhalten, das kann bei einem Mann genauso passieren. Nur der hat nicht so viele Variationsmöglichkeiten bei diesem Thema."

Werden in einem Unternehmen Mitarbeiter benötigt, deren Tätigkeitsprofil das Vorhandensein „interkultureller Kompetenz" einschließt, wird
dieser Bedarf – so ergab sich als eindeutiger Trend aus den Experten-
interviews – zunächst einmal über eine entsprechende Einstellungspolitik
zu lösen versucht. Erst wenn dies nicht gelingt, weil z.B. die wirtschaftliche Lage des Unternehmens Neueinstellungen nicht zuläßt, greift man
zu Personalentwicklungsstrategien, die eine solche Kompetenz erzeugen
sollen.

Als eine der wenigen Branchen, die trotz der Rezession der letzten
Jahre starke Zuwächse verzeichnen konnte, hat die Softwareindustrie
keinerlei Probleme, sich die benötigten Qualifikationen auf dem Arbeitsmarkt zu beschaffen. Bei der Auswahl der Bewerber legt man dort,
neben den fachlichen Kriterien, besonderen Wert auf Auslandserfahrung, die als stark persönlichkeitsbildend gewertet wird. „Interkulturelle
Kompetenz" definiert sich dabei für das Unternehmen nicht so sehr
über spezifische Kenntnisse hinsichtlich eines bestimmten Landes, sondern eher als eine Schlüsselqualifikation, die den Betreffenden in die
Lage versetzt, sich flexibel auf die unterschiedlichsten kulturellen Bedingungen einzustellen. So gilt die Maxime: „Je exotischer, desto besser", da man davon ausgeht, daß jemand, der sich eine Zeitlang in einem
weit entfernten Erdteil aufgehalten hat, in einem Land vor den Toren
seiner Heimat kaum Probleme haben dürfte.

Da dieses junge, multinationale Unternehmen von vornherein auf
vorhandene „interkulturelle" Qualifikationen seiner Mitarbeiter Wert
gelegt hat, kann es von einer verhältnismäßig hohen Mobilitätsbereitschaft und einer grundsätzlichen Offenheit für Auslandseinsätze ausgehen. Dadurch erhalten Auslandsaufenthalte zwangsläufig den Status einer Gratifikation für gute Leistungen.

> „Da gibt es intern ganz klare Richtlinien, wo wir sagen: Das
> ist ein guter Mitarbeiter und der sollte das [nämlich den
> Auslandsaufenthalt] auch quasi als *benefit* zur Verfügung
> gestellt bekommen. Diejenigen, die durchschnittliche oder
> unterdurchschnittliche Leistungen bringen, haben keine
> Chance, in solche Programme reinzugehen."

Bei diesen Programmen handelt es sich beispielsweise um sechsmonati-
ge internationale Austauschmaßnahmen, die das Unternehmen seinen
Mitarbeitern weltweit anbietet.

„Gerade im Bereich Marketing oder Technischer Kunden-
support sind diese Instrumente natürlich sehr, sehr wertvoll
für uns als Personalentwicklungsbereich, weil dabei so viele
neue Ideen zustande kommen, die uns als Firma dann auch
letztlich weiterbringen."

Interkulturelle Kompetenz wird jedoch auch in anderen Branchen als
wichtige Schlüsselqualifikation betrachtet, so etwa in der Automobilindustrie. Dabei gelte es allerdings, so erfährt man von den für für die Personalarbeit Verantwortlichen, zwei „Grundtypen" von Auslandsbeschäf-
tigten zu unterscheiden. Der erste ziehe sich nach kurzer Zeit in der
Fremde bereits in seine deutsche Kolonie zurück, hielte alles „Deutsche" in Ehren und sei nach seiner Rückkehr nur schwer zu integrieren,
weil während seiner Abwesenheit von der Heimat die Zeit zu Hause
nicht stehengeblieben sei. Der zweite Typus sei dagegen offen für neue
Erfahrungen, nehme in der Zeit seiner Auslandstätigkeit vielfältige Ein-
drücke in sich auf und sei leicht wieder zu integrieren. Solche Mitarbeiter stellten einen Gewinn für das Unternehmen dar, da sie innovativ und
reformfreudig seien.

Insgesamt läßt sich feststellen, daß die Anforderungen an die
„interkulturelle Kompetenz" der Beschäftigten von der jeweiligen Betriebsgröße abhängig sind und zwischen den einzelnen Branchen stark
variieren. Die Wirtschaftszweige, die traditionell vom Auslandsgeschäft
leben, signalisieren einen höheren Bedarf als Branchen, die sich, wie etwa das Versicherungsgewerbe, erst allmählich international zu orientieren beginnen. Dort, wo eine solche Kompetenz gefordert wird, gilt jedoch der Satz, der bereits eingangs formuliert wurde und mit dem sich
auch das Thema Fremdsprachen zusammenfassen läßt: Der Faktor der
interkulturellen Kompetenz spielt erst ab einer relativ hohen Ebene in
der Beschäftigungspyramide eine Rolle als Einstellungs- bzw. Aufstiegs-
kriterium. Für die große Gruppe der Facharbeiter und Fachangestellten
zumindest mit einfachen Aufgabenstellungen ist er in dieser Hinsicht
eher bedeutungslos.

Etwas anders sieht es auf der Ebene der beruflichen Erstausbildung
im gewerblichen Bereich aus. Hier nimmt man, zumindest in den größeren Unternehmen, die Möglichkeiten wahr, die die Programme der Europäischen Union, etwa PETRA oder LINGUA (jetzt LEONARDO),
im Hinblick auf den internationalen Austausch von Auszubildenden bieten. Von allen untersuchten Betrieben war das Automobilunternehmen
hier das aktivste.

> „Wir halten das für wichtig, weil wir ein multinationaler
> Konzern sind, wir haben in fast allen Erdteilen Niederlas-
> sungen, haben in Europa Beteiligungsgesellschaften und
> wollen eigentlich so in der Berufsausbildung generell auch
> die Bereitschaft fördern, international tätig zu werden."

Ziel des Jugendaustausches sei es, Jugendliche bereits in der Berufsausbildung zu motivieren, sich für andere Länder zu interessieren, an
Fremdsprachen Interesse zu finden und sich anderen Kulturen gegenüber zu öffnen.

> „Wir wollen in der Berufsausbildung die Einsicht fördern,
> daß es außer Deutschland noch ein paar andere Standorte
> gibt, die interessant sind. Und nichts ist besser, als das Land
> und die Menschen dort einmal persönlich vorher kennenzu-
> lernen. So kann man sie auch motivieren, eine Fremdspra-
> che zu lernen."

Das Hauptanliegen solcher Maßnahmen besteht also in der allgemeinen
Persönlichkeitsentwicklung sowie einer Erweiterung der Sozialkompetenz und nicht so sehr in einer Vertiefung der fachlichen Bildung.
    Auch die Unternehmen, die sich bislang kaum oder gar nicht an
Austauschmaßnahmen im Rahmen von EU-Programmen beteiligt haben, messen solchen Aktionen im Rahmen der Ausbildung große Bedeutung bei und registrieren eine zunehmende Bereitschaft der Auszubildenden, zumindest für eine begrenzte Zeit ins Ausland zu gehen. So
berichtete beispielsweise der Personalentwickler einer Bank im Zusammenhang mit der Einstellungspolitik seines Unternehmens:

> „Es läßt sich sagen, daß wir Auszubildende nicht danach
> aussuchen, ob sie jetzt oder später einmal einen Einsatz in
> Frankreich oder England haben. In der Regel sind die
> Sprachkenntnisse bei etwa 2/3 derAbiturienten, die bei uns
> als Auszubildende angestellt sind, vorhanden. Und das In-
> teresse für das Ausland ist auch da ungebrochen – wenn ich
> da an den Touristenschalter denke, daß also Auszubildende
> während der Ausbildung in der Vergangenheit häufig in
> Italien, Frankreich oder Spanien im Einsatz waren und da
> schon mitgeholfen haben, und viele auch schon in ihr Be-
> werbungsschreiben schreiben: 'Und später möchte ich mal

ins Ausland.' Für viele ist dies auch mit ein Grund, um zu einer Großbank zu gehen."

Von Problemen hinsichtlich der Mobilitätsbereitschaft der Auszubildenden berichtete demgegenüber der Leiter der Aus- und Weiterbildungsabteilung eines Großunternehmens der Automationsbranche im Dreiländereck Deutschland, Frankreich und Schweiz, das seit 1990 eine „trinationale Ausbildung" anbietet. Im Rahmen dieses Projekts sind jeweils sechs Wochen in den Zweigniederlassungen in Frankreich und der Schweiz zu absolvieren. Auszubildende mit Sprachkenntnissen haben bei der Entscheidung über eine Teilnahme an dem Modellprojekt einen Bonus.

Ein Problem seien zunächst jedoch nicht so sehr die fehlenden Sprachkenntnisse gewesen, sondern die generelle Bereitschaft der Jugendlichen, für eine begrenzte Zeit ins Ausland zu gehen. Anfangs habe man immer wieder von den Auszubildenden gehört:

> „'Was sollen wir denn da? Das können wir doch alles hier machen.' Sie hatten zuerst Angst, herauszugehen, um in einer anderen Firma zu lernen. [...] Heute ist es eher eine Strafe, wenn einer mal nicht darf; die Einheiten sind kleiner, es ist lockerer und persönlicher, aber die Leistung wird trotzdem gebracht. Wir haben auch festgestellt, daß die in Frankreich nicht nur Rotwein trinken."

Der von Unternehmensseite mit sehr viel Engagement betriebene Ansatz hatte mit erheblichen Startschwierigkeiten zu kämpfen. So brauchten die schweizerischen Auszubildenden etwa eine Arbeitserlaubnis, und auch die Schweizer Kammern spielten zunächst nicht mit.

> „Die wollten ihre Auszubildenden hier nicht verheizt wissen. Von den Schweizern sind wir so geprüft worden, als wollten wir ihre Azubis ausbilden."

Mittlerweile sind die vielfältigen Anfangsschwierigkeiten beseitigt, und die zuständigen Kammern in den drei Ländern einigten sich auf ein gemeinsames Prüfungsverfahren, an dessen Ende ein sogenanntes „REGIO"-Zertifikat steht, eine Art Berufsbildungspaß in Ergänzung zum einheimischen Facharbeiterbrief.

Einen weniger glücklichen Verlauf nahmen entsprechende Bemühungen eines Unternehmens im Osten der Republik. Dort hatte man ein Kontingent zusätzlicher Ausbildungsplätze geschaffen, das polnischen

Jugendlichen zur Verfügung gestellt wurde. Die Unterstützung in der Belegschaft für diese Maßnahme war nach Aussagen der Betriebsratsvertreter und des Ausbildungsleiters eher gering: Man verstand nicht, daß es sich um *zusätzliche* Ausbildungsstellen handelte, die also niemandem „weggenommen" würden. Die Ausbildungsleitung sah sich jedoch auch einer Reihe formaler Probleme gegenübergestellt. So hatte die Berufsgenossenschaft gefordert, daß Bedienungsanleitungen an technischen Anlagen auch auf Polnisch anzubringen seien, oder die IHK machte Schwierigkeiten, als es um die Ausstellung eines Europäischen Schweißerpasses an polnische Auszubildende ging. Man hegte dort die Befürchtung, daß die Inhaber eines solchen Schweißerpasses anschließend in Deutschland arbeiten würden. Auch die gegenseitige deutsch-polnische Anerkennung der Ausbildungsberufe bereitete Probleme, da die Kammern nicht entsprechend eng zusammenarbeiteten und bemüht waren, Kompromißformeln zu finden.

2.4 Internationale Qualifikation „hervorragende Fachkenntnisse"

Spielen Fremdsprachenkenntnisse und interkulturelle Kompetenz vor allem im Anforderungsprofil „international" tätiger Mitarbeiter im kaufmännisch-verwaltenden Bereich eine Rolle, werden im gewerblich-technischen Bereich den „internationalen" fachlichen Kenntnissen – also beispielsweise, welche technischen Normen in einzelnen Ländern gelten und wie sie umgesetzt werden – besondere Bedeutung beigemessen. Dies hat sicherlich mit dem eher technischen als kommunikativen Charakter der Facharbeit zu tun, gerät womöglich aber auch deshalb so stark in den Mittelpunkt „internationaler" beruflicher Anforderungen, weil diese Fachkenntnisse in aller Regel das einzige Gebiet darstellen, auf dem gewerbliche Arbeitnehmer überhaupt international geschult werden.

Einschränkend sollte jedoch darauf hingewiesen werden, daß eine scharfe Abgrenzung des Aspektes der internationalen Fachkompetenz von den übrigen Komponenten „internationaler Qualifikationen" oft nur schwer möglich ist. Dies zeigt sich bereits an den Schwierigkeiten, die den Gesprächspartnern die eindeutige Zuordnung des Begriffs der internationalen fachlichen Kompetenz bereitete.

„Zum Beispiel jetzt werden wir jemanden einstellen, der das
Büro in Neu-Delhi in Indien leiten wird. Da können wir natürlich niemanden nehmen, der im Personaleinsatzbetrieb –
ich übertreibe es jetzt einmal – Schlosser, Bürokauffrau
oder sonst was war. Das muß schon ein Mensch sein, der das
Produktionsprofil kennt, die Sprache beherrscht, der lang-
jährig bei uns tätig war, der natürlich die Bereitschaft hat, in
Neu-Delhi tätig zu sein, der den Markt kennt, der die Qualifizierung im Marketing hat, der also weiß, welche Gesetze
auf dem Markt herrschen. Da gibt es nicht sehr viele Leute,
die das alles schon mitbringen.“

So die Personalleiterin eines ostdeutschen Schwermaschinenbauunternehmens. Der Betriebsratsvertreter einer Bank nannte beim Stichwort
„Qualifikationen mit internationalen Bezügen“ an fachlichen Aspekten
die „Kenntnisse der unterschiedlichen Gesetze, die das Bankwesen betreffen“. Ferner müßten Kollegen,

„die ins Ausland gehen, fachliche Basiskenntnisse aus
Deutschland mitbringen, da sie im Gastland eine Vorbild-
funktion haben.“

Neben Kenntnissen ausländischen bzw. internationalen Rechts wurden
in den Gesprächen ferner EDV-Kenntnisse sowie Kenntnisse internationaler Normen und Standards (DIN, EN bzw. ISO) angeführt. Der
Vertreter eines Zulieferbetriebs der Automobilindustrie, eines Unternehmens der Kautschukverarbeitung, machte dies mit den Worten
deutlich:

„Die Umsetzung von Total Quality [im Rahmen der ISO-
Normen 9000-9004] ist die Überlebensstrategie für uns.
Deshalb wird international koordiniert jetzt in all unseren
Werken mit der Umsetzung begonnen.“

Die Internationalisierung der Qualifikation von Beschäftigten wurde
deshalb vor allem auf dem Gebiet der Umsetzung dieser internationalen
Qualitätsnormen gesehen. Was im übrigen die Produktion nach der
ISO-Norm angeht, so ergibt sich daraus für Unternehmen, die sich zur
Einhaltung dieser Normen verpflichten, eine Notwendigkeit, bei den
ausländischen Beschäftigten einen sicheren Umgang mit der deutschen
Sprache zu gewährleisten.

„Wir müssen das machen, wir sind ja ISO-zertifiziert. Die ganzen Vorschriften müssen sie ja lesen können. Wir können da keinen einstellen, der nicht Deutsch in Wort und Schrift beherrscht",

wie uns der Betriebsrat eines Unternehmens der Automationsbranche erklärte.

Zwei Dinge fielen bei den Gesprächen im Hinblick auf die Frage nach internationalen fachlichen Kenntnissen auf. Zum einen kam man beim Thema der „internationalen Fachkompetenz" wiederholt auf die Frage der „Persönlichkeit" des Bewerbers bzw. Mitarbeiters zu sprechen; zum anderen wurden relativ wenig konkrete Angaben über die spezifischen Inhalte solcher Kenntnisse gemacht, und wenn ja, wurden diese sehr oft in einem Atemzug mit „Fachsprache" genannt.

Die Erklärung für letzteres liegt möglicherweise darin, daß sich der Satz, der bereits für die Fremdsprachenkompetenz formuliert wurde, nämlich, daß die Beherrschung des Englischen „eine Selbstverständlichkeit" sei, auch auf den Bereich der internationalen fachlichen Kompetenz anwenden läßt. Denn viele Normen und Standards haben sich mittlerweile weltweit durchgesetzt und werden deshalb kaum noch als „international" im Sinne des „Fremden", „Andersartigen" wahrgenommen, sondern ihre Kenntnis wird bereits zur allgemeinen beruflichen Fachkompetenz gerechnet. Erst dort, wo andere, davon abweichende Normen gelten, wird ihre Kenntnis als „internationale" Qualifikation erkannt.

Ein gutes Beispiel hierfür bietet der Bäckermeister, der in den nahen Niederlanden mehrere Filialen betreibt, in denen er das in seiner deutschen Backstube hergestellte Brot verkauft. Die Schwierigkeit dabei sei, wie der Bäcker sagte, daß der niederländische Verbraucher im deutschen Brot immer noch ein „Luxusprodukt" sehe, das aufgrund des Preisunterschiedes bei weitem nicht alle Kunden anspreche. Dies erfordere eine umfassende Beratungsleistung seines (niederländischen) Verkaufspersonals – und hier liege sein Problem: Denn Fachverkäuferinnen, wie man sie in Deutschland habe, gebe es in den Niederlanden nicht. Das Fachwissen, das für den Verkauf seiner Produkte in den Niederlanden erforderlich sei, (dem niederländischen Kunden beispielsweise erklären, daß das deutsche Brot qualitativ besser und unter anderem deshalb auch teurer sei), fehle.

Etwas konkreter als die meisten seiner anderen Kollegen aus dem Personalbereich äußerte sich der Leiter der Aus- und Weiterbildungsab-

teilung eines Unternehmens aus der Meßtechnik- bzw. Automationsbranche zum Bedarf an internationalen fachlichen Kenntnissen bei seinen Mitarbeitern. Da die Firmengruppe international tätig sei, gebe es
auch eine internationale Arbeitsteilung, die bei der Produktentwicklung
wiederum spezielle – auch fachliche – Anforderungen an die Mitarbeiter
stelle.

> „Mailand bringt beispielsweise den Temperatursensor, die
> Schweiz das Durchflußmeßgerät, wir bringen das Füll-
> standsmeßgerät. Jetzt müssen wir natürlich absprechen:
> 'Wie machen wir hier die Schnittstellen, daß wir keine Dop-
> pelt- oder Dreifachentwicklung haben, damit wir Zeit und
> Geld sparen. Das muß ja nachher zusammenpassen.“

Ein Vorteil der weltweiten Aktivitäten des Unternehmens sei die
Kenntnis und Nutzung der Vorschriften und Normen vor Ort. Eine Angleichung der Normen deute sich dabei teilweise bereits an, der Prozeß
verlaufe jedoch allzu zäh.

> „In Westeuropa wird diskutiert: man versucht hier also eine
> Normschnittstelle zu finden für die verschiedenen Sensoren.
> Und die Japaner realisieren eine – die fragen nicht. Das, was
> nachher am besten läuft, ist dann der Standard, obwohl es
> technisch nicht das Beste ist.“

Weiterhin bleibt festzuhalten, daß das Thema der internationalen Fachkompetenz immer wieder in einen Zusammenhang mit der Beherrschung fremdsprachlicher Fachbegriffe gesetzt wurde. So hatte ein
Chemieunternehmen mit einigen seiner Industriekaufleute eine Reihe
von Kurzzeittrainingskursen in England durchgeführt, um die Fachsprache zu schulen, oder der Ausbildungsleiter des ostdeutschen Maschinenbauunternehmens sprach sich dafür aus, daß beim Technischen
Zeichner

> „nicht nur eine Fremdsprache schlechthin unterrichtet wird,
> sondern eine Fremdsprache auf dem Fachgebiet vermittelt
> wird. [...] Es sollte so sein, daß die Grundlagen der Sprache
> aus der Schule mitgebracht werden und an der Berufsschule
> dann fachspezifisch unterrichtet wird.“

Der andere Punkt, der bei den Gesprächen ins Auge fiel, war die Tatsache, daß das Thema der internationalen fachlichen Kenntnisse des öfte-

ren mit Anforderungen an die *Persönlichkeit* des betreffenden Arbeitnehmers in Verbindung gebracht wurde. So erläuterte uns die Personalentwicklerin eines großen deutschen Unternehmens der Bekleidungsindustrie das Anforderungsprofil für einen geplanten (Führungs-)„Nachwuchsförderkreis":

> „überzeugendes Leistungs- und *Persönlichkeitsbild*, gute Schul- und Ausbildungszeugnisse, eine mit gutem Erfolg abgeschlossene Berufsausbildung, geographische Mobilität, gute bis sehr gute Kenntnisse in mindestens einer Fremdsprache – Voraussetzung ist Englisch –, Spaß an neuen Aufgaben, die mit höherer Verantwortung verbunden sind und eine erfolgreiche, mindestens dreijährige Berufserfahrung." (Hervorh. d. Verf.)

Noch deutlicher wurde diesbezüglich einer ihrer Kollegen, der erklärte, daß in seiner Bank die fachliche Kompetenz das oberste Kriterium für die Auswahl von Bewerbern für eine Trainee-Ausbildung sei, und dann fortfuhr:

> „Es gibt momentan auch stärkere Akzente, die zwar nicht weggehen von der Fachkompetenz, aber doch andere Dinge stärker gewichten [...]: Methodenkompetenz, soziale Kompetenz, Teamfähigkeit und und und [...]. Gerade in einer Großbank können Einzelkämpfer heute kaum noch arbeiten."

Ganz ähnlich äußerte sich der Personalreferent des Softwareunternehmens:

> „Wenn einer der einsame Reiter ist, dann denke ich nicht, daß so jemand der Richtige ist, um ein Team zu führen."

Zwar seien EDV-Kenntnisse „das wichtigste", doch die „entscheidende Komponente" sei

> „eigentlich die Persönlichkeit. Wenn die Leute zu uns ins Vorstellungsgespräch kommen, haben wir sie aussortiert nach den Kriterien, die wir für die berufliche Qualifikation brauchen. Und dann ist die Person entscheidend."

Diese Verknüpfung gilt im übrigen nicht ausschließlich für die Dienstleistungsbranchen bzw. für Großunternehmen – sie gilt in vielleicht noch viel stärkerem Maße für den kleinen Handwerksbetrieb wie den des bereits erwähnten Bäckermeisters, dessen wichtigste Einstellungskriterien nach eigenem Bekunden das Vorhandensein formaler fachlicher Qualifikationen *sowie* Persönlichkeitsmerkmale wie Freundlichkeit und Kollegialität sind. Außerdem:

> „Wenn ich die Möglichkeit habe, erkundige ich mich auch bei Kollegen [über den Bewerber], weil die Ehrlichkeit auch noch so ein Aspekt ist, der eine wichtige Rolle spielt."

Hin und wieder wurde von den Gesprächspartnern im Kontext der internationalen fachlichen Kompetenz auch das Thema der internationalen Vergleichbarkeit der Qualifikationen angeschnitten, also, wie es der Ausbildungsleiter eines Maschinenbauunternehmens formulierte,

> „daß Berufe, die erlernt werden, eine gewisse Vergleichbarkeit in den verschiedenen Staaten haben. Es gibt zwar Abkommen zwischen Staaten, daß bestimmte Berufsabschlüsse gegenseitig anerkannt werden, aber es muß dort sicher eine Einheitlichkeit hereingebracht werden, wenn z. B. ein Industriekaufmann ausgebildet wird, daß der die gleichen Inhalte in Italien, Spanien, Deutschland oder sonstwo hat."

Diese Forderung nach gleichen Ausbildungsstandards wurde auch von dem Belegschaftsvertreter eines Speditionsunternehmens geäußert.

> „Ich wäre nicht unglücklich – in Kenntnis dessen, daß Deutschland und Österreich die einzigen beiden europäischen Länder sind, die den Beruf des Speditionskaufmanns wahrhaftig ausbilden –, wenn dies in unserer EU auch nachvollzogen werden würde."

Ein Problem hinsichtlich der Vergleichbarkeit bzw. Unvergleichbarkeit der Berufsabschlüsse stellt sich auch all jenen Unternehmen, die im Ausland ausgebildete Arbeitskräfte bei sich beschäftigen. Aufschlußreich ist in diesem Zusammenhang beispielsweise der Fall des Bäckers an der Grenze zu den Niederlanden, der eine niederländische Konditorin eingestellt hatte, da er glaubte, sie könne

> „auch mal das eine oder andere bringen, was typisch für die Niederlande ist. Aber da ist so gut wie gar nichts gekommen, so daß ich fast davon ausgehen muß, daß sie das, was sie praktisch kann, bei uns gelernt hat."

Ähnlich kritisch äußerte sich der Kaufmännische Leiter eines Bauunternehmens aus derselben Region:

> „Zwischen Deutschland und den Niederlanden sind die Berufsausbildungen ja nicht so eindeutig vergleichbar. Da versuchen wir, uns im persönlichen Gespräch ein Bild von dem Ausbildungsstand des zukünftigen Mitarbeiters zu machen."

Einer der Gesprächspartner, der Aus- und Weiterbildungsleiter in dem bereits eingehend beschriebenen Unternehmen im Dreiländereck, wies noch auf einen weiteren Aspekt „internationaler" Fachkompetenz hin: die jeweiligen „nationalen" fachlichen Spezifitäten. Durch die trinationale Zusammenarbeit seines Unternehmens mit Unternehmen aus Frankreich und der Schweiz ergänze man sich in seinen landestypischen Stärken:

> „beispielsweise die exakte Ausführung, die Liebe im Detail von den Deutschen und den Schweizern in Verbindung mit der Kreativität der Franzosen. Denn das sieht man ja auch an den Autos; die Franzosen haben sehr schöne Konzepte, aber in der Durchführung sind sie sehr schlecht. Jetzt nehmen Sie ein schönes französisches Konzept, das mit *German finish* bearbeitet wird. Dann sind wir eigentlich unschlagbar."

Im Zusammenhang mit der Berufsausbildung spielen „internationale" fachliche Qualifikationen vor allem im kaufmännischen Bereich eine Rolle. Hierbei handelt es sich um Kenntnisse in den Bereichen internationale Währungs- und Steuersysteme, Abgaben, Kapitaltransfer, Fördermodelle im europäischen Wirtschaftsraum, internationale Abläufe im Finanzierungs- und Versicherungswesen, internationale Rechtsnormen, Unternehmensverbände im internationalen Bereich, multinationale Konzernstrukturen sowie internationaler Arbeitsmarkt. Im gewerblichen Bereich beschränken sich internationale fachliche Qualifizierungen im wesentlichen auf das Thema der internationalen Normung, also die Kenntnis des ISO- und EN-Normenapparats. Immer wieder wurde in den Gesprächen auch die Notwendigkeit einer fachbezogenen Fremdsprachen- sprich: Englischausbildung für gewerbliche Auszubildende betont.

„Der muß dann auch mal in der Lage sein, eine Zeichnung
in Englisch zu lesen. Denn wenn er auf einer Baustelle ist,
dann sind die Zeichnungen international ausgelegt",

so etwa ein Mitarbeiter in der Personalabteilung eines Maschinenbauunternehmens.

Im kaufmännischen Bereich sieht es ähnlich aus: Auch dort spielen
Fremdsprachen vor allem in ihrer fachsprachlichen Dimension eine
Rolle. Nach Aussagen des Personalentwicklers einer deutschen Bank
würden Jugendliche zwar nicht unter der Voraussetzung eingestellt,
nach der Ausbildung in eine ausländische Bankfiliale entsandt zu werden, da sich eine solche Entscheidung erst im Laufe der beruflichen
Entwicklung ergebe, aber:

„Der entscheidende Punkt wird immer sein: fachlich fit zu
sein und Sprachen zu beherrschen, um im Ausland eingesetzt zu werden."

Fremdsprachenkenntnisse in der Ausbildung seien grundsätzlich jedoch
nur dann sinnvoll, wenn sie einen Berufsbezug aufwiesen.

Was den internationalen Austausch von Auszubildenden betrifft,
nimmt das Fachliche einen wichtigen Raum als Bezugsrahmen für internationale Begegnungen ein, wenngleich es auch nicht im Mittelpunkt
einer solchen Maßnahme steht: Ziel ist es, sich über den fachlichen
Kontakt vor allem persönlich näherzukommen. Denn, so hörten wir von
einem Personalverantwortlichen in einem großen deutschen Automobilkonzern:

„Wir sind ja aufgrund unserer wirtschaftlichen Entwicklung
Spitzenreiter in Technologie, so daß im allgemeinen überall,
wo wir hingehen, das technologische Niveau unter unserem
liegt. Profitieren in fachlicher Hinsicht tun eigentlich eher
unsere Partner. Im zwischenmenschlichen Bereich profitieren wir viel, aber fachlich für die Ausbildung kaum."

Doch selbst hier kommt man nicht ganz ohne die fachliche Anbindung
aus. So ist die vom Unternehmen geförderte Begegnung zwischen einer
deutschen und einer spanischen Berufsschule in ein Projekt eingebettet,
bei dem es um die gemeinsame Entwicklung eines Sonnenkollektors
geht.

2.5   Zusammenfassung

Vergleicht man die Ergebnisse aus den einzelnen Betriebsfallstudien hinsichtlich der Bedeutung „internationaler Qualifikationen" im Kontext der betrieblichen Ausbildungs- und Personalpolitik, so ergeben sich eine Reihe interessanter Erkenntnisse und Perspektiven, die z.T. mit den Ergebnissen der Literaturrecherche korrespondieren, sie z.T. aber auch zumindest diskussionswürdig erscheinen lassen bzw. in wichtigen Punkten ergänzen.

Die Befragung von Personalchefs, Ausbildungsleitern und Betriebsräten aus 15 bundesdeutschen Unternehmen zeigt eindeutig, daß es keine allgemeingültige Definition des Begriffs der „internationalen Qualifikationen" gibt. Bei den Versuchen der Gesprächspartner, zu einer Begriffsbestimmung zu kommen, stellte sich heraus, daß nicht nur der Begriff der „internationalen Qualifikationen" unterschiedliche Assoziationen wachrief, sondern bereits das Wort „international" nicht eindeutig bestimmt werden konnte. Während in einem Fall nur als „international" galt, was sich außerhalb der Grenzen der Europäischen Union abspielte, und in einem anderen Fall Österreich und die Schweiz nicht als internationales Terrain für die betrieblichen Aktivitäten betrachtet wurden, kamen anderen Befragten bei der Frage nach internationalen Aktivitäten und Qualifikationen spontan die Schwierigkeiten in den Sinn, die man bei der Aufnahme geschäftlicher Aktivitäten in den neuen Bundesländern gehabt hatte.

Diese unterschiedlichen Auffassungen zum Begriff des „Internationalen" offenbarten z. T. sehr unterschiedliche Perspektiven. „International" definierte sich im ersten Fall durch die betrieblichen Aktivitäten jenseits der Grenzen der Europäischen Union, dem wirtschaftlichen und zunehmend auch politischen Zusammenschluß der europäischen Staaten. Ausgegangen wird dabei eher von einer „europäischen Kultur", die, trotz Sprachenvielfalt, stärker durch Gemeinsamkeiten als durch Unterschiede geprägt ist. Im zweiten Fall definierte sich das „Internationale" gerade über die Sprache: Ländern, in denen ebenfalls Deutsch gesprochen wird, werden keine „internationalen" Aktivitäten zugeordnet. Die gemeinsame Sprache wird hier also als Ähnlichkeit auch im Verhalten etwa bei Verhandlungen oder in sonstigen geschäftlichen Aktivitäten begriffen. Im dritten Fall schließlich wurde der Begriff „international" eher mit der Fremdheit in alltagskulturellen und administrativen Abläufen assoziiert als mit Fremdsprachen oder geschäftlichen Aktivitäten jenseits der eigenen Staatsgrenze. Mit anderen Worten: Es scheint, daß die Begriffe „national" und „international" in diesem Zusammenhang eher in Kategorien wie „Vertrautheit" und „Fremdheit" – bezogen auf Sprache oder Kultur – als in denen staatlicher Grenzen gedacht werden.

Vor dem Hintergrund unterschiedlicher Auffassungen über den Begriff des „Internationalen" – bedingt natürlich nicht zuletzt durch den jeweiligen Kontext, in dem international agiert wird – ergeben sich auch unterschiedliche Bestimmungen dessen, was „internationale Qualifikationen" sind. Insgesamt kristallisierten sich aus den Gesprächen drei Dimensionen solcher Qualifikationen heraus. „Internationale Qualifikationen" umfassen demnach die drei Bereiche:

- Fremdsprachenkompetenz,

- interkulturelle Kompetenz sowie

- internationale fachliche Kompetenz.

Hinter diesen Schlagworten verbergen sich die folgenden Aspekte „internationaler Qualifikationen":

- hervorragende fachliche Kenntnisse im beruflichen Betätigungsfeld;

- Fremdsprachenkenntnisse (in sehr unterschiedlicher Tiefe);

- Beherrschung und Anwendung international gültiger Normen;

- Kenntnisse internationalen Rechts und internationaler Geschäftspraktiken;

- Bereitschaft zur Mobilität;

- Anpassungsbereitschaft und -fähigkeit an andere Lebensformen;

- Offenheit gegenüber anderen Kulturen;

- Vertretung und Vermittlung deutscher Standards im Ausland;

- Fähigkeiten im Umgang mit ausländischen Kunden und Geschäftspartnern.

Bei dieser Auflistung ist zweierlei zu beachten: Zum einen handelt es sich dabei *nicht* um eine Definition „internationaler Qualifikationen", da je nach Zugehörigkeit zu spezifischen Berufsgruppen, Tätigkeitsfeldern und hierarchischen Positionen unterschiedliche „Bündel" von Qualifikationsanforderungen „geschnürt" werden, zum anderen lassen sich internationale Qualifikationen nicht auf den Bereich des Kognitiven beschränken, sondern schließen in hohem Maße Verhaltens- und Einstellungsaspekte mit ein.

Bei den einzelnen Berufen zeigen sich deutliche Unterschiede hinsichtlich ihrer „internationalen" Bezüge. Gewerblich-technische Berufe haben in der Regel geringere „internationale" Anforderungen als die kaufmännisch-verwaltenden und sonstigen Dienstleistungsberufe. In der Regel entscheidet jedoch weniger der Beruf als vielmehr die Tätigkeit, d.h. der konkrete betriebliche Einsatz, darüber, ob „internationale Qualifikationen" benötigt werden oder nicht.

Als allgemeine These kann man formulieren: Je höher die berufliche Position in einem Betrieb mit internationalen Aktivitäten, um so mehr von den genannten Aspekten „internationaler Qualifikationen" muß ein Positionsinhaber in sich vereinen, um international tätig sein zu können.

Facharbeiter sind dabei diejenige Gruppe, die die wenigsten der Komponenten an „internationalen Qualifikationen" aufweisen müssen, um beispielsweise im Ausland eingesetzt zu werden. Ihre fachliche Kompetenz steht eindeutig im Vordergrund. Selbst die Vermittlung der jeweiligen Sprache wird nicht für notwendig gehalten, weil der technische Aspekt im Vordergrund steht. Der Auslandsaufenthalt eines Facharbeiters, z.B. bei einem Montageeinsatz oder bei der Inbetriebnahme einer technischen Anlage, reduziert sich betrieblicherseits auf die technischen Anforderungen. Die Frage, wie ein Facharbeiter sein außerbetriebliches Leben in einer für ihn fremden Umgebung, mit einer fremden Sprache, bewältigt, scheint sich den Betrieben nicht zu stellen.

Sicherlich ist es richtig, daß solche Auslandsaufenthalte häufig aus zeitlich eng begrenzten Spezialisteneinsätzen bestehen, deren Notwendigkeit sich kurzfristig ergibt – etwa, wenn es zu einer plötzlichen Störung im Betriebsablauf einer ausländischen Werksniederlassung kommt. Dennoch ist nicht ganz einsichtig, weshalb für diesen Arbeitnehmerkreis im allgemeinen auf „interkulturelle" Schulungsmaßnahmen verzichtet werden soll. Solche Maßnahmen müßten nicht zwingend Kenntnisse über ein bestimmtes Land oder eine bestimmte Kultur verankern, sondern könnten durchaus als eine Art *allgemeiner* Basisqualifikation vermittelt werden, die den Träger dazu befähigt, sich *spezielle* Qualifikationen schnell und effizient anzueignen. Im Vordergrund stünde dann also nicht das Wissen um landestypische Eigenheiten, sondern die Vermittlung einer Verhaltensstrategie, sich auf andere Kulturen, Mentalitäten, Kommunikationsformen usw. einzustellen.

Die Realität sieht, wie gesagt, anders aus. Gesprächen mit Auslandsmonteuren konnte man des öfteren entnehmen, daß sie – bis hin zu ganz allgemeinen (englischen) Sprachkenntnissen – völlig unvorbereitet ins Ausland geschickt worden waren. Einige von ihnen berichteten jedoch auch, daß durch wiederholte mehrmonatige Aufenthalte in einem bestimmten Land ihr Interesse geweckt worden sei, nach Rückkehr mehr über dieses Land und seine Sprache zu erfahren. Die Teilnahme etwa an Sprachkursen erfolgte jedoch in der Freizeit und auf eigene Kosten, ohne daß eine solche Motivation zur Weiterbildung durch ein entsprechendes Personalentwicklungskonzept des Unternehmens unterstützt und kanalisiert worden wäre.

Hier scheint also ein Potential für den Erwerb „interkultureller Kompetenz" zu schlummern, dessen Wert für das Unternehmen von verantwortlichen Personalleitern bislang nur unzureichend wahrgenommen wird – ebenso, wie es, gerade im gewerblich-technischen Bereich, ein Potential an bereits vorhandener, jedoch ungenutzter interkultureller Kompetenz gibt, nämlich bei den ausländischen Arbeitnehmern. Im kaufmännischen Bereich stellt sich dies etwas anders dar. Hier wird eine vorhandene interkulturelle Kompetenz wenigstens in einigen (wenigen) Schlüsselbereichen genutzt, im Hotel- und Gaststättengewerbe etwa (regional) dort, wo schwerpunktmäßig Gäste aus einem bestimmten Land zu bedienen sind – wie beispielsweise japanische Geschäftsleute in Düsseldorf oder russische in Berlin.

Ein völlig anderes Bild bietet sich wiederum auf der Leitungsebene: hier spielt vorhandene interkulturelle Kompetenz, insbesondere, wenn sie mit Bilingualität einhergeht, eine wichtige Rolle, wenn es um die Besetzung eines Auslandspostens geht. Für ein Unternehmen, das Auslandsaktivitäten betreibt, bedeutet es geradezu einen Glücksfall, wenn ein Mitarbeiter zur Verfügung steht, der das Unternehmen und seine Produkte bzw. Dienstleistungen kennt und zugleich sprachlich und kulturell in dem betreffenden Land „zu Hause" ist. Sollte sich der Trend zur Internationalisierung wirtschaftlicher Abläufe fortsetzen, könnte es sich in Zukunft für eine Reihe von Branchen als unumgänglich erweisen, diesen Personenkreis der zweisprachig aufgewachsenen Ausländer stärker als bisher zu umwerben.

Anders sieht es hinsichtlich „internationaler Qualifikationen" dagegen bei beruflichen Positionen aus, die einen höheren kommunikativen Anteil haben. Hier gewinnt die Beherrschung der Fremdsprache deutlich an Gewicht, und dies nicht nur in der reinen Kenntnis der Grammatik und der Vokabeln, sondern auch in dem Verständnis von Sprache als Ausdruck einer anderen Kultur. In diesem Zusammenhang müssen auch hier noch einmal Abstufungen vorgenommen werden. Von der Sekretärin eines Managers z. B., die Telefongespräche aus dem Ausland in Empfang nehmen und Briefe in einer Fremdsprache schreiben muß, werden weniger umfassende Sprachkenntnisse und Kenntnisse der kulturellen Zusammenhänge erwartet als von einem Manager, der Verhandlungen führt. Es entscheiden also die berufliche Position und die konkrete berufliche Aufgabe darüber, in welcher Tiefe und Breite „internationale Qualifikationen" erworben werden müssen.

Zusammenfassend läßt sich somit festhalten, daß Facharbeiter aus der Sicht der Betriebe am wenigsten „internationale Qualifikationen" benötigen und bei den Angestellten im kaufmännisch-verwaltenden und technischen Bereich der Grad dessen, was an solchen Qualifikationen notwendig ist, weitgehend von der hierarchischen Position und dem damit verbundenen kommunikativen Anteil der Tätigkeit abhängt.

Welchen Stellenwert dabei letztlich die Fremdsprachenkenntnis hat, kann nicht endgültig abgeschätzt werden, weil Betriebe auch darauf angewiesen sind, hervorragende Fachleute, die über eine breite Kenntnis der internationalen Gepflogenheiten verfügen, zu Verhandlungen zu entsenden, die, je nachdem, in welches Land sie entsandt werden, auf einen Dolmetscher angewiesen sind. Es gibt also auch Anteile an „internationalen Qualifikationen", die sich durch einen hohen Grad an Transferierbarkeit auszeichnen und unabhängig von der Fremdsprachenkenntnis sind. Ausmaß und Bündelung der verschiedenen Aspekte „internationaler Qualifikationen" stehen also in einem engen Zusammenhang mit den jeweils spezifischen Tätigkeiten innerhalb der betrieblichen Hierarchie.

Die Hypothese, daß „internationale Qualifikationen" eher in stark von Männern beherrschten Berufspositionen zu finden sein würden, bestätigte sich nur sehr indirekt. Richtig ist zwar, daß solche Qualifikationen – insbesondere in Verbindung mit einem Auslandseinsatz – eher bei Männern anzutreffen sind, doch dies scheint weniger das Ergebnis einer bewußten Ausgrenzung von Frauen aus dem Bereich internationaler Tätigkeit zu sein, sondern vielmehr damit zu tun zu haben, daß „internationale Qualifikationen" vorrangig in den höheren Managementpositionen anzutreffen sind. Da aber die Führungsebene in den Unternehmen ganz überwiegend aus Männern besteht, sind Frauen damit auch weitgehend von den internationalen Tätigkeiten ausgeschlossen.

Obwohl im bildungspolitischen Zusammenhang viel und kontrovers über die Vermittlung „internationaler Quaiifikationen", insbesondere im Hinblick auf Fremdsprachenvermittlung und die Vermittlung interkultureller Kompetenz, diskutiert wird, steht in den Betrieben selbst das Thema nicht im Zentrum der Debatte um die Veränderung in der Erstberufsausbildung. Zwar gibt es im Rahmen der Neuordnungsverfahren bei einzelnen Berufen Ansätze, Fremdsprachenvermittlung obligatorisch aufzunehmen (vgl. Kap. 5), doch als allgemeine Position für die duale Berufsausbildung in allen Berufen wird dies von den Betrieben nicht gefordert. Dort, wo internationale Austausche im Rahmen der Berufsausbildung durchgeführt werden, folgen diese weit eher der Zielsetzung, eine größere Offenheit gegenüber anderen Ländern und Kulturen herzustellen bzw. zusätzliche Lern- und Leistungsanreize für die Auszubildenden zu schaffen, als einen konkreten Bedarf an „internationalen Qualifikationen" zu decken. Dieser Umgang mit der Vermittlung „internationaler Qualifikationen" im Rahmen der Erstberufsausbildung erklärt sich aus der Einschätzung des Bedarfs, den die Betriebe für die Facharbeiter- und Fachangestelltenpositionen sehen. Von einer generellen Zunahme an „internationalen" Anforderungen für alle Berufe kann nach den Ergebnissen der Fallstudien somit keine Rede sein.

Aus den Gesprächen wird deshalb auch deutlich die Tendenz erkennbar, daß die duale Berufsausbildung nicht als der zentrale Ort für die Vermittlung „internationaler Qualifikationen" begriffen wird. In der Regel werden diese über das Instrument der betrieblichen Weiterbildung vermittelt. Die Erzeugung solcher Qualifikationen folgt somit einem bedarfsorientierten Konzept, das die jeweils konkrete Verwendungssituation zur Grundlage hat. Das Gros der Betriebe hat bisher kein Konzept, grenzüberschreitende berufliche Mobilität als allgemeine Fähigkeit mit dem Ziel einer umfassenden beruflichen Handlungskompetenz im Rahmen der dualen Ausbildung zu definieren. Die Vermittlung „internationaler Qualifikationen" richtet sich in der Regel nach dem einzelbetrieblichen Bedarf.

Wenn aber die Vermittlung „internationaler Qualifikationen" ein zentrales Thema der Weiterbildung ist, bedeutet dies – bezogen auf unsere Interpretation über den Zusammenhang von hierarchischer Position und Komplexität dieser Qualifikationen –, daß die Beschäftigtengruppen, die bereits mehr Bildung haben, auch von der Vermittlung „internationaler Qualifikation en" verstärkt profitieren, während diejenigen, die mit einem niedrigeren Eingangsniveau in ihre berufliche Laufbahn eintreten, auch weniger Weiterbildung im Hinblick auf „internationale Qualifikationen" erhalten.

Diese Tendenz dürfte sich in Zukunft sogar noch verstärken, da, je nach Berufsgruppe und Einstiegsniveau der ersten beruflichen Position, bereits unterschiedliche Eingangsanforderungen hinsichtlich „internationaler Qualifikationen" gestellt werden. Bezogen auf die duale Berufsausbildung zeichnet sich ab, daß bei den qualifizierten kaufmännisch-verwaltenden im Unterschied zu den gewerblich-technischen Berufen bereits von einem gewissen Maß an „internationalen Qualifikationen" ausgegangen werden kann. Die Erhöhung des Anteils der Abiturienten und Abiturientinnen insbesondere in den Berufen Industriekauffrau/-mann und Bankkauffrau/-mann gibt den Unternehmen für die Besetzung von Stellen, bei denen „internationale Qualifikationen", sprich: vor allem die Beherrschung einer Fremdsprache, vorausgesetzt werden, die Möglichkeit, diese aus den Reihen der eigenen Auszubildenden zu besetzen, ohne daß die dazu benötigten Qualifikationen im betrieblichen Bildungsprozeß selbst erzeugt werden müßten. Da mittlerweile Englisch als *die* Geschäftssprache bezeichnet werden kann, darf bei einem hohen Anteil von Abiturienten davon ausgegangen werden, daß zumindest Grundkenntnisse vorhanden sind, die gegebenenfalls über gezielte Weiterbildungsmaßnahmen ausgebaut werden können.

Noch deutlicher wird dies bei Trainee-Programmen. In einigen Unternehmen sind Fremdsprachenkenntnisse unabdingbare Voraussetzung für die Einstellung. Sehr weitgehend formulierte dies z.B. ein Unternehmen, das nicht nur allgemein Fremdsprachenkenntnisse fordert, sondern nur solche Personen für das Programm auswählt, die entweder ein Studium im Ausland nachweisen können oder als Ausländer in Deutschland studiert haben. Hier sind also auch Kenntnisse über andere Kulturen und die bereits gezeigte Anpassungsfähigkeit, in verschiedenen Umwelten leben zu können, als Eingangsvoraussetzung erforderlich. In der Trainee-Ausbildung selbst ist dann noch ein Auslandsaufenthalt verpflichtend, so daß davon ausgegangen werden kann, daß hiermit dem Betrieb ein Reservoir an Arbeitskräften zur Verfügung steht, das für internationale Tätigkeiten besonders gut ausgebildet ist. Die zunehmende Bedeutung internationaler Aktivitäten in deutschen Betrieben, insbesondere durch die Schaffung des Binnenmarktes und die Öffnung Osteuropas bedingt, hat also dazu geführt, daß die Rekrutierungsstrategien sich verändert und diese den Gesichtspunkt benötigter „internationaler Qualifikationen" verstärkt zu einem Selektionsmechanismus gemacht haben, dies aber auch nur deshalb konnten, weil es das Angebot auf dem Arbeitsmarkt zuließ.

Wenn wir Personalentwicklungskonzepte als systematisierte Instrumente zur Verknüpfung der gegenwärtigen und zukünftigen Anforderungen der Betriebe mit den vorhandenen Potentialen der Belegschaft begreifen, hat in international agierenden Unternehmen die Bedeutung „internationaler Qualifikationen" zugenommen. Systematischer als vielleicht noch vor fünf bis zehn Jahren wird darauf geachtet, daß eine gezielte Vorbereitung auf die Übernahme internationaler Tätigkeiten erfolgt und die Auswahlstrategien bei Einstellungen bereits auf diesen Aspekt ausgerichtet sind. Dies scheint sich jedoch vor allem auf die mittleren bis oberen Führungskräfte zu beziehen, während bei den niedriger eingestuften Positionen der Facharbeiter und Sachbearbeiter/-innen kaum Konzepte vorliegen, Potentiale zu entwickeln, die für internationale Tätigkeiten von Bedeutung sein könnten.

Die in einigen Großunternehmen vorgenommene systematische Verknüpfung von Personalentwicklung, hierarchischer Position und „internationalen Qualifikationen" verweist noch einmal auf den nach Beschäftigungsgruppen differenzierten Umgang der Betriebe mit dem gestiegenen Bedarf an „internationalen Qualifikationen" im Zusammenhang mit einer wachsenden weltweiten Konkurrenz.

Hinsichtlich der Bedeutung des Auslandsaufenthalts als eines Indikators für internationale Tätigkeit scheint sich allerdings eine Veränderung abzuzeichnen. Während in einer Reihe von Betrieben früher ein längerer Auslandsaufenthalt quasi automatisch ein Sprungbrett für den Aufstieg in eine höhere berufliche Position im Inland darstellte, ist heute eher die Tendenz zu beobachten, daß ein Auslandsaufenthalt zwar notwendige Voraussetzung, aber keine Garantie für einen beruflichen Aufstieg bedeutet. Ab einer bestimmten hierarchischen Position werden der Auslandsaufenthalt und damit in der Regel auch die gute Beherrschung zumindest einer fremden Sprache zur Normalität. Ob dies im Laufe der Zeit auch Auswirkungen auf die „Internationalität" der Facharbeit haben wird, muß sich noch zeigen.

Die hier beschriebenen Tendenzen beziehen sich allerdings im wesentlichen auf Großunternehmen, die auch die organisatorischen Voraussetzungen für die Entwicklung und Umsetzung von Personalentwicklungskonzepten haben. In den in die Untersuchung einbezogenen Klein- und Mittelbetrieben scheint die Vermittlung „internationaler Qualifikationen" eher jeweils im Kontext der aktuellen Bedarfssituation zu erfolgen. Längerfristige Konzeptionen und Strategien sind hier nicht zu finden.

Versucht man die Frage nach dem Bedarf an „internationalen Qualifikationen" anhand der Ergebnisse aus den Fallstudien zu beantworten, ergibt sich also ein ambivalentes Bild. Ganz ohne Zweifel hat sich der Zwang, angesichts globaler Konkurrenz auch international tätig zu werden, für eine große Anzahl von Unternehmen erhöht. Unter diesem Gesichtspunkt ist auch der Bedarf an „internationalen Qualifikationen" gestiegen. Ob dies allerdings bedeutet, daß eine größere Anzahl von Beschäftigten „international" tätig ist, muß abgewartet werden. Die Fallstudien lassen vermuten, daß im Bereich der Facharbeiter und Fachangestellten die Zahl der mit internationalen Tätigkeiten betrauten Personen bisher eher gering geblieben und internationale Tätigkeit verstärkt zur Aufgabe des Managements geworden ist. Dies scheint nur in bestimmten Großunternehmen und im grenznahen Bereich anders zu sein: hier geht in immer selbstverständlicherem Maße auch die Personalbeschaffung quer über die Grenzen. Insofern sind hier auch neue innovative Möglichkeiten der Erzeugung und Nutzung von Qualifikationen zu beobachten.

Als gegensätzlich zu dieser beschriebenen Tendenz der Ansiedlung „internationaler Qualifikationen" beim Management muß allerdings die zunehmende Internationalisierung der Normen und Standards für die Produktion und Sachbearbeitung gewertet werden. Einer der befragten Ausbildungsleiter machte dies am Beispiel der Umsetzung der neuen internationalen Qualitätsnormen ISO 9000-9004 deutlich. Die Umsetzung dieser Normen kann nur erfolgreich sein, wenn alle Belegschaftsgruppen einbezogen und entsprechend geschult werden. Jeder Beschäftigte im Unternehmen, unabhängig von seiner Stellung innerhalb der Hierarchie, muß sich mit internationalen Standards befassen und die dafür entwickelten Dokumentationsinstrumente anwenden. Auf diesem Wege, d.h. über die allmähliche Durchsetzung internationaler Normen, könnten, so die vorsichtige Prognose, „internationale Qualifikationen" zu einer Angleichung der Qualifikationsstandards führen. Eine solche Qualifikation aber wird von den Betroffenen selbst in der Regel nicht als „international" wahrgenommen.

Unter einer solchen Perspektive könnte die internationale Angleichung über Normen und Standards auch als ein Prozeß der „Internationalisierung der Qualifikationen" begriffen werden, der sich sozusagen hinter dem Rücken der Betroffenen vollzieht. Ohne daß es zu einer Harmonisierung der beruflichen Bildungssysteme in Europa kommen müßte, würde eine Konvergenz der fachlichen Qualifikationen erreicht, die die Mobilitätsfähigkeit der Beschäftigten entscheidend erhöhen könnte. Unter anderem an diesem Punkt, der Vergleichbarkeit der beruflichen Qualifikationen, war bereits die sogenannte „Entsprechung der beruflichen Befähigungsnachweise" durch die Kommission der Europäischen Gemeinschaften gescheitert (Kommission der Europäischen Gemeinschaften 1992). Mittelfristig könnte sich hier auf europäischer Ebene also eine neue Grundlage für die Beurteilung beruflicher Qualifikationen und Zertifikate ergeben.

Soweit die Ergebnisse der Gespräche mit Personal- und Ausbildungsleitern sowie Betriebsratsvertretern aus einer Reihe von Unternehmen aus unterschiedlichen Branchen mit unterschiedlichen Größen, die jedoch eines gemeinsam hatten: daß sie zumindest am Beginn eines Internalisierungsprozesses standen. Um nun Näheres darüber in Erfahrung zu bringen, wie sich der spezifische Bedarf an „internationalen Qualifikationen" und die damit verbundenen Probleme auf der Ebene der Beschäftigten darstellen, wurde eine bundesweite Befragung von international tätigen Facharbeitern und Fachangestellten aus verschiedenen Berufen oder Berufsgruppen zum Umfang und zur Ausprägung „internationaler" beruflicher Qualifikationen im Rahmen ihrer beruflichen Tätigkeit durchgeführt. Im folgenden sollen, nach einer kurzen Beschreibung des Gesamtsamples und der Vorgehensweise bei der Zusammenstellung der Stichprobe und der Datengewinnung, die Ergebnisse der Befragung vorgestellt werden.

3 „Internationale Qualifikationen" aus Sicht von Facharbeiterinnen/Facharbeitern und Fachangestellten: viele Erwartungen und weniger Chancen!

3.1 Zum bisherigen Stand der Erkenntnisse über den Bedarf an „internationalen Qualifikationen"

Es gibt nur wenige Arbeiten, in denen der Versuch unternommen wird, den Bedarf und die Inhalte „internationaler Qualifikationen" für die Beschäftigten in der Bundesrepublik Deutschland näher zu bestimmen, Arbeiten, die jedoch allesamt für unseren Untersuchungsgegenstand wenig ergiebig sind, weil sie sich entweder – wie z. B. bei Angelika Volle (1980) oder John Mole (1993) – auf leitende Angestellte beziehen und die Gruppe der unteren und mittleren Angestellten bzw. der Facharbeiter unberücksichtigt lassen oder weil sie nur einen Teilaspekt „internationaler Qualifikationen" beleuchten: die Fremdsprachenkompetenz. Bei Schröder (1984) findet sich eine gute Übersicht sowohl nationaler als auch internationaler Erhebungen zum Bedarf an Fremdsprachen in der Wirtschaft. Hingewiesen sei ebenfalls auf die von ihm zusammengestellte *Kommentierte Auswahlbibliographie zur sprachlichen und sprachenpolitischen Problematik Europas* (Schröder 1992), in der auch einige neuere Veröffentlichungen zum Thema aufgenommen sind. Einen Überblick über einschlägige Veröffentlichungen zum *Fremdsprachenbedarf in Klein- und Mittelbetrieben* der Bundesrepublik Deutschland bietet Hannelore Sutter in einer vergleichenden Analyse empirischer Untersuchungen (Sutter 1992). Ein gravierender Mangel solcher kommentierter Übersichten und Vergleiche besteht allerdings darin, daß sich die dort aufgeführten bedarfsanalytischen Untersuchungen (fast) ausschließlich auf die Zeit vor der „Wende" beziehen, so daß mögliche Auswirkungen der „Öffnung zum Osten" auf den Fremdsprachenbedarf dort unberücksichtigt bleiben (für eine erste Auseinandersetzung mit den „'Ostsprachen' im Europäischen Haus" siehe den Beitrag von Günter Frohne aus dem Jahre 1992). Auch internationale Untersuchungen zu „internationalen" beruflichen Qualifikationen konzentrieren sich stark auf den Bereich der Fremdsprachenkompetenz (siehe z. B. Hagen 1988; Kennedy u. Schröder 1992; Withagen 1993; Willems u. Oud-de Glas 1993).

Die Gründe hierfür liegen auf der Hand: Es wurde als eines der Ergebnisse aus den Betriebsfallstudien herausgestrichen, daß „internationale Qualifikationen" zunächst einmal ein Thema der Führungskräfte-
qualifikation ist. Erst auf der Ebene der leitenden Angestellten findet
sich ein klar artikulierter Bedarf an solchen Qualifikationen, und zwar
an ihrem gesamten Spektrum, d. h. hinsichtlich Fremdsprachen-, interkultureller sowie internationaler fachlicher Kompetenz. Daß sich empirische Untersuchungen zum Bedarf an „internationalen Qualifikationen" in aller Regel auf den Bereich der Fremdsprachen beziehen, mag
zum einen daran liegen, daß Sprachkenntnisse und Fremdsprachenbedarf eine (empirisch) relativ gut faßbare Größe darstellen, sehr viel faß-
barer jedenfalls als etwa die Forderungen nach „Verständnis für andere
Mentalitäten" oder einer „Bereitschaft und Fähigkeit, sich flexibel anderen soziokulturellen Bedingungen anzupassen" (vgl. Kramer 1992, S.
10 f.). Zum anderen ist das Problem des Fremdsprachenbedarfs und -
unterrichts nicht in dem Maße fach-, landes- oder regionalspezifisch, wie
es etwa bei „Kenntnissen ausländischer Produktstandards bzw. ausländischen Rechts", „Einsicht in Lebens- und Verhaltensweisen ausländischer
Partner bzw. Mitarbeiter" oder „Kenntnissen der jeweils vorhandenen
Wirtschafts- und Arbeitsbeziehungen" der Fall ist. Möglicherweise ist
aber auch der betriebliche Bedarf an fremdsprachlichen Kompetenzen
sehr viel höher als an anderen Komponenten „internationaler Qualifikationen".
Zwischen der offensichtlich großen Bedeutung, die fremdsprachlichen Qualifikationen beigemessen wird, und dem tatsächlichen Kenntnisstand der bundesdeutschen Bevölkerung besteht eine starke Diskrepanz. So beherrschen nach einer Untersuchung von Finkenstaedt u.
Schröder (1990, S. 18) 60 % der Bevölkerung der alten Bundesrepublik
überhaupt keine Fremdsprache und nur 7 % zwei oder mehr fremde
Sprachen.
An den Berufsschulen ist der Fremdsprachenunterricht insgesamt gering (vgl. Wordelmann 1993). Seitens der Schüler wird das häufig be-
klagt, was z. B. mit den Ergebnissen eines im Jahre 1990 in Bayern be-
gonnenen Modellversuchs „Fremdsprachen an der Berufsschule – Chancen für den Arbeitnehmer in der EG von morgen" korrespondiert, in
dessen Verlauf die Berufsschüler nach Abschluß der ersten Phase u. a.
zum Interesse an Fremdsprachen befragt wurden und dabei mit 75 %
Zustimmung ein eindeutiges Votum abgaben (Weidinger 1995, S. 73 ff.).
Interessanter ist in diesem Zusammenhang jedoch eine andere Erkenntnis:

„Eines der Ergebnisse [der Befragung, d. Verf.] scheint zu sein [...], daß die Schüler nur zu einem ganz geringen Prozentsatz damit rechnen, später in Europa beruflich mobil zu sein und dafür die Fremdsprache zu benötigen. Das gilt ganz besonders für Schüler in gewerblichen Berufen. Dies erschwert die Arbeit im Modellversuch und erleichtert sie zugleich. Erschwerend wirkt, daß diese Motivation der Mobilität [...] beim Schüler ganz offensichtlich nicht greift. Ihn interessiert allenfalls die touristische Mobilität – und die erfordert eigentlich einen etwas anderen Unterrichts- und Motivationsansatz." (Weidinger 1994, S. 31.)

Auch für die Arbeitgeber scheint das Angebot der Berufsschulen an Fremdsprachenunterricht vollkommen unzulänglich zu sein. Eine vor einigen Jahren durchgeführte Unternehmensumfrage des Instituts der deutschen Wirtschaft in den alten Bundesländern ergab, daß man in nahezu 70 % der Betriebe den Fremdsprachenunterricht an den Berufsschulen als „zu wenig" oder „überhaupt nicht" berücksichtigt empfand (Zedler u. Koch 1992, S. 32).

Ähnliche Defizite lassen sich, zumindest für die Ausbildung in Industrie, Handel und Banken, auch aus den Ergebnissen einer Umfrage des Bundesinstituts für Berufsbildung (BIBB) über Ausbildung und berufliche Eingliederung aus dem Jahre 1987 ableiten, bei der Ausgebildete, die in ihrem erlernten Beruf tätig waren, nach drei Jahren Berufstätigkeit hinsichtlich ihrer realisierten Weiterbildungsteilnahme sowie ihren Weiterbildungswünschen befragt wurden. Demnach hatten schon 16 % der Bankkaufleute an einer Fremdsprachenweiterbildung teilgenommen, 11 % meldeten einen Weiterbildungsbedarf an. Bei den Industriekaufleuten waren es 23 % respektive 21 %, bei den Groß- und Außenhandelskaufleuten 16 % bzw. 17 % (vgl. Wordelmann 1991, S. 35).

Faßt man die Ergebnisse der Diskussion zusammen, läßt sich also sagen, daß sowohl von den Auszubildenden bzw. Ausgebildeten selbst als auch von ihren Arbeitgebern die Fremdsprachenvermittlung als unzureichend beurteilt wird und daß die Zahlen über Fremdsprachenunterricht an Berufsschulen und die Teilnahme an Fremdsprachenweiterbildung diese Einschätzung zu stützen scheinen. Interessant ist in diesem Zusammenhang auch – soviel sei schon jetzt aus der nachfolgenden Diskussion der Ergebnisse aus der Befragung von international tätigen Facharbeitern und Fachangestellten vorweggenommen – daß der Bedarf an Fremdsprachenweiterbildung mit zunehmender Sprachkompetenz steigt. Denn 45 % derjenigen Teilnehmer an der Befragung, die äußerten, mindestens eine Fremdsprache zu beherrschen, meldeten einen Weiterbildungsbedarf – und zwar vorzugsweise beim aktiven Sprechen – an; weitere 28 % aus dieser Gruppe würden gern noch eine weitere Sprache erlernen.

Wie steht es um den tatsächlichen Bedarf der deutschen Wirtschaft an solchen fremdsprachlichen Kenntnissen bei ihren Mitarbeitern? Zu dieser Frage wurden in den letzten Jahren eine Reihe empirischer Untersuchungen vorgelegt, von denen zwei jüngeren Datums erwähnt werden sollen.

In den Jahren 1991/92 führte das Bundesinstitut für Berufsbildung (BIBB) in Zusammenarbeit mit dem Institut für Arbeitsmarkt- und Berufsforschung (IAB) eine repräsentative mündliche Befragung unter 34.000 Erwerbstätigen in den alten und den neuen Bundesländern durch, in der es unter anderem auch um Fremdsprachenkenntnisse ging (Jansen u. Stooß 1993, S. 102-105). Zusammenfassend heißt es dort:

> „Nur jeder zehnte in der Bundesrepublik benötigt heute bei seiner Arbeit besondere Kenntnisse in Fremdsprachen. Dabei ist dieser Anteil in den westlichen Bundesländern mit 12 Prozent deutlich höher als in den neuen Bundesländern (5 %). Solche besonderen Fremdsprachenkenntnisse werden nur in Einzelfällen im gewerblich-technischen Bereich, also von Arbeitern verlangt. Aber schon die einfachen Angestellten/Beamten (im Westen) benötigen diese Kenntnisse zu 8 Prozent, bei der Sachbearbeiterebene steigt dieser Anteil auf 17 Prozent, und von den höheren bzw. leitenden Angestellten und Beamten geben sogar 30 Prozent an, daß solche Sprachenkenntnisse gefordert werden." (Ebd., S. 102)

Aufgeschlüsselt nach Sektoren in Handel, Industrie und Handwerk stellt sich der Bedarf an Fremdsprachenkenntnissen folgendermaßen dar:
– Groß- und Außenhandel: 15 %

– Versandhandel: 17 %

– Handelsvermittlungen und Handelsvertretungen: 26 %

– Verkehr und Transport: 21 %

– Banken und Sparkassen: 20 %

– Hotels und Gaststätten: ca. 15 %

– EDV und Büromaschinen: 37 %

– Schiffs- und Flugzeugbau, Raumfahrtindustrie: 27 %.

Eine ausführliche Diskussion dieser Ergebnisse findet sich bei Wordelmann u. Matthes (1995), die sie mit den Zahlen einer ähnlichen Erhebung des BIBB aus den Jahren 1985/86 vergleichen (siehe hierzu auch
Wordelmann 1991). Demzufolge hat sich der Bedarf an Fremdsprachen
nur unwesentlich erhöht (1985/86: 10,8 % gegenüber 11,7 % in den Jahren 1991/92 [für die alten Bundesländer]), wie auch der Weiterbildungswunsch sich kaum verstärkt hat.

Eine andere (aufgrund der geringen Rücklaufquote nicht repräsentative) Studie zum Fremdsprachenbedarf der Wirtschaft wurde vom Institut der deutschen Wirtschaft durchgeführt (Weiß 1992). Hierbei handelt es sich jedoch nicht um eine Arbeitnehmerbefragung, sondern um
eine Befragung von Betrieben.

> „Die Antworten lassen eine sehr differenzierte Bedarfslage
> erkennen: Für lediglich 18,3 Prozent sind Fremdsprachen-
> kenntnisse 'ständig' erforderlich, bei 24,9 Prozent ist dies
> 'häufig' und bei 27,5 Prozent 'ab und zu' der Fall. Für 29,3
> Prozent der Befragten hat sich noch 'nie' ein Bedarf erge-
> ben. Das bedeutet: Offenbar haben auch solche Unterneh-
> men, die nicht im eigentlichen Sinne im Auslandsgeschäft
> aktiv sind, zumindest einen gelegentlichen Fremdsprachen-
> bedarf." (Ebd., S. 91 f.)

Die 70 % der Unternehmen, die Fremdsprachenbedarf anmelden, set-
zen sich aus
– 18,3 % Unternehmen, die „ständig" Fremdsprachenkenntnisse benötigen,
– 24,9 %, die sie „häufig" und
– 27,5 %, die sie nur „ab und zu" benötigen (vgl. Weiß 1992, S. 93),

zusammen. Aufgeschlüsselt nach IHK- und HwK-Unternehmen ergibt
sich noch einmal ein völlig anderes Bild:
– Fremdsprachenbedarf bei IHK-Unternehmen: 20,6 % „ständig",
  26,6 % „häufig", 26,6 % „ab und zu";
– Fremdsprachenbedarf im Handwerk: 4,2 % „ständig", 4,2 % „häufig",
  37,5 % „ab und zu" (vgl. ebd.).

Die Ergebnisse beider Untersuchungen lassen sich – einmal abgesehen
von der mangelnden Repräsentativität der Weiß-Studie – kaum mitein-

ander vergleichen, da die Befragungen auf zwei unterschiedlichen Ebenen, auf der des individuellen Arbeitsplatzes und auf der des Unternehmens, stattfanden. So läßt sich ein konkreter Fremdsprachenbedarf auch nur für die Erwerbstätigen oder aber für die Unternehmen angeben.

Eine weitere – methodische – Schwierigkeit liegt im Begriff des „Fremdsprachenbedarfs" selbst. Um welche Fremdsprache(n) handelt es sich dabei konkret, in welcher Tiefe und mit welcher Intensität wird oder werden sie wofür benötigt? Wo setzt Sprachkompetenz ein: bei der Beherrschung fremdsprachlicher Fachausdrücke, etwa dem Computer-Englisch, bei der Fähigkeit, internationale Formularvordrucke ausfüllen zu können, beim Lesen fremdsprachlicher Bedienungsanleitungen oder erst bei der Fähigkeit zum aktiven Sprechen? Und schließlich: Wie wird das Wort „Bedarf" verstanden, als etwas, das real mehr oder minder regelmäßig benötigt wird, oder als etwas Wünschenswertes? Solche Unwägbarkeiten mögen auch die große Spannbreite der Ergebnisse in den verschiedenen Untersuchungen zum Fremdsprachenbedarf in der Wirtschaft erklären. So bewegt sich der Fremdsprachenbedarf bei deutschen Klein- und Mittelbetrieben in den etwa von Sutter (1992) analysierten Studien zwischen 72 und 100 Prozent.

Diese großen Diskrepanzen zwischen den Daten der einzelnen Bedarfsanalysen deuten noch auf ein anderes, grundsätzliches Problem bei der Bewertung solcher Studien hin, ein Problem, das Konrad Schröder, der in den 70er und 80er Jahren selbst eine Reihe von empirischen Untersuchungen über den Fremdsprachenbedarf in Unternehmen durchgeführt hat (z. B. Schröder, Langheld u. Macht 1979; Christ, Liebe u. Schröder 1979; Schröder, Langheld u. Macht 1984), folgendermaßen beschreibt:

> „Es handelt sich dabei um explorative Studien, explorativ, weil sie nicht den harten Kriterien der empirischen Sozialforschung genügen. Sie sind nur ansatzweise repräsentativ, sie arbeiten zum Teil mit geringen Probandenzahlen, und die Datenerhebung erfolgt in den meisten Fällen nicht unmittelbar am Arbeitsplatz. In der Regel handelt es sich um Fragebogen-Aktionen, postalisch abgewickelt, mit Rücklaufquoten [...] zwischen 20 und respektablen 40%. Auch die Auswahl der angeschriebenen Firmen (etwa anhand der Gelben Seiten oder eines Branchenverzeichnisses oder aufgrund von Angaben der Kammern zur Firmengröße usw.)

folgt keineswegs einheitlichen Kriterien. Da liegen kritische Fragen hinsichtlich der Validität der erzielten Ergebnisse auf der Hand [...], etwa: Was ist mit den 60 bis 80 % der Firmen, die nicht geantwortet haben? Wer hat in den einzelnen Firmen geantwortet? Der Prokurist, der Chef selbst, der Personalchef, der Chef der sprachlichen Aus-, Fort- und Weiterbildung? Wie weit spiegeln die Antworten die realen Verhältnisse, wie weit sind sie Zukunftsvisionen der Chefetage oder Wunschträume engagierter Abteilungsleiter?" (Schröder 1994a, S. 3 f.)

Insgesamt lassen sich aus der bislang vorliegenden Literatur, abgesehen von den oben erwähnten BIBB/IAB-Untersuchungen (Jansen u. Stooß 1993, Wordelmann u. Matthes 1995), also wenig konkrete Rückschlüsse auf den tatsächlichen Bedarf an Fremdsprachenqualifikationen ziehen – ganz zu schweigen von „internationalen Qualifikationen" allgemein. Hinzu kommt, daß es selbst an brauchbaren Bestimmungen dessen fehlt, was solche Qualifikationen im einzelnen beinhalten, und damit auch an geeigneten Instrumentarien zur Ermittlung ihres Bedarfs.

Letzteres, die genauere Bestimmung der Inhalte „internationaler Qualifikationen", war deshalb auch eines der Ziele der Expertengespräche für die Betriebsfallstudien. Die aus diesen Gesprächen gewonnenen Definitionen (vgl. Kap. 2) sollten der Entwicklung eines Erhebungsinstruments zur Befragung von international tätigen Facharbeitern und Fachangestellten dienen, das im folgenden näher dargestellt wird.

3.2 Erhebungsinstrument, Vorbereitung der Feldphase und Durchführung der Befragung

Bei der Befragung von Angehörigen ausgewählter gewerblich-technischer wie kaufmännisch-verwaltender Berufe bzw. Berufsfelder im Hinblick auf „internationale Qualifikationen" ging es weniger um Fragen der Bedeutung und des Umfangs solcher Qualifikationen für einzelne Branchen oder Berufe allgemein, sondern vielmehr darum, Näheres über die konkrete Ausprägung „internationaler Qualifikationen" zu erfahren sowie den Zusammenhang zwischen internationaler Tätigkeit und persönlichen, familiären oder berufsbiographischen Aspekten zu beleuchten. Ziel der Befragung sollte es also sein, zu einem besseren

Verständnis der in internationalen Bezügen tätigen Facharbeiter und Fachangestellten sowohl im Hinblick auf die spezifischen Inhalte der internationalen Tätigkeit als auch hinsichtlich ihrer privaten und beruflichen Situation zu gelangen.

Der Fragebogen war so konzipiert, daß er von den zu Befragenden, unter Anleitung einer Interviewerin bzw. eines Interviewers, selbst ausgefüllt werden konnte. Er war auf eine Beantwortungszeit von 45 Minuten angelegt, umfaßte insgesamt 88 (teilweise offene und halboffene) Fragen und unterteilte sich in sieben Bereiche:

1. Fragen zur Person (Alter, Geschlecht, Kinderzahl, berufliche Stellung des Partners usw.),

2. Fragen zum schulischen bzw. beruflichen Werdegang und zum Unternehmen,

3. Fragen zu den derzeit ausgeübten Tätigkeiten,

4. Fragen zu Qualifikationsanforderungen am Arbeitsplatz, die sich aus den Tätigkeiten ergeben (internationale Bezüge der Tätigkeit, Fachsprache, Fremdsprachenkenntnisse, Weiterbildung usw.),

5. Fragen zur Mobilität (Mobilitätsbereitschaft, Auslandserfahrung),

6. Fragen zur Einschätzung „internationaler Qualifikationen" im Unternehmen und in der Kollegenschaft,

7. allgemeine Fragen über Europa (Beseitigung des Eisernen Vorhangs und Schaffung des Europäischen Binnenmarktes als Einflußfaktoren für die persönliche Arbeitssituation, Kenntnis der und Beteiligung an den europäischen Programmen in der Berufsbildung usw.).

Das wichtigste Auswahlkriterium für die Teilnahme an der Befragung war – neben einer abgeschlossenen Erstausbildung in einem der vorgegebenen Berufe sowie einer fünfjährigen Berufserfahrung, wobei die Teilnehmer nach Möglichkeit nicht älter als 50 Jahre sein sollten – das Vorhandensein eines internationalen Bezuges in der beruflichen Tätigkeit. Dieser „internationale Bezug" wurde entsprechend der Ergebnisse der Literaturauswertung und der Betriebsfallstudien in den drei Dimensionen „Fremdsprachenkenntnisse", „interkulturelle Kompetenz" und „internationale berufsfachliche Kenntnisse" definiert. Um aussagekräftige Daten über „internationale Qualifikationen" zu gewinnen und dabei zugleich ein möglichst breites Spektrum solcher Qualifikationen zu erfassen, war der Fragebogen so konzipiert, daß er von den Probanden sinnvoll bearbeitet werden konnte, wenn sie zumindest eines von zwei „Einstiegskriterien" erfüllten: a) wenn bei ihnen ein Bedarf an Fremdsprachen(grund)kenntnissen im Rahmen der beruflichen Tätigkeit bestand, der über die Kenntnis rein fremdsprachlicher Fachbegriffe hinausreichte, und b) ein wenigstens einmaliger, beruflich bedingter, kurzer Auslandsaufenthalt stattgefunden hatte.

Um an geeignete Probanden für die Erhebung zu gelangen, wurden zwei Zugänge gewählt: über die Betriebe sowie über Einrichtungen, die Weiterbildungsmaßnahmen für Arbeitnehmer mit einem internationalen Bezug – wie etwa Fremdsprachenkurse, internationale Austauschmaßnahmen oder Einführungen in das Außenhandelsrecht – durchführten.

Was den ersten Zugang, den über die Betriebe, betraf, wurden sowohl bereits bestehende Kontakte als auch Branchen- und Unternehmensreporte oder -kompendien genutzt, die Indikatoren für mögliche internationale Aktivitäten des jeweiligen Betriebes enthielten (z. B. Angaben über Beteiligungen an ausländischen Unternehmen, die Existenz einer Exportabteilung, Informationen über ausländische Bankverbindungen, die Teilnahme an EU-Maßnahmen oder grenzüberschreitenden Aktivitäten). Bei den ausgewählten Betrieben wurde dann zunächst telefonisch ein Ansprechpartner ermittelt, dem die schriftlichen Unterlagen zur Befragungsaktion mit der Bitte um Mitarbeit zugingen. Dieses Vorgehen erwies sich als sinnvoll, da ein unspezifisches Kontaktieren wenig Verbindlichkeit herzustellen vermochte und in der Mehrzahl der Fälle, in denen dieser Weg beschritten werden mußte, erfolglos blieb.

Der zweite Zugang wurde über Institutionen eröffnet, die Weiterbildungsmaßnahmen mit internationalem Bezug anboten. Bei solchen Institutionen handelte es sich um Organisationen wie etwa Industrie- und Handelskammern, Handwerkskammern, Fachverbände und Bildungseinrichtungen. Die Kontaktaufnahme verlief ähnlich wie bei den Betrieben.

Die Schwierigkeiten, die sich bei der Zusammenstellung des Samples – insbesondere, was die Gruppe der international tätigen Facharbeiter betraf – ergaben, deuten auf zweierlei hin:

• Das Verständnis des Begriffs der „internationalen Qualifikationen" umfaßt offenbar keine klaren Unterscheidungsmerkmale wie etwa der Begriff des „Auslandsmonteurs" oder des „Mitarbeiters im Auslandsvertrieb". Man war sich in den Unternehmen oft nicht darüber im klaren, daß man überhaupt Beschäftigte auf der von uns unter-suchten Ebene hatte, die solche Qualifikationen aufwiesen. Daß man Mitarbeiter hatte, die aus beruflichen Gründen bisweilen auch ins Ausland reisen mußten, oder solche, die am Arbeitsplatz Englisch benötigten, wurde z. T. nicht als „internationale Qualifikation", son-dern als „Selbstverständlichkeit" wahrgenommen. So wußte man in den Unternehmen spontan oft nicht, welche der Mitarbeiter man we-gen einer möglichen Teilnahme an der Befragung ansprechen sollte – erst nach klaren Vorgaben bezüglich Sprachkompetenz, Auslandser-fahrung oder Tätigkeitsfeld (Exportabteilung, Auslandsvertrieb oder Auslandsmontage) gelang dann die Auswahl.

- Auf der Ebene der Facharbeiter und Fachangestellten werden offen-bar nur von vergleichsweise wenigen Mitarbeitern „internationale Qualifikationen" gefordert, so daß auch deshalb die Teilnehmerzahl pro Unternehmen relativ gering blieb. Hinzu kam, gerade im ge-werblich-technischen Bereich, daß es sich bei international tätigen Beschäftigten in der Mehrzahl der Fälle um Auslandsmonteure zu handeln schien, die jedoch gerade deswegen nur relativ selten für die Befragung zur Verfügung standen.

Im folgenden sollen die Ergebnisse, sowohl im Hinblick auf die gesamte Gruppe als auch im Vergleich einzelner sozialer und beruflicher Teil-gruppen – z. B. Männer/Frauen, alte Bundesländer/neue Bundesländer, gewerblich-technische Berufe und Berufsfelder/kaufmännisch-verwal-tendende Berufe und Berufsfelder – diskutiert werden.

3.3   Die Gruppe der international tätigen Facharbeiterinnen/
       Facharbeiter und Fachangestellten

Die Analyse von Merkmalen und Qualifikationen international tätiger Facharbeiterinnen/Facharbeiter und Fachangestellter basiert auf einer Gesamtzahl von 496 Probanden, die sich hinsichtlich der Berufe bzw. der Berufsfelder folgendermaßen verteilten (siehe Schaubild 4 auf nach-folgender Seite):

Schaubild 4:   Verteilung der befragten Fachkräfte nach Berufen (n=496)

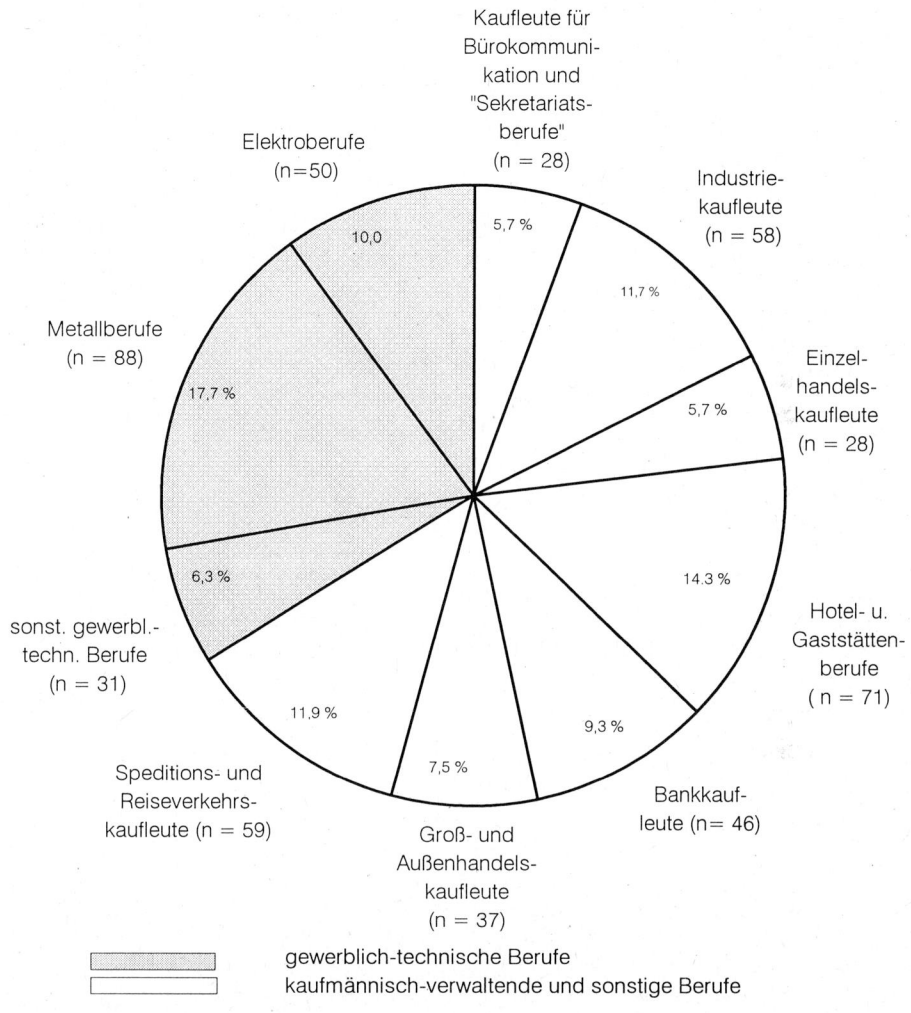

Quelle: BIBB-Projekt 1.2002, 1996

Die Zuordnung zu den einzelnen Berufen bzw. Berufsfeldern fiel nicht immer leicht und mußte dann von Fall zu Fall entschieden werden. Dies lag teilweise daran, daß die Berufsbezeichnungen im Osten der Republik gelegentlich von denen in den alten Bundesländern abweichen, im Ausland erworbene Berufsabschlüsse – z. B. ausländischer Befragter –

von Inhalt und Niveau her nicht immer den deutschen Abschlüssen entsprechen; z. T. lag es aber auch daran, daß Befragte durch Fortbildung, Umschulung oder ein Studium den Beruf gewechselt hatten. An diesem letzten Punkt deutet sich übrigens schon an, daß es sich bei den international tätigen Mitarbeitern um eine überdurchschnittlich flexible und mobile Gruppe handelt, die relativ viel an Zeit und Energie in die eigene Weiterbildung und den beruflichen Aufstieg investiert.

Ferner befanden sich unter den Befragten auch solche Arbeitnehmer, die „berufsfremd" beschäftigt waren (so z. B. eine gelernte Verlagskauffrau, die zum Zeitpunkt der Befragung für die Kundenkontakte in der Auslandsabteilung einer Bank verantwortlich war). Aus diesem Grund erfolgte die Zuordnung im Zweifelsfall nach dem Tätigkeitsfeld des betreffenden Probanden – im obigen Fall wurde die Befragte den Bankkaufleuten zugerechnet – bzw. dem letzten Berufsabschluß. Dort, wo sich einer betrieblichen oder vollzeitschulischen Berufsausbildung ein (Fach-)Hochschulstudium angeschlossen hatte, wurden die betreffenden Probanden dem Beruf bzw. Berufsfeld der Erstausbildung zugeordnet.

3.3.1   Betriebliche und berufliche Merkmale

Verteilung nach Wirtschaftsbereichen, Branchen und Unternehmensgrößen

Die befragten Facharbeiter bzw. Fachangestellten deckten ein breites Spektrum an Branchen ab, u.a. die chemische Industrie (7%), den Maschinenbau (13%), die Automobilindustrie (6%), die Elektrotechnik (7%), den Einzelhandel (6%), den Großhandel (7%), das Verkehrsgewerbe (11%), Banken und Sparkassen (9%) sowie das Hotel- und Gaststättengewerbe (16%). Schaubild 5 und 6 zeigen die Verteilung der Stichprobe nach den Wirtschaftsbereichen bzw. nach Betriebsgröße.

Schaubild 5:   Verteilung der befragten Fachkräfte nach
Wirtschaftsbereichen

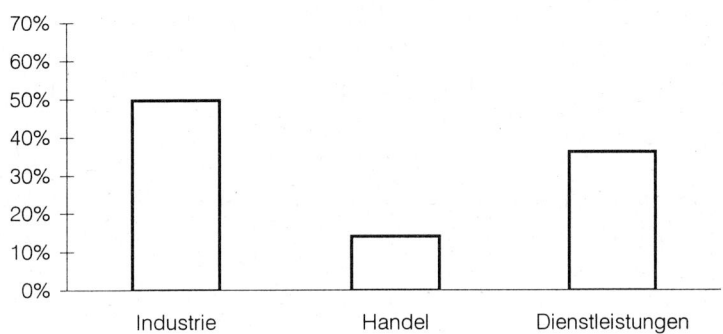

Quelle: BIBB-Projekt 1.2002, 1996

Schaubild 6:   Verteilung der befragten Fachkräfte nach Betriebsgröße

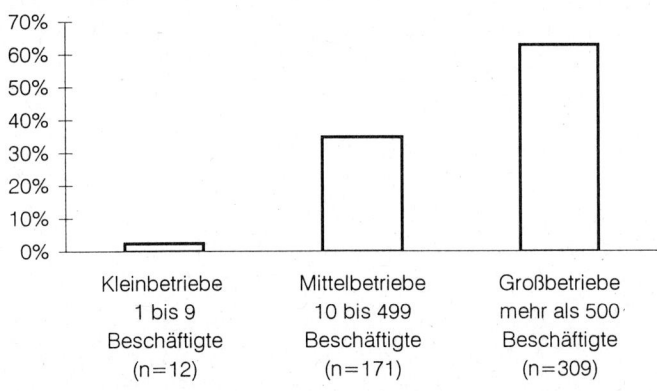

Quelle: BIBB-Projekt 1.2002, 1996

Die meisten der befragten Arbeitnehmer sind in mittleren und Großbetrieben beschäftigt. Ein Grund hierfür liegt sicherlich in den eingangs
bereits erwähnten Schwierigkeiten, einen Zugang zu den Betrieben zu
bekommen, da sich trotz intensiver Bemühungen nur wenige Kleinun-
ternehmen bereit fanden, die Befragung zu unterstützen.

Internationale Bezüge des Unternehmens

Nach den internationalen Bezügen des eigenen Unternehmens gefragt, nannten 77% der Befragten Geschäftsbeziehungen im Ausland, 62% die Existenz eines oder mehrerer Tochterunternehmen im Ausland, 54% häufigen Kontakt mit ausländischen Kunden im Inland und 44% einen hohen Beschäftigungsgrad ausländischer Mitarbeiter.

Die Frage, ob man den Eindruck habe, daß internationale Aktivitäten im eigenen Unternehmen an Bedeutung gewonnen hätten, fand eine 100%ige Zustimmung unter den allerdings nur 343 Probanden, die sie beantwortet hatten.

3.3.2 Soziale Merkmale

Geschlechtsverteilung

An der Befragung hatten sich zu rund zwei Dritteln Männer und einem Drittel Frauen beteiligt, wobei die Frauen in den gewerblich-technischen Berufen mit 7% erwartungsgemäß schwach vertreten waren. Im kaufmännisch-verwaltenden Bereich galt das Umgekehrte: Hier waren die Frauen mit 49% fast gleichstark wie ihre männlichen Kollegen vertreten. Spitzenreiter hierbei waren die Kaufleute für Bürokommunikation (inklusive der „Sekretariatsberufe" wie etwa die Fremdsprachenkorrespondenten/-innen) mit einem Frauenanteil von 82%, gefolgt von den Einzelhandelskaufleuten mit 64% und den Hotel- und Gaststättenberufen mit 63%.

Einkommen

Die Frage nach dem monatlichen Bruttoeinkommen wurde – insbesondere in den neuen Bundesländern, so unser Eindruck – eher zurückhaltend beantwortet. Insgesamt nur 450 Personen machten hierzu eine Angabe. Demnach ergibt sich, getrennt nach alten und neuen Bundesländern, die folgende Einkommenssituation bei dem befragten Personenkreis:

Schaubild 7:   Monatliches Bruttoeinkommen, alte Bundesländer (n=396)

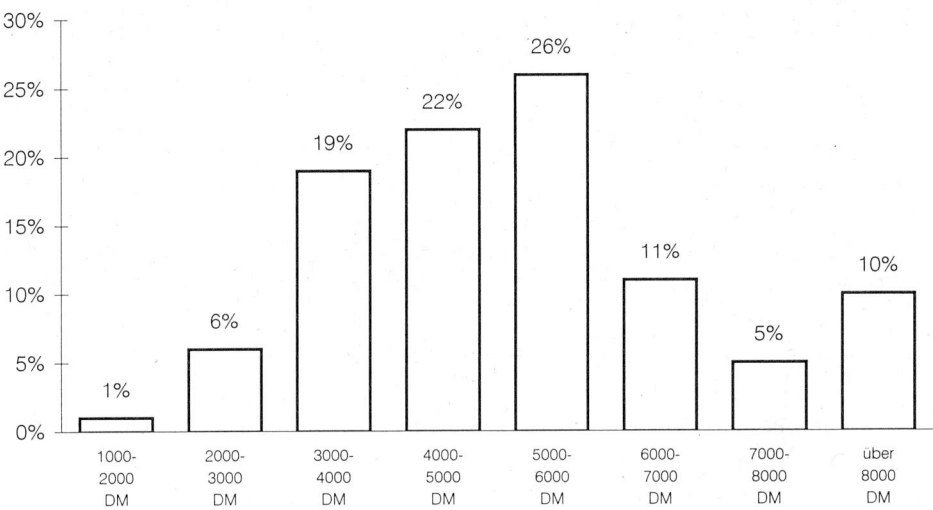

Quelle: BIBB-Projekt 1.2002, 1996

Schaubild 8:   Monatliches Bruttoeinkommen, neue Bundesländer (n=54)

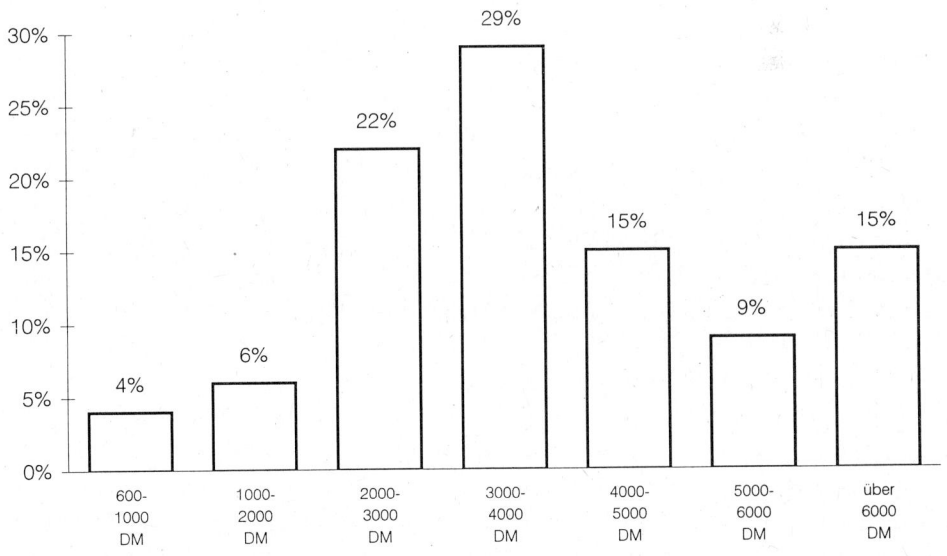

Quelle: BIBB-Projekt 1.2002, 1996

In den alten Bundesländern sind mit 26 % (99 Probanden) die verhältnismäßig meisten Befragten in der Einkommenskategorie 5.000 bis
6.000 DM anzutreffen, dicht gefolgt von der mit 88 Personen (22 %)
darunterliegenden Kategorie 4.000 bis 5.000 DM. In den neuen Bundesländern befinden sich anteilmäßig die meisten Befragten in der Kategorie 3.000 bis 4.000 DM (16 Personen = 30 %). Die zweitstärkste Kategorie bildet die Gruppe mit 12 Personen, die über ein monatliches Bruttoeinkommen von 2.000 bis 3.000 DM verfügt. Obwohl Arbeitnehmer
aus den östlichen Bundesländern, insbesondere in den kaufmännisch-
verwaltenden Berufen, in der Gesamtstichprobe nur sehr schwach vertreten sind und somit ein generalisierender Vergleich unmöglich ist, läßt
sich – wenn man etwa die Angehörigen der Metallberufe Ost mit denen
der Metallberufe West vergleicht – dennoch behaupten, daß zumindest
im gewerblich-technischen Bereich das Einkommen in den neuen Bundesländern verglichen mit dem in den alten erheblich niedriger ist.

Die Gruppe der ausländischen Beschäftigten

Interessanterweise waren bei der Befragung von Arbeitnehmern mit internationalen Bezügen die ausländischen Beschäftigten nicht über- sondern mit 5 % insgesamt unterrepräsentiert – laut *Statistischem Jahrbuch
1994* (Statistisches Bundesamt 1994, S. 121) lag 1993 der Anteil der
ausländischen Arbeitnehmer an der deutschen Erwerbsbevölkerung bei
9,4 %. Am schwächsten waren sie mit knapp 3 % (oder 5 von 167 Befragten – 3 von ihnen gehörten zur Gruppe der Techniker/Meister) im
gewerblich-technischen Bereich vertreten, dort also, wo sich sonst die
meisten ausländischen Beschäftigten finden lassen (dem *Statistischem
Jahrbuch 1994* [ebd., S. 114] zufolge betrug 1992 der Anteil der Ausländer an der Gruppe der „Arbeiter" 13,8 %). Im kaufmännisch-verwaltenden Bereich lag ihr Anteil mit 6 % etwas höher – im Einzelhandel
mit 11 % und in der Hotellerie und Gastronomie mit 10 % sogar weit
darüber – und überstieg hier sogar den Anteil der Ausländer, den das
Statistische Jahrbuch (ebd.) der Gruppe der „Angestellten" zuordnet:
4,3 % für 1992.

Wenngleich es sich hier auch, wie noch einmal betont werden soll,
um keine repräsentative Befragung handelte und die Angaben des Statistischen Bundesamtes aufgrund unterschiedlicher Zuordnungskriterien
nur bedingt mit den Zahlen aus der vorliegenden Untersuchung zu vergleichen sind, lassen die Ergebnisse doch den Schluß zu, daß insbeson-

dere gewerblich-technische Arbeitnehmer nichtdeutscher Herkunft trotz vorhandener Fremdsprachen- und interkultureller Kompetenz von ihren Unternehmen zumindest nicht bevorzugt mit der Wahrnehmung internationaler Aufgaben betraut werden. Dies bestätigt die Vermutung, auf der Grundlage der im vorangegangenen Kapitel diskutierten Betriebsfallstudien, daß in bundesdeutschen Unternehmen ein enormes Potential an vorhandenen oder doch vergleichsweise leicht zu entwickelnden „internationalen Qualifikationen" brachliegt. Auch wenn man die Tatsache berücksichtigt, daß vom Statistischen Bundesamt ausländische Beschäftigte ohne Ausbildung mitgezählt worden sind, deuten die Zahlen doch darauf hin, daß nur ein Bruchteil der vorhandenen sprachlichen und interkulturellen Qualifikationen der Mitarbeiter in diesem Sektor genutzt wird – vermutlich aber auch deshalb, weil die für die Übernahme internationaler Aufgaben notwendigen fachlichen Kenntnisse in dieser Beschäftigtengruppe fehlen.

Altersverteilung, Kinderzahl und Schulbildung

Die Befragten aus der Gesamtstichprobe waren im Durchschnitt 36 Jahre alt und somit relativ jung. Hinsichtlich der Altersverteilung war die Gruppe der 25- bis 34jährigen unter den Befragten mit fast 50% am stärksten vertreten (Schaubild 9). Deutliche Unterschiede zeigen sich bei der Altersverteilung in den verschiedenen Berufen bzw. Berufsfeldern. In den kaufmännisch-verwaltenden Berufen waren die Probanden in der Mehrzahl erheblich jünger als in den gewerblich-technischen Berufen/Berufsfeldern.

Schaubild 9:   Altersverteilung (n=487)

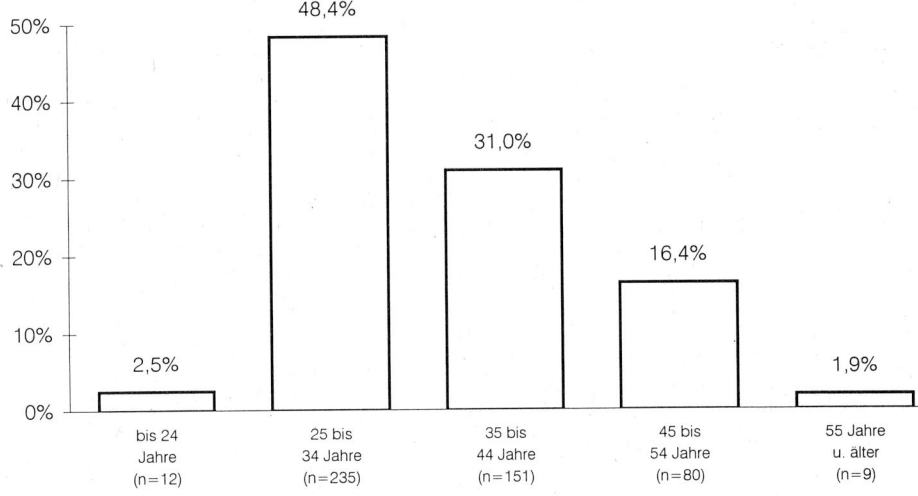

Quelle: BIBB-Projekt 1.2002, 1996

Bildet man eine Altersrangfolge, so sind die Beschäftigten in den Hotel-
und Gaststättenberufen mit 77 % der unter 35jährigen am jüngsten, gefolgt von den Kaufleuten für Bürokommunikation/den Sekretariatsberu-
fen (68 %). Die Metallberufe rangieren an letzter Stelle mit 32 % der
Befragten aus dem Feld derer, die unter 35 Jahre alt sind.

Die Tatsache, daß es sich bei Arbeitnehmern mit einem internationalen Tätigkeitsfeld in der Mehrzahl um relativ junge Beschäftigte handelt, könnte darauf hindeuten, daß solche Tätigkeiten mit einer hohen
Mobilitätsbereitschaft – und vor allem -fähigkeit – verbunden sind. Dafür spricht sowohl der hohe Anteil derer unter den Befragten, die aus
beruflichen Gründen bereits einmal oder mehrmals im Ausland gewesen
sind (69 %), als auch der hohe Prozentsatz derer, die angaben, kinderlos
zu sein (58 % – zum Vergleich: im Mai 1992 waren im Bundesdurch-
schnitt 43 % aller Haushalte kinderlos [Statistisches Bundesamt 1994, S.
70]). Auch hier zeigen sich wieder deutliche Unterschiede zwischen den
gewerblich-technischen Berufen – mit 34 % oder 56 kinderlosen Befragten – und den kaufmännisch-verwaltenden Berufen mit 70 % oder 229
Personen ohne Kinder. Noch gravierender stellt sich dieser Zusammenhang zwischen Lebensalter und familiärer Situation dar, wenn man sich
die Kinderzahlen pro Altersgruppe der Probanden betrachtet.

Schaubild 10:   Kinderzahl pro Altersgruppe

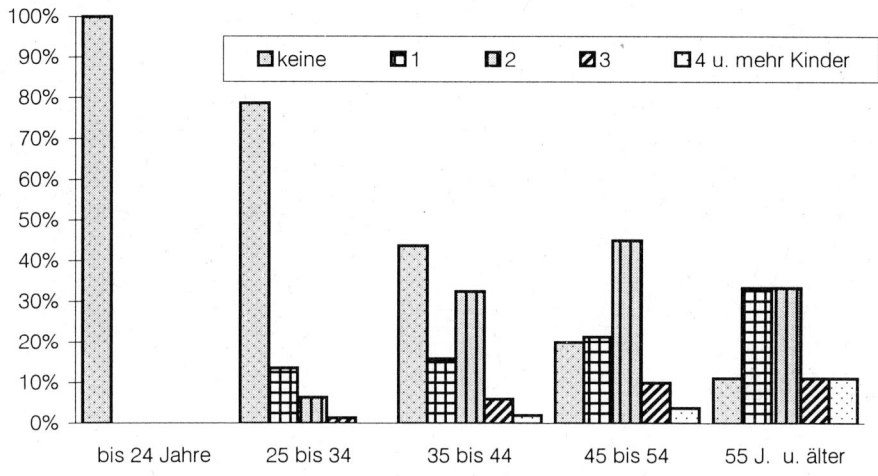

Quelle: BIBB-Projekt 1.2002, 1996

Der „typische" Arbeitnehmer mit einem internationalen Tätigkeitsfeld dürfte also – vor dem möglichen Hintergrund hoher Anforderungen an seine Mobilität – relativ jung, vor allem aber kinderlos sein. Außerdem hat er oder sie ein verhältnismäßig hohes Bildungsniveau: 40 % aus der Stichprobe haben die Realschule bzw. die polytechnische Oberschule mit Erfolg absolviert, 10 % der Befragten besitzen die Fachhochschulreife und 33 % haben das Abitur (im Vergleich: bei der repräsentativen Erwerbstätigenbefragung von BIBB/IAB aus den Jahren 1991/92 betrug die Abiturientenquote in den neuen Bundesländern 16 % bzw. in den alten Bundesländern 18 % [Jansen u. Stooß 1993, S. 11 f.]). Diese Zahlen deuten darauf hin – und bestätigen damit einen Eindruck, den wir im Laufe der Interviews für die Betriebsfallstudien gewannen –, daß benötigte Fremdsprachenkenntnisse von den Unternehmen über die bevorzugte Einstellung von Abiturienten quasi „im Paket" mit eingekauft werden.

3.3.3 Berufliche Entwicklung und Qualifikationen

Ausbildungsabschluß

Bei der Frage nach der Art der beruflichen Ausbildung – hier waren Mehrfachnennungen möglich – gaben 421 von 495 Probanden (85 %) an, eine betriebliche Berufsausbildung (Lehre) absolviert zu haben; 121 (24 %) hatten eine beruflich-schulische Ausbildung (Berufsfachschule, Handelsschule) durchlaufen, 85 (17,2 %) konnten auf den erfolgreichen Besuch einer Fach-, Meister- oder Technikerschule bzw. einer Berufs- oder Fachakademie verweisen und 48 (10 %) hatten ein Fachhochschul- bzw. 34 (7 %) ein Hochschulstudium abgeschlossen.

Auffällig ist der hohe Anteil der gewerblich-technischen Beschäftigten unter allen, die angaben, einen Hochschulabschluß zu besitzen (19 von 34, also mehr als die Hälfte; betrachtet man die Gruppe der gewerblich-technischen Beschäftigten als Gesamtheit, liegt die Quote der Hochschulabsolventen bei 11 %, die Befragten aus dem kaufmännisch-verwaltenden Bereich kommen dagegen nur auf 5 %). Dies deutet darauf hin, daß sich die Gruppe der gewerblich-technisch Beschäftigten zu einem nicht unerheblichen Teil aus Angehörigen der betrieblichen Leitungsebene zusammensetzte, die nach abgeschlossener Lehre in einem gewerblich-technischen Beruf ein Hochschulstudium aufgenommen hatten und im Unternehmen Managementaufgaben wahrnehmen. Diese Vermutung verdichtet sich bei näherer Betrachtung der beruflichen Stellung der Befragten. Demnach befinden sich 60 % der Angehörigen der gewerblich-technischen Berufe aus der Stichprobe im Angestellten-verhältnis (20 % als Meister und Techniker im Angestelltenverhältnis, 13 % als Angestellte mit schwierigen Aufgaben und 27 % als Angestellte, die selbständige Leistungen in verantwortungsvoller Tätigkeit erbringen bzw. begrenzte Verantwortung für die Tätigkeit anderer tragen). Dieses Ergebnis ist sicher auch darauf zurückzuführen, daß international tätige Mitarbeiter aus dem gewerblich-technischen Bereich – zudem eine relativ kleine Beschäftigtengruppe – sich als Auslandsmonteure in einem fast permanenten Auslandseinsatz befinden.

Gründe für die Berufs- und Arbeitsplatzwahl

Bei der Frage nach den zwei wichtigsten Gründen für die Wahl des Ausbildungsberufs nannten 39 % den häufigen Umgang mit Menschen und 37 % die Tatsache, daß der Beruf mit „internationalen Dingen" zu tun habe. Diese Zahlen sind, wie Tabelle 1 zeigt, allerdings stark durch das Antwortverhalten im kaufmännisch-verwaltenden Bereich geprägt. Betrachtet man den gewerblich-technischen Bereich gesondert, rangiert die technische Seite des Berufs mit 85 % als wichtigster Grund für die Berufswahl an erster Stelle; dem folgt, weit abgeschlagen mit 11 %, die Tatsache, daß der Vater oder die Mutter bereits in diesem Beruf tätig waren. Eine möglicherweise „internationale" Dimension des Berufs war nur für 7 % aus dieser Gruppe einer der beiden ausschlaggebenden Gründe bei der Berufsfindung gewesen.

Tabelle 1: Was waren die <u>zwei</u> wichtigsten Gründe, die Sie zur Wahl Ihres Ausbildungsberufs bewogen haben?

	Gewerbl.-techn. Berufe n = 169		Kaufm.-verwalt. u. sonstige Dienstleistungsberufe n = 326		Gesamt n = 495	
	absolut	in %	absolut	in %	absolut	in %
Mein Vater/meine Mutter war bereits in diesem Beruf tätig	16	10	26	8	42	9
Ich konnte keine andere Ausbildungsstelle finden	9	5	23	7	32	7
Der Beruf hat viel mit internationalen Dingen zu tun	12	7	169	52	181	37
Die Berufsberatung des Arbeitsamtes riet mir zu dieser Ausbildung	10	6	27	8	37	8
Die technische Seite des Berufs hat mich interessiert	143	85	14	4	157	32
Der häufige Umgang mit Menschen hat mich an diesem Beruf interessiert	14	8	177	54	191	39

Nur noch knapp die Hälfte der Befragten waren im selben Unternehmen beschäftigt, in dem sie ihre erste Anstellung hatten bzw. in dem die Ausbildung stattgefunden hatte. Nach den zwei wichtigsten Gründen für den Wechsel des Unternehmens gefragt, ergab sich folgendes Bild: 30 % aller Befragten bot sich durch den Wechsel ein interessanteres Aufgabenfeld, für 23 % war er mit einem beruflichen Aufstieg verbunden. Die Möglichkeit einer internationalen Tätigkeit stand, wie aus Tabelle 2 hervorgeht, mit 11 % erst auf Platz 4 des insgesamt sechs Punkte umfassenden Antwortenspektrums.

Tabelle 2: Was waren die <u>zwei</u> wichtigsten Gründe, die Sie zum Wechsel des Unternehmens veranlaßt haben?

	Gewerbl.-techn. Berufe n = 169		Kaufm.-verwalt. u. sonstige Dienstleistungsberufe n = 326		Gesamt n = 495	
	absolut	in %	absolut	in %	absolut	in %
Der Wechsel bedeutete für mich größere Arbeitsplatzsicherheit	23	14	23	7	46	9
Der Wechsel war mit einem beruflichen Aufstieg verbunden	21	12	94	29	115	23
Der Wechsel bedeutete eine finanzielle Verbesserung	35	21	60	18	95	19
Durch den Wechsel bot sich mir ein interessanteres Aufgabenfeld	40	24	106	33	146	30
Der Wechsel bot die Möglichkeit zu einer internationalen Tätigkeit	9	5	45	14	54	11

Der eingangs erwähnte hohe Prozentsatz an Berufswechslern unter den Probanden deutete bereits auf eine überdurchschnittliche Flexibilität und Mobilität der befragten Gruppe hin. Auch der Wechsel des Betriebs weist auf eine starke Mobilitätsbereitschaft hin.

3.3.4 Berufliche Tätigkeiten – „internationale" Tätigkeiten

Bei der Frage nach den konkreten beruflichen Tätigkeiten gab es erwartungsgemäß große Unterschiede zwischen den gewerblich-technischen und den kaufmännisch-verwaltenden Berufen. Schaubild 11 zeigt die am häufigsten genannten Merkmale.

Schaubild 11:   Merkmale der beruflichen Tätigkeit

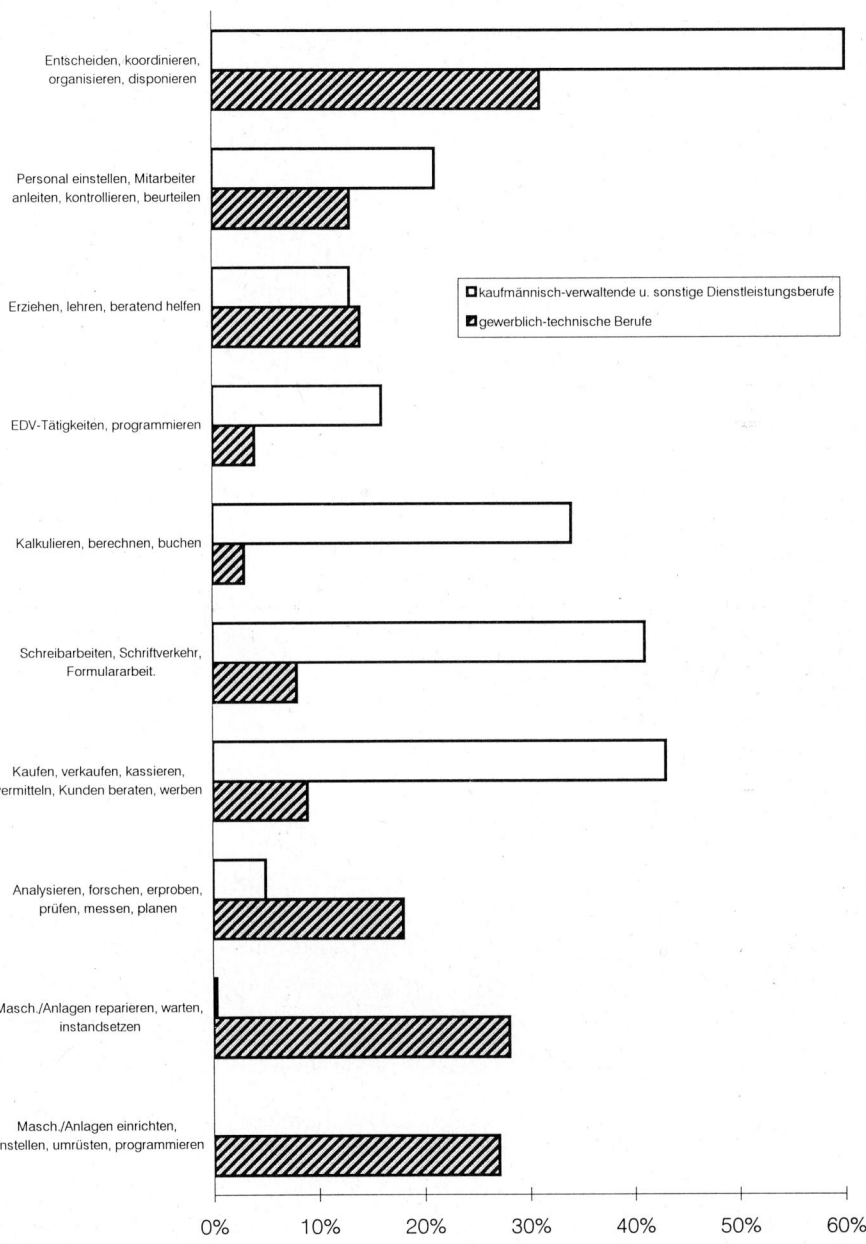

Quelle: BIBB-Projekt 1.2002, 1996

Das Schaubild läßt deutlich erkennen, daß das Tätigkeitsspektrum der „international" Beschäftigten im gewerblich-technischen Bereich starke technische Anteile aufweist, aber auch Bildungs- und Personalaufgaben sowie – insbesondere – Koordinations- und Entscheidungsfunktionen umfaßt. Bei den vier zuletzt genannten Aspekten treffen sich die „internationalen" gewerblich-technischen Mitarbeiter mit ihren Kollegen aus den kaufmännisch-verwaltenden Berufen, deren Tätigkeitsfeld ansonsten – erwartungsgemäß – stark durch kaufmännisch-buchhalterische und Sachbearbeitungsfunktionen geprägt ist.

Zweierlei fällt bei einem Vergleich der einzelnen Datensätze auf: zum einen, daß das Antwortverhalten im kaufmännisch-verwaltenden Bereich sehr viel homogener war als im gewerblich-technischen, zum anderen, daß es sich in allen Berufsfeldern zum überwiegenden Teil um sehr anspruchsvolle Tätigkeiten handelt. Das Tätigkeitsmerkmal „Entscheiden, koordinieren, organisieren und disponieren" beispielsweise, Spitzenreiter im Tätigkeitsprofil beider Berufsgruppen, wurde von 60 % der Befragten aus dem kaufmännisch-verwaltenden Bereich, aber nur von 30 % der gewerblich-technischen Beschäftigten genannt. Ähnliches zeigt sich auch bei anderen Ausprägungen. Die Ursache liegt vermutlich (auch) in der Ungleichgewichtigkeit und Unvergleichbarkeit der verschiedenen Merkmalsumschreibungen für die beiden untersuchten Berufsbereiche. So ließe sich etwa das Merkmal „Schreibarbeiten, Schriftverkehr, Formulararbeiten" mindestens ebensogut in mehrere Unterpunkte zerlegen wie die Merkmale „Maschinen/Anlagen einrichten, einstellen, umrüsten, programmieren" und „Maschinen/Anlagen reparieren, warten, instandsetzen". Was den zweiten Punkt anbelangt, das hohe Niveau der Tätigkeiten, so wurde bereits darauf hingewiesen, daß auch das Bildungsniveau der Gruppe relativ hoch ist und das Aufgabenspektrum häufig Leitungsfunktionen mit einschließt.

In welcher Hinsicht waren nun die befragten Arbeitnehmer „international" tätig? Die (offene) Frage, ob man sich an seinem derzeitigen Arbeitsplatz mit „internationalen Dingen" befasse, beantworteten 410 von 485 Befragten mit „Ja"; 383 machten auch konkrete Angaben dazu. Schaubild 12 listet diese Tätigkeiten nach der Häufigkeit ihrer Nennung auf. Wie sich denken läßt, sind eine Reihe der genannten „internationalen" Tätigkeiten hochspezifisch für bestimmte Berufe bzw. Berufsfelder: der Punkt „Wertpapiere/Devisen" etwa wurde ausschließlich von den Bankkaufleuten angeführt. „Installation und Instandhaltung neuer Anlagen" wurde nur von den Angehörigen von Metall- und Elektroberufen

genannt, und „ausländisch gekocht" wurde ausschließlich in der Hotel-
und Gaststättenbranche.

Schaubild 12:   Internationale Tätigkeiten

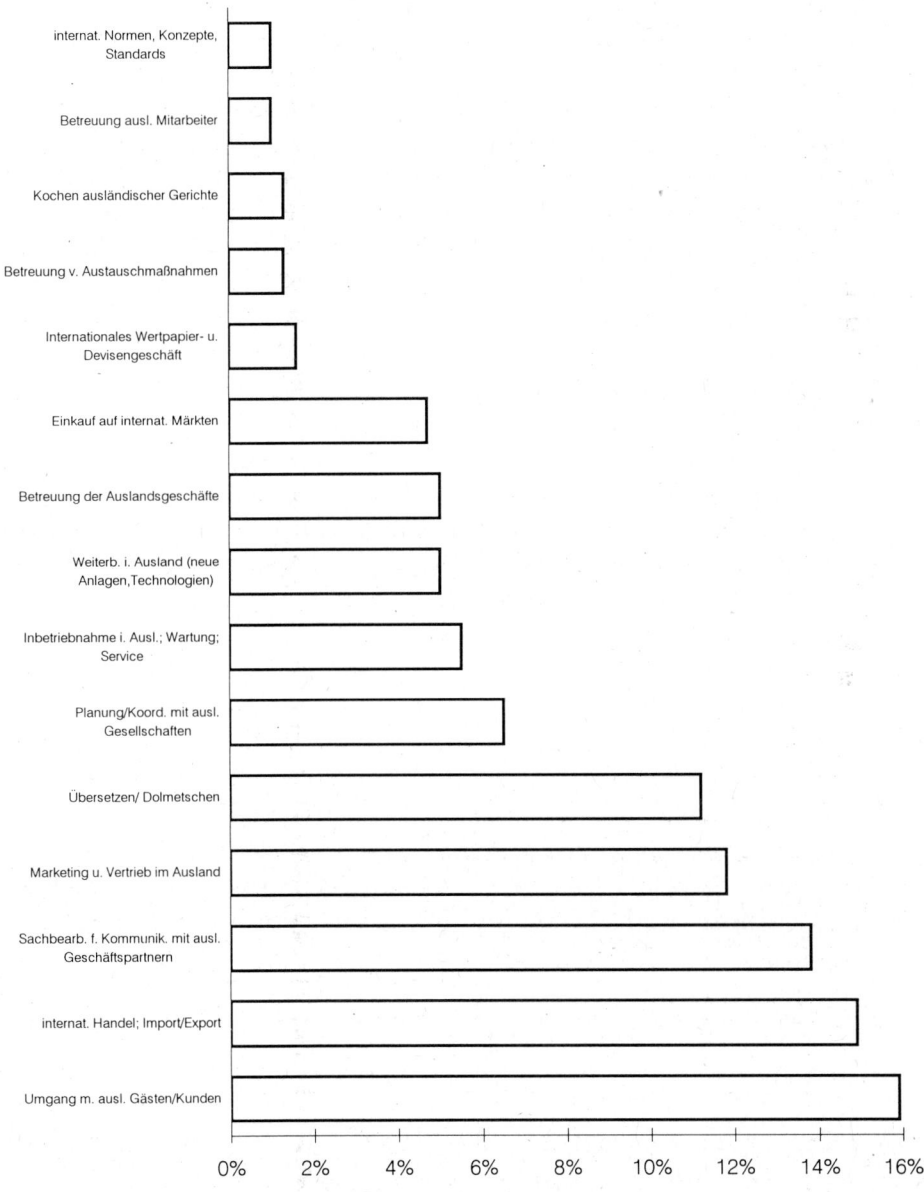

Quelle: BIBB-Projekt 1.2002, 1996

Interessanter ist hier ein anderer Aspekt. Da es sich um eine offene Frage handelte, läßt sich anhand der genannten Merkmale sowie der Häufigkeit ihres Auftretens Auskunft darüber gewinnen, was für unsere Zielgruppe – international tätige Facharbeiter und Fachangestellte – eigentlich das „Internationale" an ihrem Beruf ist. Auffallend ist, daß unter „internationalen Tätigkeiten" – und zwar mit Abstand – vor allem stark kommunikative Tätigkeiten verstanden werden („Umgang mit ausländischen Gästen/Kunden", „internationaler Handel", „Kommunikation", „Marketing/Vertrieb" sowie „Übersetzen/Dolmetschen"), wohingegen der Umgang mit internationalen Normen – trotz seiner durchgängigen Bedeutung für alle in die Untersuchung einbezogenen Berufe – das Schlußlicht dieser Tätigkeitsskala bildet. Dies ist ein weiterer Hinweis für die Richtigkeit unserer Vermutung, nach der die Kenntnis und der Umgang mit internationalen Normen kaum mehr als „internationale" Qualifikation erfahren wird.

Dasselbe gilt offensichtlich auch für die Teilnahme an Austauschmaßnahmen während der Ausbildung bzw. an Weiterbildungsveranstaltungen im Ausland, die von insgesamt nur 5 bzw. 19 (letzteres interessanterweise fast ausnahmslos von Angehörigen der Metall- und Elektroberufe) als „internationale" Tätigkeit genannt wurden. Denn auf die spätere, explizite Frage nach dem wichtigsten Auslandsaufenthalt gaben 27 Personen – mehr als dreimal soviele – an, sie hätten an einer Austauschmaßnahme teilgenommen; und auch die Frage nach Weiterbildungsmaßnahmen im Ausland wurde von weit mehr Probanden (nämlich 60) mit „Ja" beantwortet. In diesem Zusammenhang ist übrigens der Hinweis interessant, daß an Maßnahmen im Rahmen von EU-Programmen zur Förderung der Berufsbildung, also etwa PETRA, FORCE oder LINGUA, lediglich 13 von insgesamt 487 Befragten – das sind nicht einmal 3% – teilgenommen hatten. Angesichts der Tatsache, daß die überwältigende Mehrheit, 417 bzw. 86% der Befragten, diese Programme nicht einmal kannten, überrascht diese geringe Quote allerdings kaum.

Daß die Frage nach den „internationalen Dingen" im Rahmen der beruflichen Tätigkeit nur von 85% aller Befragten positiv beantwortet wurde, liegt vermutlich an einem der Teilnahmekriterien für die Befragung, nämlich der „Auslandserfahrung". Eine solche Auslandserfahrung war bereits dann gegeben, wenn man sich aus beruflichen Gründen einmal kurz im Ausland aufgehalten hatte. Dies kann natürlich in der Ausbildung im Rahmen einer Austauschmaßnahme oder in Form eines

Weiterbildungskurses im Ausland geschehen sein und somit für die derzeitige Tätigkeit in „internationaler" Hinsicht keine Bedeutung gehabt haben oder als bedeutungslos eingestuft worden sein. Von denen, die die Frage jedoch zustimmend beantworteten, haben immerhin 59 % täglich und 19 % mehrmals in der Woche mit „internationalen Dingen" zu tun. Im gewerblich-technischen Bereich liegt, wie Tabelle 3 zeigt, der Anteil erwartungsgemäß sehr viel niedriger als bei den kaufmännisch-verwaltenden Berufen.

Tabelle 3: Wie oft haben Sie bei Ihrer Arbeit mit solchen internationalen Angelegenheiten zu tun?

	Gewerbl.-techn. Berufe n = 124		Kaufm.-verwalt. u. sonstige Dienstleistungsberufe n = 289		Gesamt n = 413	
	abs.	in %	abs.	in %	abs.	in %
Täglich	35	28	207	72	242	59
Mehrmals in der Woche	26	21	52	18	78	19
Mehrmals im Monat	40	32	26	9	66	16
Selten	23	19	4	1	27	7

Ein weiterer Grund, weshalb 15 % der Probanden die Frage, ob sie sich im Rahmen ihrer derzeitigen Tätigkeit mit „internationalen Dingen" befassen, mit „Nein" beantworteten, könnte auch in der Benutzung des wenig konkreten Begriffs des „Internationalen" liegen – ein Problem, das bereits im vorigen Kapitel ausführlich erörtert wurde. Einen Hinweis darauf liefern die Antworten auf eine direkte Frage nach einer „internationalen Kompetenz", nämlich der nach benötigten fremdsprachlichen Fachbegriffen in der beruflichen Tätigkeit: demnach scheint die Verwendung solcher Fachbegriffe von den Befragten nicht zu diesen „internationalen Dingen" gerechnet zu werden. Denn den „nur" 85 % derjenigen, die angaben, „internationale" Bezüge in ihrer Tätigkeit zu haben, stehen 95 % gegenüber, bei denen fremdsprachliche Fachbegriffe am Arbeitsplatz eine große Rolle bzw. hin und wieder eine Rolle spielen.

3.3.5 Fremdsprachenkenntnisse und andere „internationale Qualifikationen"

Fremdsprachenkenntnisse

94 % der Befragten gaben an, Grundkenntnisse in einer Fremdsprache zu besitzen, wobei es sich dabei, wie Schaubild 13 erkennen läßt, vorrangig um Englisch handelt.

Schaubild 13: Welche Fremdsprachen können Sie lesen/verstehen, sprechen und/oder schreiben?

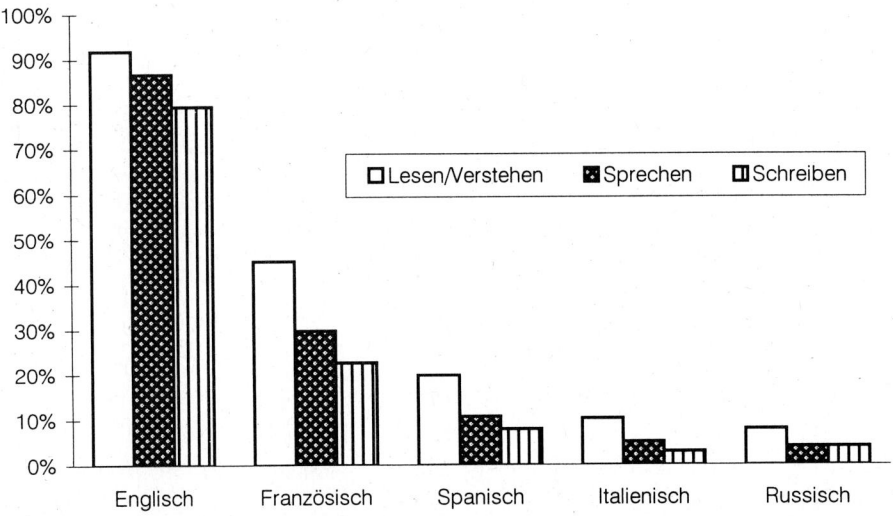

Quelle: BIBB-Projekt 1.2002, 1996

Aufschlußreich sind die Antworten auf die Frage, wo die Fremdsprachenkenntnisse erworben worden sind (siehe Tabelle 4).

Tabelle 4:   Wo haben Sie Ihre Fremdsprachenkenntnisse erworben?
               (Mehrfachnennungen möglich)

	Gewerbl.-techn. Berufe n = 152		Kaufm.-verwalt. u. sonst. Dienst- leistungsberufe n = 315		Gesamt n = 467	
	abs.	%	abs.	%	abs.	%
In der allgemeinbild. Schule	113	74	278	88	391	84
Im Rahmen der Berufsausbildung (Berufsschule oder ähnliches)	20	13	103	33	123	26
Während der Arbeit, im Betrieb	43	28	138	44	181	39
Im Rahmen der betrieblichen Weiterbildung	35	23	65	21	100	21
Im Rahmen eines Auslandsaufenthaltes	68	45	148	47	216	46
In der Freizeit, durch einen Kurs o. ä.	49	32	157	50	206	44
Woanders	17	11	27	9	44	9

Neben der allgemeinbildenden Schule (84 %) wurden Sprachen vor allem im Ausland selbst (46 %) sowie im Betrieb, d. h. während der Arbeit, erlernt (39 %). Interessant ist jedoch vor allem, daß 44 % der Befragten angaben, sich in der Freizeit Fremdsprachenkenntnisse angeeignet zu haben und damit eine hohe Motivation zum Spracherwerb zu erkennen gaben. Im Rahmen einer betrieblichen Weiterbildung erwarben
dagegen nur 21 % der Befragten Sprachkenntnisse. Auf die Frage, ob
Fremdsprachen bereits bei der Einstellung als Auszubildender erforderlich waren, antworteten 22 % mit „Ja"; bei der Einstellung nach Abschluß der Ausbildung waren sie jedoch schon von 41 % der Befragten
gefordert worden.
   Setzt man die beiden Fragen nach dem Ort, an dem Fremdsprachenkenntnisse erworben worden sind, und nach den vom Arbeitgeber gefor-
derten Sprachkenntnissen zueinander in Beziehung, entsteht der Eindruck, daß die Fremdsprachenausbildung der Beschäftigten betrieblicherseits eher planlos verläuft – was mit den Ergebnissen der Betriebsfallstudien korrespondiert. Die Unternehmen gehen offensichtlich bei
der Einstellung von Auszubildenden häufig von Fremdsprachenkenntnissen aus („Englisch ist keine Sprache, sondern eine Selbstverständlichkeit"), die in der Ausbildung selbst aber nur in relativ geringem Umfang
systematisch weiterentwickelt zu werden scheinen. Es bleibt den Auszu-

bildenden dann selbst überlassen, was sie in ihrer Freizeit, im Rahmen von Auslandsaufenthalten oder während der Arbeit für ihren Spracherwerb tun. Auch nach der Ausbildung dürfte keine planvolle Entwicklung der Sprachkompetenz stattfinden, wie die relativ geringe Bedeutung der Weiterbildung am Fremdsprachenerwerb (21 %) vermuten läßt.

In dieses Bild passen auch die Antworten auf die Frage, was der eigene Betrieb für den Erwerb der Fremdsprachenkenntnisse getan habe. Über die Hälfte der Befragten (55 %) gab an, daß der Arbeitgeber nichts dafür getan habe. Immerhin 34 % hatte das eigene Unternehmen den Besuch eines Sprachkurses im Inland ermöglicht, und 7 % waren zum Spracherwerb ins Ausland geschickt worden.

Das geringe Engagement der Unternehmen bei der Entwicklung von Sprachkompetenzen findet offenbar seine Entsprechung in der Einschätzung der „international" Beschäftigten hinsichtlich der Zertifizierung von Sprachkursen. Ein knappes Drittel meint, daß eine solche Bescheinigung keinerlei Bedeutung hätte, 23 % glauben, daß sie bei einem Wechsel ins Ausland von Vorteil sein könne, und nur jeder Zehnte ist der Ansicht, daß sie den innerbetrieblichen Aufstieg erleichtern könne (siehe Tabelle 5).

Tabelle 5: Welche Bedeutung hätte für Sie eine Bescheinigung über den Besuch eines Fremdsprachenkurses?

	Gewerbl.-techn. Berufe n =147		Kaufm.-verwalt. u. sonst. Dienstleistungsberufe n =305		Gesamt n = 452	
	absolut	%	absolut	%	absolut	%
Sie könnte mir den innerbetriebl. Aufstieg erleichtern	17	12	30	10	47	10
Sie könnte bei einem innerbetrieblichen Arbeitsplatzwechsel von Vorteil sein	27	18	43	14	70	16
Sie hätte keine Bedeutung	48	33	81	27	129	29
Es ist schon irgendwie wichtig	38	26	63	21	101	22
Sie könnte bei einem Wechsel ins Ausland hilfreich sein	17	12	88	29	105	23

Möglicherweise könnte sich hier mittelfristig ein Wandel vollziehen. Denn glaubt man der Prognose derjenigen Arbeitnehmer, die sich im Rahmen ihrer Tätigkeit in internationalen Bezügen bewegen, so wird es zu einem steigenden Fremdsprachenbedarf am Arbeitsplatz kommen.

64 % der Befragten zufolge wird z. B. der Bedarf an Englischkenntnissen zunehmen oder sogar stark zunehmen, der an Französisch- und Spanischkenntnissen um 30 % bzw. 21 %. Auch bei Russisch glaubten immerhin noch 18 % an einen (stark) steigenden Bedarf.

Bei der Frage wo, nach Abschluß der allgemeinbildenden Schule, vor allem eine Fremdsprache für die berufliche Tätigkeit erworben werden sollte, meinten 38 %, man sollte sie im Land selbst erlernen, 32 % sahen die Berufsausbildung als den geeigneten Ort an, und nur 20 % stimmten für die betriebliche Weiterbildung (eine methodisch einwandfreie Bewertung der Antworten ist hierbei allerdings schwierig, da bei dieser Frage der Begriff des „Lernortes" zwei Bedeutungen hat: als konkreter Ort [Inland/Ausland] und als Ort im übertragenen Sinn [z. B. Erstausbildung oder Weiterbildung]).

Welche Fremdsprachen werden nun wie oft in der beruflichen Tätigkeit der befragten Berufsangehörigen benötigt? Schaubild 14 zeigt eine Übersicht der fünf am häufigsten genannten Sprachen.

Schaubild 14:   Benötigte Fremdsprachen im Rahmen der beruflichen Tätigkeit

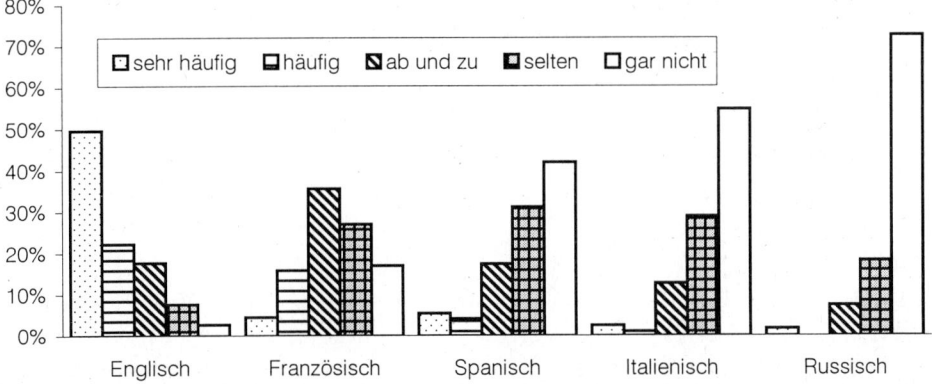

Quelle: BIBB-Projekt 1.2002, 1996

Die Rangfolge der für die Arbeit notwendigen Sprachen entspricht übrigens im wesentlichen – bis auf Russisch – jenen, die in verschiedenen empirischen Erhebungen zum Fremdsprachenbedarf ermittelt wurden und von Hannelore Sutter (1992, S. 22) in einer Tabelle gegenübergestellt worden sind. Bei diesen Untersuchungen handelt es sich durchweg um Betriebsbefragungen, sie geben also keinen Aufschluß über den individuellen Bedarf bei den Beschäftigten.

Tabelle 6:   Rangfolge der benötigten Fremdsprachen*

Sprachen		Schröder u.a. in %		Christ u.a. in %		Bausch u.a. in %		Kühn/ Leuschner in %		Koks in %
Englisch	1.	93,4	1.	98,6	1.	96,3	1.	100	1.	100
Französisch	2.	80,6	2.	90,8	2.	71,8	1.	100	2.	92
Spanisch	3.	53,6	3.	49,5	3.	31,3	3.	93	3.	55
Italienisch	4.	32,2	4.	35,6	4.	23,9	5.	17	5.	15
Niederländisch	5.	11,8	5.	10,4	7.	0,6	7.	–	4.	49
Portugiesisch	6.	8,1	6.	8,8	5.	4,3	6.	7	7.	7
Russisch	7.	4,7	7.	7	6.	3,1	4.	56	5.	15
Weitere				15 Sprachen						3 Sprachen

* Quelle: Sutter 1992, S. 22 (Der in der Tabelle ausgewiesene Fremdsprachenbedarf bezieht sich auf die Anzahl der „Nennungen" von Betrieben, ist also nicht nach Dringlichkeit der benötigten Sprachkompetenz gewichtet.)

Auch bei der Frage nach den speziellen – mündlichen und schriftlichen – Verwendungssituationen der Fremdsprachenkenntnisse am Arbeitsplatz nahm Englisch eine überragende Stellung ein. Die Schaubilder 15 bis 18 zeigen die Befragungsergebnisse für die drei am häufigsten genannten Sprachen Englisch, Französisch und Spanisch nach Verwendungssituationen, Inhalten des Schriftverkehrs und dem Lesen berufsbezogener Texte.

Angesichts der hohen Fremdsprachenkompetenz der Stichprobe ist es interessant, daß nur gut ein Viertel der Befragten den eigenen Kenntnisstand für ausreichend hält: 45 % melden einen Weiterbildungsbedarf an (im gewerblich-technischen Bereich sind es sogar 61 %), und weitere 28 % würden gern noch eine weitere Fremdsprache erlernen. 79 % der Befragten wären schließlich gar bereit, entsprechende Kenntnisse auch in der Freizeit zu erwerben – was, wie weiter oben bereits erwähnt, 44 % auch getan haben. Vergleicht man diese Zahlen mit denen der BIBB/IAB-Erhebungen 1987 (s. Wordelmann 1991) bzw. BIBB/ IAB-Erhebungen 1991 (Jansen u. Stooß 1993, S. 102 ff.), so scheint also das Bewußtsein über einen Weiterbildungsbedarf bei Fremdsprachen mit zunehmender sprachlicher Kompetenz zu steigen.

Schaubild 15:   Mündliche Verwendungssituationen der Fremdsprachenkenntnisse

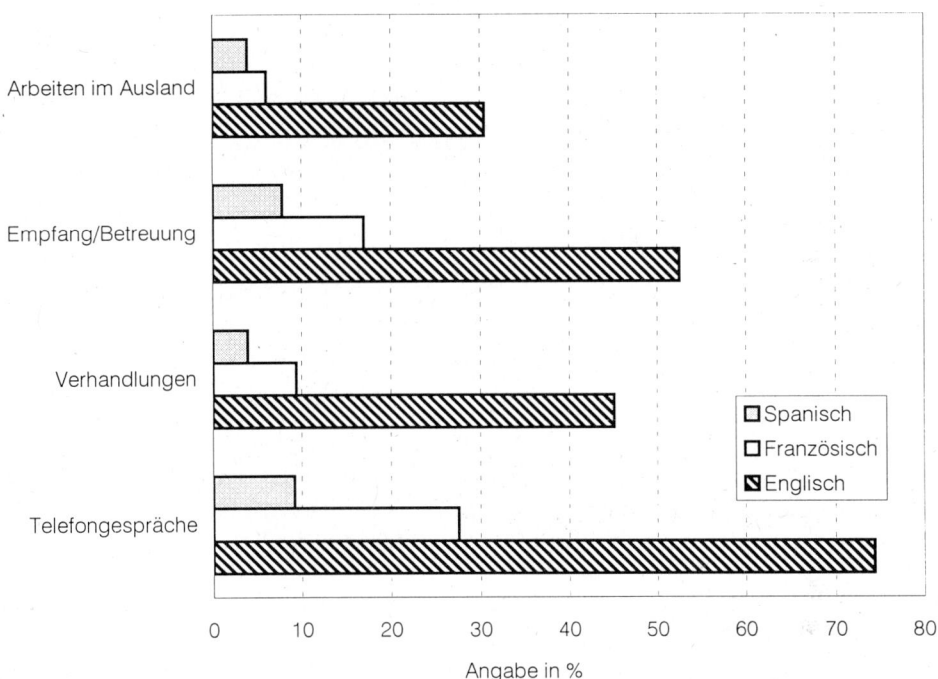

Angabe in %

Quelle: BIBB-Projekt 1.2002, 1996

Schaubild 16:   Schriftliche Verwendungssituationen der
Fremdsprachenkenntnisse

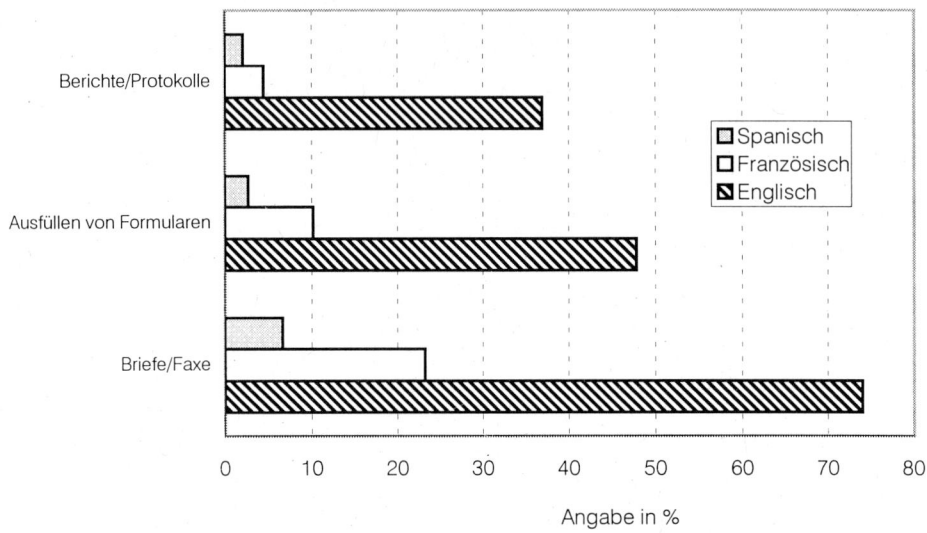

Angabe in %

Quelle: BIBB-Projekt 1.2002, 1996

Wenn es um den Erwerb neuer bzw. die Verbesserung bestehender
Fremdsprachenkompetenz geht, hat, wie Tabelle 7 zeigt, das aktive Spre-

Tabelle 7:   Weiterbildungswünsche bei Fremdsprachen

	Gewerbl.-techn. Berufe n =118		Kaufm.-verwalt. u. sonstige Dienst- leistungsberufe n = 225		Gesamt n = 343	
	absolut	%	absolut	%	absolut	%
Bei der Grammatik	32	27	83	37	115	34
Beim Hörverständnis	38	32	61	27	99	29
Beim aktiven Sprechen	96	81	192	85	288	84
Bei Fremdsprachen (Erlernen einer weiteren Sprache)	37	31	58	26	95	28
Bei den mit der Sprache ver- bundenen landeskundlichen Kenntnissen	8	7	18	8	26	8
Sonstiges	0	0	8	4	8	2

chen mit 84 % oberste Priorität. An zweiter Stelle rangiert, mit 34 %, die Grammatik, dicht gefolgt vom Hörverständnis und den Fachsprachen.

Schaubild 17:   Inhalte des Schriftverkehrs

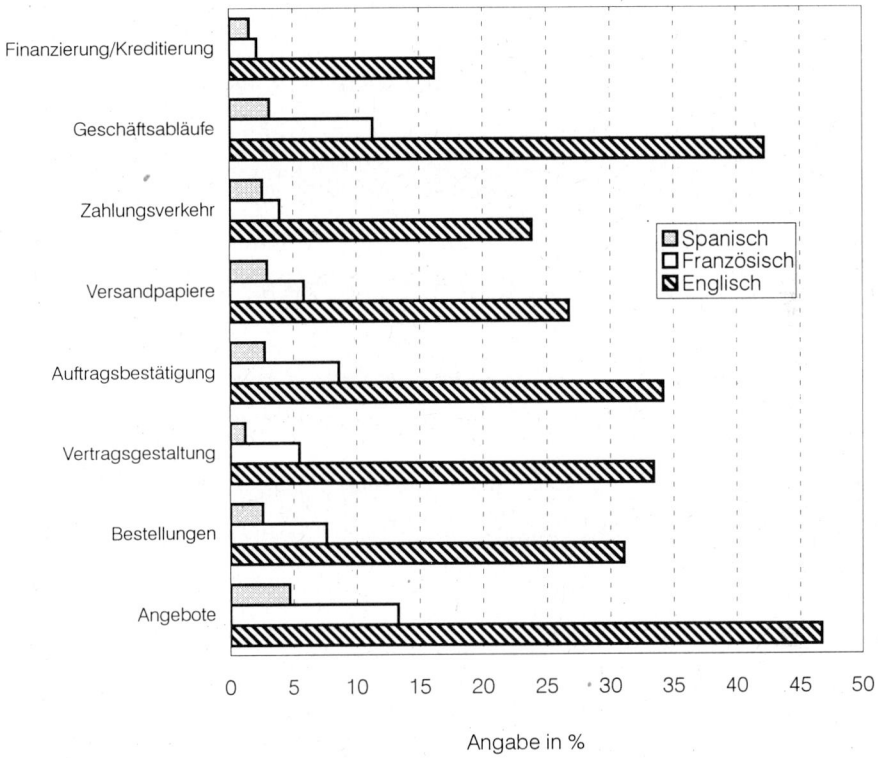

Angabe in %

Quelle: BIBB-Projekt 1.2002, 1996

Schaubild 18: Lesen berufsbezogener Texte

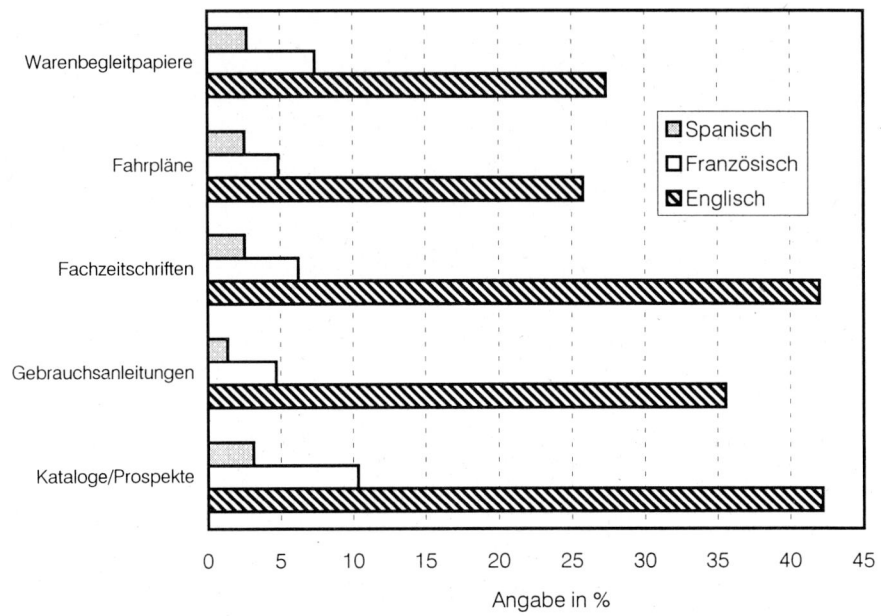

Quelle: BIBB-Projekt 1.2002, 1996

Andere „internationale Qualifikationen"

Werden außer den reinen Fremdsprachenkenntnissen noch andere Qualifikationen mit einem „internationalen" Bezug benötigt? Über die Hälfte der befragten Fachkräfte war dieser Meinung. Im einzelnen gibt das Schaubild 19 eine Übersicht.

Am wichtigsten ist die Fähigkeit, „mit ausländischen Partnern/Kollegen/Kunden auf einer gemeinsamen Ebene zu kommunizieren und zu kooperieren". Dazu kommen „Kenntnisse über fremde Kulturen (Lebensweisen, Sitten, Gewohnheiten, Mentalitäten)" und über „ausländische Märkte". Wichtig sind auch die Fähigkeiten, „sich den schnellen Veränderungen im internationalen Geschäft anzupassen" und „über die eigenen Grenzen hinaus zu denken und zu handeln".

Weniger wichtig ist interessanterweise – zumindest für den befragten Personenkreis – die Fähigkeit, mit ausländischen Partnern, Kollegen oder Kunden in Konkurrenz zu treten. Relativ unwichtig ist dagegen

Schaubild 19: Qualifikationen mit internationalem Bezug, außer
Fremdsprachen (Mehrfachnennungen möglich)

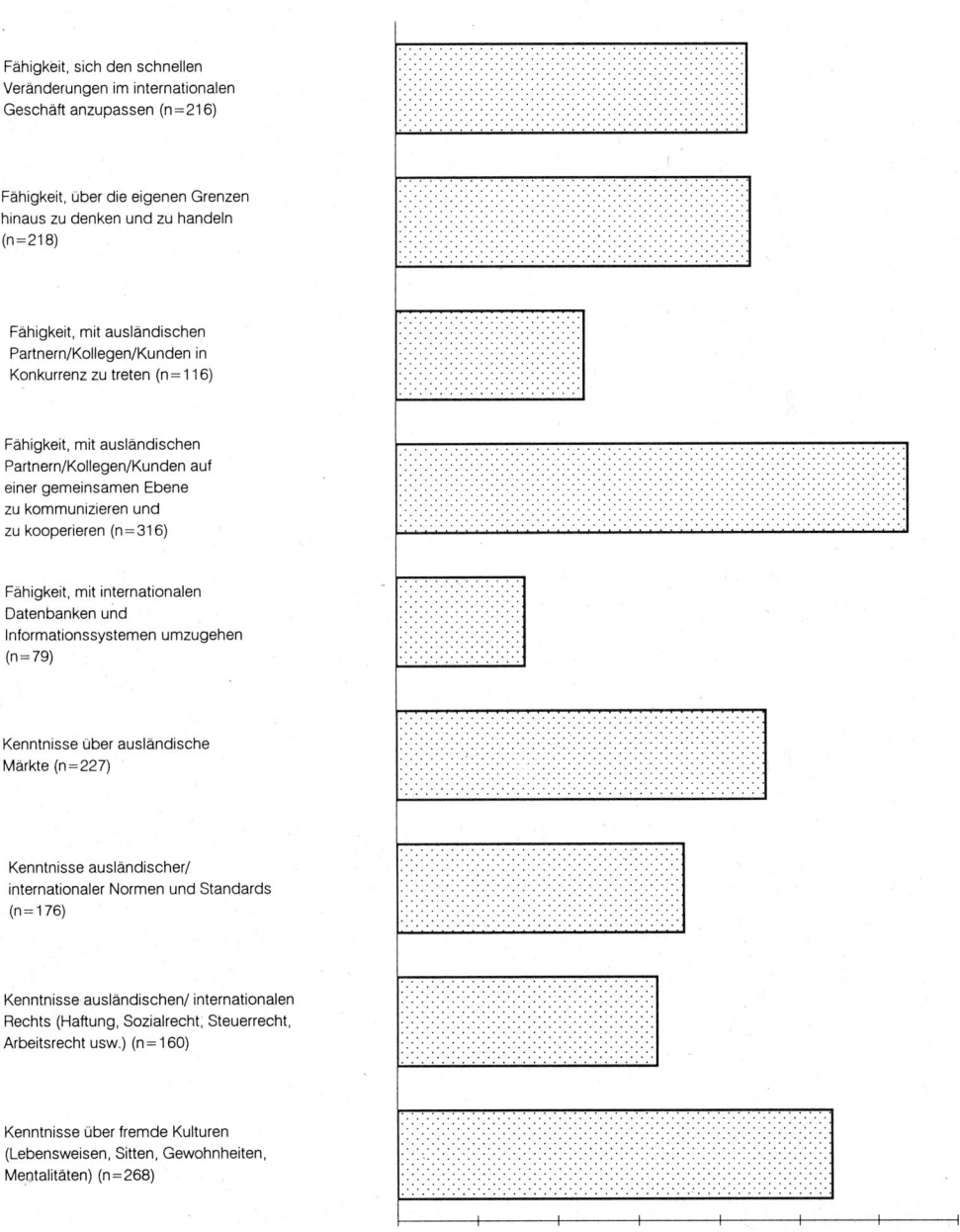

Quelle: BIBB-Projekt 1.2002, 1996

– noch? – die Fähigkeit, „mit internationalen Datenbanken und Informationssystemen umzugehen" (vgl. dazu Teil 5).

Ein Vergleich der Datensätze zu den einzelnen Berufen/Berufsfeldern ergibt, daß sich insbesondere die Groß- und Außenhandelskaufleute sowie die Speditions- und Reiseverkehrskaufleute in diesem über Fremdsprachen hinausgehenden Qualifikationsspektrum wiederfinden konnten. Entsprechende Weiterbildungsangebote von seiten des Unternehmens gab es bei 78 % der Befragten zufolge jedoch nicht.

Weiterbildung mit internationalem Bezug – über Fremdsprachen hinaus

151 Personen aus der Stichprobe (30 %) hatten neben Fremdsprachenkursen an – betrieblich oder außerbetrieblich, d. h. auch in der Freizeit organisierten – Weiterbildungsmaßnahmen mit einem internationalen Bezug teilgenommen. Bei 40 % von diesen 151 Befragten hatten sie sogar im Ausland stattgefunden. Etwa die Hälfte aller, also sowohl der in- als auch der ausländischen Weiterbildungsmaßnahmen war durch das Unternehmen veranlaßt worden, die andere Hälfte ging auf die Eigeninitiative der Teilnehmer zurück. Das Spektrum der Veranstaltungen reichte dabei von strikt fachbezogenen Maßnahmen, wie EDV-Kursen, Außenhandelsseminaren, Informationsveranstaltungen zum neuen Umsatzsteuerrecht der EU oder CNC-Kursen, Maßnahmen mit „interkulturellen" Inhalten wie Trainingsseminaren zur Vorbereitung auf einen Auslandseinsatz, Schulungen zu Führungsverhalten und Menschenführung oder Verkaufstraining auf Englisch, bis hin zu sehr speziellen Maßnahmen, wie etwa ein „Weiterbildungskurs für Raumausstatter über französische Stilrichtungen", „Kulinarische und Weinreisen in Europa" oder die „Vermittlung von Tauchtheorie und -praxis an englischsprachige Schüler".

Anerkennung des Berufsabschlusses

Bei der Frage, ob der eigene Berufsabschluß in anderen Ländern anerkannt sei, mußte über die Hälfte der Teilnehmer an der Befragung passen: 52 % von ihnen gaben an, es nicht zu wissen. Überraschenderweise glaubten jedoch 44 %, daß der Abschluß auch in anderen Ländern anerkannt werde. Auch hier nahm wieder einmal die mobilste Berufsgruppe, die Angehörigen der Hotel- und Gaststättenberufe, mit 74 % eine Spitzenposition ein.

Tatsächlich läßt sich für einige der von uns untersuchten Berufe, insbesondere in der Hotel- und Gaststättenbranche, sagen, daß der deutsche Berufsabschluß im Ausland einen hohen Stellenwert besitzt, so daß es seinem Besitzer oder seiner Besitzerin keine Schwierigkeiten bereitet, auch fern der Heimat eine Stelle zu finden. Offiziell gibt es jedoch nur für sehr wenige Berufsabschlüsse bilaterale oder multilaterale Abkommen über deren Anerkennung. Dabei handelt es sich um Universitätsabschlüsse, Abschlüsse im Gesundheitssektor und in einigen handwerksähnlichen Berufen (siehe z. B. *Amtsblatt der Europäischen Gemeinschaften* vom 24. Juli 1992 oder Bundesministerium für Wirtschaft 1995). Viel entscheidender als formaljuristische Regelungen über die Anerkennung ist jedoch die spezifische Situation auf dem Arbeitsmarkt. Besteht eine Nachfrage nach bestimmten Berufen, wird sich der künftige Arbeitgeber im Ausland eher an der tatsächlichen Qualifikation des Bewerbers orientieren als sich die Frage nach der formalen Gleichstellung des Berufsabschlusses mit den nationalen Abschlüssen stellen.

Die Antwort der Probanden auf die Frage, ob sie es begrüßten, „wenn generell Berufsabschlüsse in den anderen Mitgliedsstaaten der Europäischen Union gegenseitig anerkannt würden", war eindeutig. Die übergroße Mehrheit, nämlich 96 %, würde es begrüßen – wenngleich auch nur 26 % „ohne Wenn und Aber". 38 % würden es nur dann begrüßen, „wenn der Berufsabschluß außerhalb der Bundesrepublik unseren Ausbildungsstandards entspricht", und 32 %, „wenn überall die gleichen Berufsbilder gelten" würden. Von seiten der Beschäftigten wird also – entgegen der erklärten Politik der Europäischen Union – eine Harmonisierung der Berufsbilder durchaus für erstrebenswert gehalten.

3.3.6 Mobilität und Auslandserfahrung

Insgesamt 308 Beschäftigte beantworteten die Frage zustimmend, ob es möglich wäre, daß das Unternehmen sie ins Ausland entsenden könnte: für 43 % dieser 308 wäre dies nur denkbar, bei 21 % geschieht dies bereits. Die Frage, ob man aus beruflichen Gründen schon einmal im Ausland gewesen sei, wurde von 69 % der Befragten positiv beantwortet (16 % waren einmal, 53 % bereits mehrfach im Ausland; Spitzenreiter unter denen, die mehrfach im Ausland waren, sind die Angehörigen der gewerblich-technischen Berufe).

Gebeten, sich einmal den wichtigsten Auslandsaufenthalt vor Augen zu führen, wurde mit Hilfe einer vorgegebenen Liste nach der Aufgabe gefragt, die dort zu erledigen war. Das Ergebnis bietet kaum eine Überraschung: Die Angehörigen der gewerblich-technischen Berufe waren vorrangig im Rahmen technischer Serviceleistungen, Montagetätigkeiten und Experteneinsätzen im Ausland tätig, die Groß- und Außenhandelskaufleute hatten dort Waren eingekauft und – ebenso wie die Bürokaufleute/Kaufleute für Sekretariatstätigkeiten und die Industriekaufleute – Aufgaben im Bereich der kaufmännischen Sachbearbeitung erledigt. Bei den Speditions- und Reiseverkehrskaufleuten lag der Grund für den Auslandsaufenthalt in der Organisation des Güter- oder Personentransports, oder sie hatten dort, wie die Industrie-, Groß- und Außenhandelskaufleute, Vertriebsgespräche mit Kunden geführt bzw. Managementaufgaben wahrgenommen. Die Bankkaufleute waren im Zuge einer Aus- oder Weiterbildungsmaßnahme im Ausland oder hatten, wie die Angehörigen aus den Hotel- und Gaststättenberufen, an einer Austauschmaßnahme im Ausland teilgenommen.

Der Auslandsaufenthalt war in erster Linie – und insbesondere bei den gewerblich-technischen Berufen – auf Vorschlag des Vorgesetzten zustande gekommen, aber auch eigene Bemühungen hatten dabei, vor allem im Hotel- und Gaststättenbereich, eine große Rolle gespielt (siehe Tabelle 8).

Tabelle 8:   Wie kam der Auslandsaufenthalt zustande?

	Gewerbl.-techn. Berufe n = 139		Kaufm.-verwalt. u. sonstige Dienstleistungsberufe n = 207		Gesamt n = 346	
	absolut	%	absolut	%	absolut	%
Auf Vorschlag meines Vorgesetzten	103	74	115	56	218	63
Durch ein Personalauswahlgespräch	9	7	10	5	19	6
Durch ein Assessmentcenter	1	1	0	0	1	0
Durch eigene Bemühungen	38	27	116	56	154	45
Durch sonstiges	16	12	31	15	47	14

Bei der Länge des Auslandsaufenthalts handelte es sich vor allem – wie Schaubild 20 zeigt – um Kurzeinsätze von wenigen Tagen bzw. ein paar Wochen.

Schaubild 20:   Dauer des Auslandsaufenthaltes

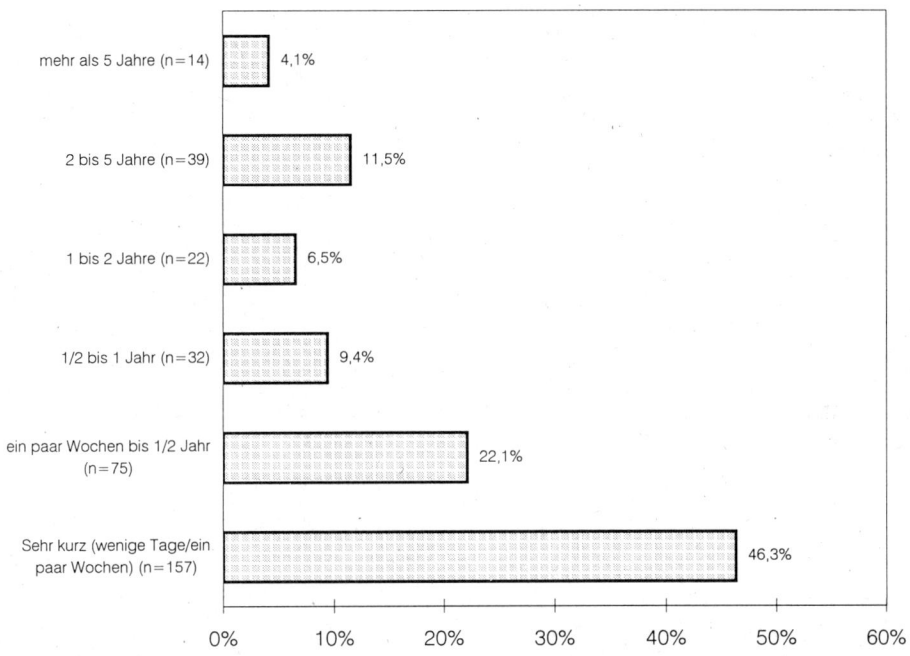

Quelle: BIBB-Projekt 1.2002, 1996

Nur eines der Berufsfelder hebt sich von diesem Muster ab: die Hotel-
und Gaststättenberufe. Ein Viertel (10 Personen) der überwiegend jungen Angehörigen aus diesen Berufen mit Auslandserfahrung konnte bereits auf einen berufsbedingten Auslandsaufenthalt von zwei bis fünf
Jahren zurückblicken; neun weitere Personen aus dieser Gruppe hatten
sich immerhin für ein halbes bis zu einem Jahr aus beruflichen Gründen
im Ausland aufgehalten.

Den Befragten, die Auslandserfahrung besaßen, wurde eine Liste
von Aussagen vorgelegt, die sich auf berufliche und persönliche Vor-
und Nachteile des Auslandsaufenthalts bezogen. Zu den beruflichen
Aspekten erhielt die Aussage: „Der Auslandsaufenthalt war für mich
positiv, weil ich meine beruflichen Kenntnisse erweitern konnte" mit
50 % die höchste Zustimmung. Hier waren es insbesondere die Groß-
und Außenhandelskaufleute mit 74 %, die darin den größten Gewinn
gesehen hatten. Die Auffassung: „Der Auslandsaufenthalt war wichtig
für mich, weil ich danach hier in Deutschland meine berufliche Position

verbessern konnte" wurde immerhin noch von 29 % geteilt (von den Angehörigen der Elektroberufe sogar zu 40 %). Die übrigen, eher negativen Aussagen, nach denen der Auslandsaufenthalt nicht viel gebracht
habe, daß sich die berufliche Situation in Deutschland dadurch nicht
verbessern konnte bzw. der Einsatz aufgrund negativer beruflicher
Auswirkungen eher geschadet habe, fanden, wie Tabelle 9 zeigt, nur geringe Zustimmung.

Auch bei den persönlichen Aspekten des Auslandsaufenthalts überwogen die positiv gefärbten Aussagen. Dem Satz: „Der Auslandsaufenthalt war wichtig für mich, weil er eine interessante Erweiterung meiner
Lebenserfahrung darstellte" konnten 60 % der Probanden zustimmen –
mit Spitzenwerten bei den Speditions- und Reiseverkehrskaufleuten
(79 %) und den Hotel- und Gaststättenberufen (78 %). Für 28 % war der
Auslandsaufenthalt vor allem deshalb wichtig, „weil ich dadurch soziale
und kulturelle Eigenheiten eines anderen Landes kennengelernt habe";
in dieser Gruppe waren die Industrie- bzw. Bankkaufleute mit 39 % bzw.
40 % sehr stark vertreten. Der negativen Auffassung, daß der Aufenthalt
im Ausland nichts gebracht habe, da man „keine Chancen hatte, dort
etwas von der fremden Kultur kennenzulernen", neigten – ebenso, wie
dem pauschalen Statement, daß der Aufenthalt in einem anderen Land
„für mich und meine Familie eine große persönliche Bereicherung" dargestellt habe – nur jeweils 6 % der Probanden zu.

Insgesamt ergibt sich eine positive bis sehr positive Einschätzung des
Auslandsaufenthaltes, und zwar sowohl in beruflicher als auch in persönlicher Hinsicht. Daran ändern auch die 63 % der Befragten mit Auslandserfahrung nichts, die angaben, daß sich für sie nach der Rückkehr
beruflich nichts geändert habe – der Auslandseinsatz scheint vor allem
als persönlicher Gewinn verbucht worden zu sein. Dennoch: für ein
knappes Viertel der Befragten hatte sich der Auslandseinsatz in Form
eines beruflichen Aufstiegs ausgezahlt – bei den Bankkaufleuten lag diese Zahl sogar fast doppelt so hoch (42 %). Und bei 11 % der Befragten
hatte der Einsatz offenbar mobilitätsfördernd gewirkt: sie hatten nach
der Rückkehr die Arbeitsstelle gewechselt (in der Teilstichprobe der
Hotel- und Gaststättenberufe hatte der Auslandseinsatz sogar bei genau
einem Drittel zum anschließenden Arbeitsstellenwechsel geführt).

Tabelle 9: Von verschiedenen Personen, die im Ausland tätig waren, haben wir folgende Aussagen gehört. Welcher dieser Aussagen könnten Sie am ehesten zustimmen?

	Gewerbl.-techn. Berufe n =130		Kaufm.-verwalt. u. sonstige Dienstleistungs- berufe n =188		Gesamt n = 318	
	absolut	%	absolut	%	absolut	%
Beruflich						
Der Auslandsaufenth. war für mich positiv, weil ich meine berufl. Kenntnisse erweitern konnte	56	43	102	54	158	50
Der Auslandsaufenth. war wichtig für mich, weil ich danach hier in Deutschland meine berufl. Position verbessern konnte	36	28	56	30	92	29
Der Auslandsaufenth. hat mir nicht viel gebracht, weil er im Grunde gen. keine neuen berufl. Anford. an mich stellte.	27	21	17	9	44	14
Der Ausl.aufenth. hat mir nicht viel gebracht, weil ich dadurch meine berufli. Position in Deutschland n. verbess. konnte	11	9	13	7	24	8
Der Ausl.aufenth. hat mir eher geschadet, weil er sich berufl. neg. ausgewirkt hat	0	0	0	0	0	0
Persönlich						
Der Ausl.aufenth. hat mir nichts gebracht, weil ich keine Chance hatte, dort etwas von der fremden Kultur kennenzulernen	12	10	5	3	17	6
Der Ausl.aufenth. war für mich wichtig, weil ich dadurch soziale u. kulturelle Eigenh. eines Landes kennengelernt habe	35	28	51	28	86	28
Der Ausl.aufenth. war wichtig für mich, weil er eine interess. Erweiterung meiner Lebenserfahrungen darstellte	66	52	119	64	185	60
Der Ausl.aufenth. stellte für mich und meine Familie eine große persönliche Bereicherung dar	10	8	8	4	18	6
Durch den Ausl.aufenth. geriet meine Partnerschaft/Ehe in eine schwere Krise	3	2	0	0	3	1

Zu der positiven Beurteilung des Einsatzes im Ausland mag auch die Situation beigetragen haben, die man nach der Rückkehr vorfand. Die überwältigende Mehrheit (94 %) gab an, daß sie keine Schwierigkeiten gehabt habe, sich wieder in die Arbeit in Deutschland einzufinden. Und fast ebenso viele (93 %) wären bereit, im Rahmen ihrer Berufstätigkeit noch einmal ins Ausland zu gehen. Einschränkend sollte allerdings daran erinnert werden, daß es sich bei den Auslandtätigkeiten in gut zwei Drittel der Fälle um relativ kurze Einsätze handelte (bis zu einem halben Jahr).

Bei der hier betrachteten Gruppe läßt sich nur bedingt von einer systematischen Vorbereitung auf den Auslandseinsatz sprechen. 136 der auslandserfahrenen Beschäftigten (39 %) gaben, wie Tabelle 10 zeigt, an, gar nicht vorbereitet worden zu sein – bei den gewerblich-technischen Berufen waren es sogar 45 %. Und bei 125 Befragten beschränkte sich die Vorbereitung auf Gespräche mit Kollegen, die bereits im Ausland gewesen waren.

Tabelle 10:   Wie wurden Sie auf den Auslandseinsatz vorbereitet?

	Gewerbl.-techn. Berufe n = 139		Kaufm.-verwalt. u. sonst. Dienstleist.berufe n = 207		Gesamt n = 346	
	absolut	%	absolut	%	absolut	%
Ich konnte mir die Arbeit vorher ansehen	13	9	19	9	32	9
Ich erhielt die Gelegenheit, um mit Kollegen zu sprechen, die bereits Auslandserfahrung haben	57	41	68	33	125	36
Ich erhielt einen Sprachkurs	21	15	33	16	54	16
Ich habe ein Seminar/einen Kurs über das Land besucht	2	1	7	3	9	3
Es gab eine fachliche Weiterbildung	11	8	13	6	24	7
Sonstiges	2	1	14	7	16	5
Ich bin gar nicht darauf vorbereitet worden	63	45	73	35	136	39

Doch von den Betroffenen selbst scheint dies nicht als gravierendes Problem empfunden worden zu sein: Die Frage, ob sie hinsichtlich der Vorbereitung auf den Auslandseinsatz im nachhinein etwas verbessern würden, beantworteten 72 % mit einem klaren „Nein". Nur bei den Arbeitnehmern im gewerblich-technischen Bereich war dieses „Nein" mit

60 % deutlich verhaltener; d. h., fast 40 % von ihnen hätten sich eine bessere Vorbereitung gewünscht – kein Wunder angesichts der Tatsache, daß fast die Hälfte von ihnen überhaupt nicht eingewiesen worden war.

Zum Abschluß dieses Frageblocks wurden die Probanden mit Auslandserfahrung gefragt, unter welchen Umständen sie bereit wären, noch einmal ins Ausland zu gehen. Weitaus die meisten zeigten sich dann zur Auslandstätigkeit bereit, „wenn es weiterhin bei kurzen Auslandseinsätzen bleibt". Am zweitwichtigsten war den Befragten, daß im Fall einer nochmaligen Auslandstätigkeit die Familie mitgeht; Platz 3 bildete eine Rückkehrgarantie des Arbeitgebers vor Antritt der Auslandsstelle, und erst an vierter Stelle wurde die Bedingung gestellt, daß der Auslandsaufenthalt mit einem beruflichen Aufstieg verbunden sein müsse, bzw. an fünfter, daß man sich dort finanziell besser stehe als zu Hause. Die übrigen Bedingungen fanden weit weniger Zustimmung, wie aus Tabelle 11 hervorgeht. Kurzum, bei der Entscheidung für eine Auslandstätigkeit scheint es den Betroffenen eher um soziale Kategorien wie den Zusammenhalt der Familie oder die Sicherung des Arbeitsplatzes als um finanzielle Vorteile oder die berufliche Karriere zu gehen. Dies mag, wie weiter unten noch zu untersuchen sein wird, in einigen Berufsfeldern anders aussehen.

Tabelle 11:   Unter welchen Bedingungen wären Sie bereit, noch einmal ins Ausland zu gehen?

	Gewerbl.-techn. Berufe n = 139		Kaufm.-verwalt. u. sonstige Dienstleistungsberufe n = 207		Gesamt n = 346	
	absolut	%	absolut	%	absolut	%
Ich würde keine Bedingungen stellen	14	10	16	8	30	9
Wenn es weiterhin bei kurzen Auslandseinsätzen bleibt	74	53	51	25	125	36
Wenn es sich um ein bestimmtes Land handelt	7	5	29	14	36	10
Wenn die Familie mitgeht	37	27	65	31	102	30
Wenn die Schulversorgung der Kinder sichergestellt wäre	13	9	31	15	44	13
Wenn der Auslandsaufenth. mit einem beruflichen Aufstieg verbunden wäre	24	17	61	30	85	25
Wenn es eine bessere Vorbereitung geben würde als beim letzten Mal	14	10	14	7	28	8

noch Tabelle 11

	Gewerbl.-techn. Berufe n = 139		Kaufm.-verwalt. u. sonstige Dienst- leistungsberufe n = 207		Gesamt n = 346	
	absolut	%	absolut	%	absolut	%
Wenn ich dadurch finanziell besser- gestellt wäre als zu Hause	33	24	47	23	80	23
Wenn ich von meinem Arbeitgeber eine Rückkehrgarantie bekäme	35	25	57	28	92	27
Wenn sich meine Lebensqualität da- durch verbessern würde	10	7	23	11	33	10
Wenn ich zwischendurch immer re- gelm. nach Deutschland zurückkehren könnte	34	25	35	17	69	20
Sonstiges	2	1	8	4	10	3

Eine entsprechende Frage wurde auch denjenigen aus der Stichprobe gestellt, bei denen es *denkbar* ist, daß ihr Unternehmen sie ins Ausland entsenden könnte, und die grundsätzlich auch dazu bereit wären, eine solche Auslandsstelle anzutreten. Auch hier wurde an erster Stelle, mit 52 %, die Befristung des Einsatzes genannt. Dem folgte auf Platz zwei, mit 51 %, der berufliche Aufstieg als Voraussetzung für einen Auslandsaufenthalt. An dritter Stelle rangierte die Begleitung durch die Familie (49 %) bzw., ebenfalls mit 49 %, die Rückkehrgarantie des Arbeitgebers. Danach folgte, wie im obigen Fall, die bessere finanzielle Situation im Ausland als Bedingung für die Zustimmung zu einer Entsendung (45 %).

Wenig überraschend ist es, daß dieselben Punkte – wiederum in einer anderen Reihenfolge – schließlich ebenfalls eine Rolle bei der Einschätzung der Bedingungen spielten, unter denen Arbeitnehmer *allgemein* sich dazu bereit finden könnten, eine Stelle im Ausland anzunehmen – eine Frage, die sich an alle Probanden richtete. An erster Stelle wurde hier die finanzielle Besserstellung genannt (54 %), an zweiter Stelle die Begleitung durch die Familie (48 %), an dritter der berufliche Aufstieg (45 %), an vierter die Befristung (41 %) und an fünfter die Rückkehrgarantie durch den Arbeitgeber (37 %).

Faßt man diese Ergebnisse zusammen, so hängt die Bereitschaft für eine Auslandstätigkeit offenbar von drei Faktoren ab: Erstens von der (überschaubaren) Dauer des Einsatzes und der Arbeitsplatzsicherheit zu

Hause, zweitens von der Möglichkeit, daß die Familie mitkommt, und drittens schließlich muß sich ein solcher Einsatz finanziell und karrieremäßig auszahlen. Interessant ist, daß diese letzte Kategorie, insbesondere hinsichtlich des finanziellen Aspektes, bei jenen, die berufliche Auslandserfahrung besitzen oder bei denen ein Einsatz im Ausland denkbar wäre, nur von untergeordneter Bedeutung ist.

3.3.7 Eigeninitiative und Mobilitätsbereitschaft

Einen interessanten Sonderfall innerhalb des Teilsamples der Beschäftigten mit Auslandserfahrung bildet die Gruppe der 149 Probanden, die bereit wären, „aus eigenem Antrieb, d. h. aus persönlichem Interesse und ohne ein Angebot und die Unterstützung ihres derzeitigen Arbeitgebers, ins Ausland zu gehen, um dort zu arbeiten". Frauen sind mit 28 % Anteil an diesem Teilsample unterrepräsentiert. Sie sind allerdings viel mehr bereit, auf bestimmte Dinge für einen Auslandsaufenthalt zu verzichten. 83 % würden ihren Arbeitsplatz in Deutschland aufgeben (Männer 68 %). 68 % würden auch ins Ausland gehen, wenn der Verdienst gleichbliebe (Männer 48 %), und 73 % der Frauen wären dazu auch bereit, wenn ihnen ihr neuer ausländischer Arbeitgeber nicht bei der Eingewöhnung in die fremde Umgebung behilflich wäre (Männer 55 %).

Insgesamt ist die Gruppe derjenigen, die sich in Eigeninitiative und ohne fremde Hilfe um eine Auslandsstelle bemühen würde, familiär ungebundener als die Gesamtstichprobe. Die Kinderlosigkeit liegt in dieser Gruppe mit 64 % etwas höher als in der Gesamtstichprobe, wo sie 58 % beträgt. Auch ihre berufliche Stellung ist etwas höher als in der Gesamtstichprobe: Fast die Hälfte gab an, als Angestellte/r selbständig Leistungen in verantwortungsvoller Tätigkeit zu erbringen oder begrenzte Verantwortung für die Tätigkeit anderer zu tragen; im Gesamtdurchschnitt waren dies lediglich 37 %. Und auch hinsichtlich des Einkommens lag die Gruppe leicht über dem Durchschnitt der gesamten Stichprobe.

Schon bei der Berufswahl hatte die Tatsache, daß der Beruf mit „internationalen Dingen" zu tun hat, bei dieser Gruppe mit 44 % (gegenüber 37 % im Gesamtdurchschnitt) eine überragende Rolle gespielt, knapp gefolgt vom Aspekt des „häufigen Umgangs mit Menschen" (43 % – im Gesamtsample mit 39 % an erster Stelle).

Betrachtet man sich die Verteilung der 149 Probanden auf die Berufe und Berufsfelder, so ist das Hotel- und Gaststättengewerbe mit 32 Personen überdurchschnittlich stark vertreten, das Berufsfeld also, das sich in der Erhebung auch in anderer Hinsicht bereits als äußerst mobilitätsbereit und -fähig erwiesen hat.

Die Frage, ob man noch im selben Unternehmen sei, in dem man die erste Anstellung hatte bzw. die Ausbildung absolviert hatte, wurde nur von 36% aus dieser Gruppe bejaht (im Gesamtdurchschnitt waren es immerhin 45%) – auch dies ein Indiz für eine höhere Mobilität.

Bei den für die berufliche Tätigkeit benötigten Sprachen nimmt auch für diese Gruppe Englisch eine Spitzenposition ein – mehr noch als dies für die gesamte Stichprobe der Fall ist. Hinsichtlich des Weiterbildungsbedarfs bei den vorhandenen Sprachkenntnissen ist man jedoch zurückhaltender als in der Gesamtgruppe (37% gegenüber 45%) – man wünscht sich hier vielmehr, eine weitere Fremdsprache hinzuzulernen (37% gegenüber 28% im Gesamtdurchschnitt). Dieses Antwortverhalten scheint auch verständlich angesichts der Tatsache, daß die Sprachkompetenz dieser Gruppe in allen Sprachen – bis auf Russisch – einige Prozentpunkte oberhalb der der Gesamtstichprobe liegt.

Im Hinblick auf die Auslandserfahrung waren nur 73% von ihnen mehrmals im Ausland gewesen. Dies könnte bedeuten, daß in dieser sehr mobilitätsbereiten – und aufgrund der sprachlichen Fähigkeiten, des Alters und der familiären Situation auch mobilitätsfähigen – Gruppe ein nicht ausgeschöpftes Potential hinsichtlich beruflicher Einsatzmöglichkeiten im Ausland liegt.

Für eine Tätigkeit im Ausland würden 107 aus der Gruppe der 149 Probanden sogar ihren Arbeitsplatz in Deutschland aufgeben. Auch von der Aussicht, daß der neue Arbeitgeber im Ausland nicht dabei behilflich wäre, sich – etwa durch die Suche nach einer Wohnung oder die Vermittlung sozialer Kontakte – in die fremde Umgebung einzugewöhnen, läßt man sich kaum abschrecken: 60% der Befragten wären trotzdem bereit, eine solche Stelle anzutreten. Mit 54% – bei den Bankkaufleuten sind es allerdings nur 23% – etwas geringer ist dagegen die Bereitschaft, eine Stelle im Ausland anzunehmen, wenn der Verdienst der gleiche bliebe.

3.3.8 „Internationale Qualifikationen" bei Frauen

Laut Angaben des Statistischen Jahrbuchs (1994, S. 114) betrug der Frauenanteil an den Erwerbstätigen in der Bundesrepublik Deutschland im Mai 1992 insgesamt 41,5 %. In der Gesamtstichprobe, d.h. bei den Fachkräften, die in einem internationalen Kontext tätig sind, lag er mit 35 % dagegen deutlich niedriger. Daß diese Quote überhaupt erreicht wurde, ist zudem der starken Repräsentanz der Frauen unter den Kaufleuten für Bürokommunikation/Sekretariatstätigkeiten (82 %), den Hotel- und Gaststättenberufen (63 %) sowie im Einzelhandel (64 %) zu verdanken. Unter den Befragten im gewerblich-technischen Bereich fanden sich insgesamt sogar nur 7 % Frauen. Obwohl die Ergebnisse aus der Erhebung keinen Anspruch auf Repräsentativität erheben können, läßt sich aus der Tatsache, daß den Betrieben und Bildungseinrichtungen bei den Kriterien zur Teilnahme an der Befragung keine Vorgaben bezüglich des Geschlechts der zu Befragenden gemacht worden waren, mit der gebotenen Vorsicht also folgern, daß Frauen in geringerem Umfang als Männer mit „internationalen" Aufgaben betraut werden.

So antworteten nur 39 % der Frauen positiv auf die Frage, ob es denkbar wäre, daß das eigene Unternehmen sie ins Ausland entsenden könnte, bei den Männern waren es 45 %. Weitere 28 % der Männer gaben an, daß dies schon jetzt geschehe – bei den Frauen lag der Anteil bei schmalen 7 %. Und fast die Hälfte aller von uns befragten Frauen – 48 % gegenüber nur 20 % der Männer – hielt es gar nicht erst für möglich, ins Ausland geschickt zu werden. Allerdings zeigten diejenigen Frauen, die nicht schon von ihrem jetzigen Unternehmen ins Ausland entsandt wurden, mit 70 % gegenüber 78 % bei den Männern auch eine etwas geringere Bereitschaft, eine solche Stelle anzutreten, wenn sie denn ein entsprechendes Angebot des Arbeitgebers erhalten würden.

Auf die Frage, ob man aus beruflichen Gründen schon einmal im Ausland gewesen sei, antworteten 46 % aller Frauen mit „Ja", bei den Männern waren es 82 %. Auffallend ist hierbei die große Diskrepanz in der Kategorie des mehrmaligen berufsbedingten Auslandsaufenthaltes. Waren die männlichen Befragten zu 66 % bereits mehrfach zu beruflichen Zwecken im Ausland, lag die entsprechende Quote bei den Frauen mit 28 % um mehr als die Hälfte niedriger.

Die Aufgaben, die die Frauen im Ausland zu erledigen hatten, bestanden dabei vornehmlich in der kaufmännischen Sachbearbeitung (31 %, in der männlichen Gruppe waren es 17 %; Mehrfachnennungen waren bei dieser Frage möglich) sowie in Vertriebsgesprächen mit Kunden (17 %, Männer: 25 %). Im technischen Bereich – also bei Montagetätigkeiten, im technischen Service und bei Experteneinsätzen – waren Frauen erwartungsgemäß so gut wie gar nicht vertreten. Interessanter sind in diesem Zusammenhang zwei andere Ergebnisse: Während 26 % der Männer angaben, daß der Auslandseinsatz in der Erledigung von Managementaufgaben bestand, war eine solche Aufgabe nur 10 % der Frauen übertragen worden. Und als zweiter Punkt: 15 % der Frauen waren im Rahmen einer Austauschmaßnahme im Ausland, bei den Männern lag diese Quote nur bei 6 %.

Interessant sind aber auch die Auskünfte, die sich bezüglich der näheren Umstände des Auslandsaufenthalts gewinnen ließen (auch hier waren Mehrfachnennungen möglich). Während dieser bei den Männern zu 66 % auf Vorschlag des Vorgesetzten zustande kam, waren es bei den Frauen nur 52 % – denen dies vorrangig aufgrund eigener Bemühungen gelungen war (56 %; für die Männer lag der Wert bei 41 %).

Insgesamt zeigt sich also, daß es sich bei den internationalen Bezügen in der weiblichen Erwerbstätigkeit vorwiegend um Inlands- und weniger um Auslandsaktivitäten handelt. Liegt jedoch ein beruflich bedingter Auslandseinsatz vor, ist dieser eher aufgrund eigener Bemühungen als auf Vorschlag des Vorgesetzten zustande gekommen.

In nahezu allen Punkten des Fragebogens zeigen sich bei der Beantwortung z. T. erhebliche Unterschiede zwischen den Männern und den Frauen, Unterschiede, die fast immer zum Nachteil der Frauen ausfallen und den Schluß nahelegen, daß „internationale Qualifikationen" als eine Art Kriterium geschlechtsspezifischer Selektion fungieren.

Am deutlichsten wird dies, wenn man sich den Komplex Alter/familiärer Status näher betrachtet. Bei der Beschreibung des gesamten Samples wurde bereits auf das geringe Durchschnittsalter von 36 Jahren bei den Befragten hingewiesen. Errechnet man diesen Wert getrennt nach Geschlecht, liegen die Männer bei 37,9 Jahren, wohingegen die Frauen zum Zeitpunkt der Befragung im Durchschnitt nur 32,5 Jahre alt waren. Am krassesten zeigt sich diese Altersdiskrepanz in der mit einem Anteil von fast 50 % im Gesamtsample zahlenmäßig am stärksten vertretenen Gruppe der 25- bis 34jährigen Arbeitnehmer und Arbeitnehmerinnen. Während sich bei den Männern 38 % in dieser Altersgruppe befinden, sind es bei den Frauen 67 %. Bei der nächststärkeren Gruppe der 35- bis 44jährigen läßt sich bereits wieder von einer männlichen Dominanz reden (siehe Schaubild 21).

Schaubild 21:   Altersverteilung nach Männern und Frauen

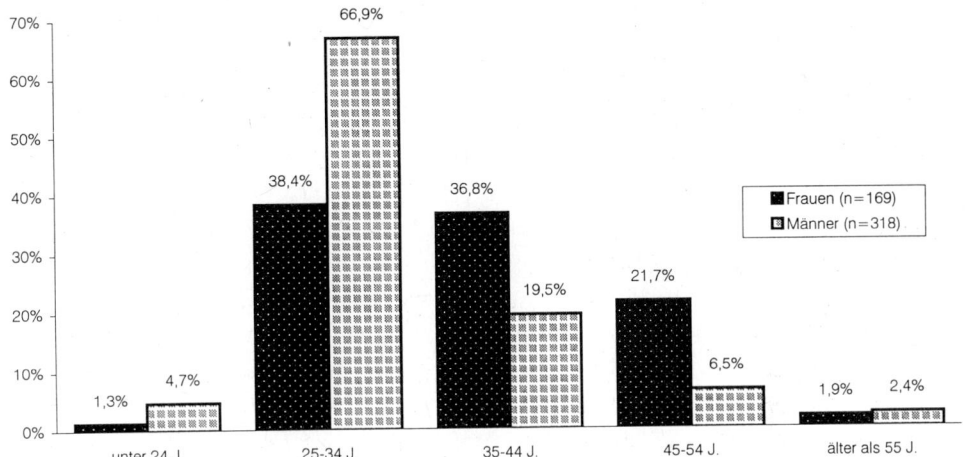

Quelle: BIBB-Projekt 1.2002, 1996

Verantwortlich für diesen drastischen Einschnitt im Alter von etwa 35 Jahren könnte die einsetzende Familienphase sein, die ohnehin traditionell eher die Frau als den Mann zur Aufgabe oder Reduktion der Erwerbstätigkeit zwingt. Es handelt sich um ein Problem, das sich bei „international" tätigen Arbeitnehmern möglicherweise dadurch noch verstärkt, daß nach der Geburt eines Kindes die Mobilität, d.h. die Möglichkeit etwa zu Auslandsreisen, stark eingeschränkt ist.

Weiter oben wurde bereits die Vermutung geäußert, daß Mobilitätsfähigkeit sehr eng mit dem Status „kinderlos" verbunden sei: Weit über die Hälfte aller Befragten mit „internationalem" beruflichen Hintergrund gaben an, keine Kinder zu haben. Geschlechtsspezifisch ergibt sich allerdings ein differenziertes Bild. Während 44 % aller männlichen Befragten kinderlos sind, liegt die Quote unter den Frauen bei 85 %, ist also fast doppelt so hoch.

Die Aussage, die oben bereits für die Gesamtgruppe getroffen wurde, wonach der „typische" Arbeitnehmer mit einem internationalen Tätigkeitsfeld jung und kinderlos zu sein scheine, gilt also insbesondere für Frauen. Angesichts der Datenlage könnte man vermuten, daß Jugend und Kinderlosigkeit so zentrale Voraussetzungen für den Zugang von Frauen zu internationalen Tätigkeiten bilden, daß ihre Nichterfüllung fast als Ausschlußgrund wirkt. Hinzu kommt außerdem, daß die weiblichen Befragten aus der Gesamtstichprobe deutlich seltener mit einem Partner zusammenleben (66 %) als ihre männlichen Kollegen (82 %). In diesem Sinne ist man versucht, dem jugendlich-ungebundenen Erscheinungsbild des international tätigen Arbeitnehmers noch das Attribut „weiblich" hinzufügen.

Auch wenn Frauen in der Gruppe der gewerblich-technischen Berufe nur sehr schwach vertreten und so Verzerrungen nicht auszuschließen sind, läßt sich doch sagen, daß Frauen hinsichtlich des Zugangs zu „internationalen" Tätigkeitsfeldern gegenüber den Männern benachteiligt sein dürften. Es werden jedoch höhere Anforderungen an sie gestellt werden, wenn sie erst einmal diesen Sprung geschafft haben. So gaben 32 % aller befragten Frauen an, daß bei ihrer Einstellung als Auszubildende Fremdsprachenkenntnisse erforderlich waren – bei den Männern waren es nur 16 %. Von den männlichen Befragten wurden bei der Einstellung nach der Ausbildung immerhin zu 33 % Fremdsprachenkenntnisse gefordert, doch mittlerweile hatte sich auch für die Frauen die Meßlatte erhöht: hier waren es 56 %, von denen Fremdsprachenkenntnisse gefordert wurden.

Auch in anderen Punkten zeigen sich zumindest leichte Unterschiede zwischen Männern und Frauen. Während 9 % der Männer aus der Gruppe mit Fremdsprachenkenntnissen von ihrem Unternehmen zu einem Sprachkurs ins Ausland geschickt worden waren, betrug dieser Anteil bei den Frauen lediglich 4 %. Entsprechendes zeigte sich auch bei anderen Weiterbildungsmaßnahmen mit internationalem Bezug, also etwa Fachseminare oder landeskundliche Kurse. Bei 42 % der Männer waren darunter auch solche Maßnahmen, die im Ausland stattgefunden hatten; bei den Frauen lag der Anteil dagegen nur bei 35 %. In diesen Zahlen spiegelt sich übrigens auch die oben bereits erwähnte Erkenntnis wider, daß die internationale Tätigkeit bei Frauen in starkem Maße in einem nationalen Kontext ausgeübt wird.

Angesichts solcher Zahlen sind die Worte des internationalen Personalleiters einer großen deutschen Bank von Bedeutung. Er meinte im Zusammenhang mit der Frage nach geschlechtsspezifischen Kriterien bei Personalbeschaffungs- und Personalentwicklungsmaßnahmen im Hinblick auf internationale Tätigkeiten, daß es immer wieder

> „leichte, wenn auch nachvollziehbare Enttäuschungen [gäbe], wo gezielte Entwicklungsmaßnahmen in weibliche Mitarbeiter vorgenommen werden, was alles ganz prima läuft, und dann wird die Bank verlassen aus privaten Gründen,

und sie kommen auch nicht mehr zurück. Nun können Sie entgegenhalten, das kann bei einem Mann genauso passieren. Nur der hat nicht soviele Variationsmöglichkeiten bei diesem Thema."

Offenbar hat man in der betrieblichen Praxis – so zeigen es die Ergebnisse unserer Untersuchung – einen Weg gefunden, um solche Enttäuschungen mit der international tätigen weiblichen Mitarbeiterschaft gar nicht erst entstehen zu lassen. Frauen werden von ihrem Arbeitgeber, wenn überhaupt, in relativ jungen Jahren – d. h. lange vor der Familiengründung – mit internationalen Aufgaben betraut. Um kostspielige Investitionen in die (aus Sicht der Betriebe) ungewisse Zukunft solcher Mitarbeiterinnen zu vermeiden, werden bereits bei der Einstellung als Auszubildende, spätestens aber nach der Ausbildung explizit Fremdsprachenkenntnisse von ihnen verlangt. Insgesamt zeigt sich das Unternehmen bei den weiblichen Mitarbeitern auch hinsichtlich des Zugangs zu „internationalen" Weiterbildungsmaßnahmen zurückhaltender, als dies bei den Männern der Fall ist.

Diejenigen Frauen aber, die sich mit solchen Vorgaben abfinden und trotzdem in einem internationalen Tätigkeitsfeld arbeiten, erweisen sich als ungleich flexibler und motivierter als ihre männlichen Kollegen. Dies zeigt sich etwa bei einer näheren Betrachtung der im vorangegangenen Abschnitt beschriebenen „Spitzengruppe" unter den international tätigen Beschäftigten, d.h. der 149 Arbeitnehmer, die beruflich bedingte Auslandserfahrung haben und grundsätzlich bereit wären, im Rahmen der Berufstätigkeit noch einmal ins Ausland zu gehen, und zwar auch aus eigenem Antrieb und ohne die Hilfe Dritter. Der Anteil der Frauen, die über Auslandserfahrung (mindestens einmaliger, beruflich bedingter Auslandsaufenthalt) und grundsätzliche Bereitschaft verfügten, lag mit 22 % weit niedriger als der in der Gesamtstichprobe. 62 % der Frauen aus dieser Teilgruppe wären jedoch bereit, auch dann eine Stelle im Ausland anzutreten, wenn sie sich auf eigene Faust und ohne die Unterstützung des derzeitigen Arbeitgebers darum kümmern müßten – bei den Männern liegt dieser Wert nur bei 45 % –, und 83 % der Frauen wären sogar dann noch bereit dazu, wenn sie ihren Arbeitsplatz zu Hause aufgeben müßten (bei den Männern sind dies 68 %).

Was das Einkommen auf der neuen Stelle im Ausland betrifft, sind die Frauen ebenfalls etwas bescheidener als die Männer: 68 % würden sich mit dem gleichen Verdienst wie zu Hause zufriedengeben – ein deutlicher Unterschied zu den Männern, deren entsprechender Wert bei

48 % liegt. Und schließlich würden sich die befragten Frauen auch dann
nicht davon abschrecken lassen, eine solche Auslandsstelle anzutreten,
wenn der neue ausländische Arbeitgeber ihnen bei der Eingewöhnung in
die fremde Umgebung, etwa bei der Suche nach einer Wohnung oder
der Vermittlung sozialer Kontakte, nicht behilflich wäre (73 %, gegenüber 55 % bei den Männern).

Alles in allem scheint der Satz, der ursprünglich auf Frauen in Führungspositionen gemünzt war, auch auf weibliche Beschäftigte zuzutref-
fen, die in einem internationalen beruflichen Tätigkeitsfeld arbeiten:
Will man als Frau Erfolg haben, muß man doppelt soviel – an Leistung
wie an Opfern – erbringen, um halb soweit wie die Männer zu kommen.

3.3.9 „Internationale Qualifikationen" im Ost-West-Vergleich

Da den Teilnehmern an der Befragung Anonymität und Vertraulichkeit
im Umgang mit den gewonnenen Daten zugesichert worden war, wurde
auf eine Vorabkodierung der Fragebögen verzichtet, die die Identifizie-
rung zumindest des Unternehmens, in dem der Proband beschäftigt war,
ermöglicht hätte. Somit ist es im nachhinein schwierig, Beschäftigte aus
den neuen Bundesländern von denen aus den alten zu trennen.

Den Weg, den wir schließlich einschlugen, um die beiden Gruppen
gesondert betrachten zu können, war der über die nach alten bzw. neuen
Bundesländern getrennten Einkommenslisten in den Fragebögen. Doch
auch dieses Verfahren hat Nachteile. So wurde die Frage nach dem monatlichen Bruttoeinkommen von vielen Probanden als zu persönlich
empfunden und nicht beantwortet; bei einem Unternehmen war die Interviewerin von der dortigen Kontaktperson sogar dazu angehalten worden, die entsprechende Frage vorab aus dem Fragebogen zu entfernen.

Zieht man den ohnehin geringen zahlenmäßigen Anteil der als ost-
deutsche Arbeitnehmer erkennbaren Probanden an der Gesamtstichprobe in Betracht, zeigt sich, daß die Fallzahlen in den kaufmännisch-
verwaltenden Berufen der ostdeutschen Teilstichprobe zu gering sind,
um einen Vergleich mit der Situation in Westdeutschland sinnvoll erscheinen zu lassen. Aus diesem Grund ist ein Ost-West-Vergleich ausschließlich für die Angehörigen der gewerblich-technischen Berufe in
den alten bzw. neuen Bundesländern möglich – und dies auch nur unter
dem Vorbehalt, daß die gewonnenen Daten keinen Anspruch auf Gene-
ralisierbarkeit der Ergebnisse erheben, sondern lediglich einige allge-

meine Aussagen erlauben, die jedoch möglicherweise als Grundlage weiterer Untersuchungen dienen können.

Die Gesamtstichprobe umfaßt insgesamt 111 international tätige Arbeitnehmer aus gewerblich-technischen Berufen, die sich in die Liste der Einkommen für die alten Bundesländer eingetragen haben, sowie 40, die Angaben auf der Einkommensliste für die neuen Bundesländer gemacht haben. Beide Gruppen bestehen fast vollständig aus Männern: in der West-Stichprobe liegt der Frauenanteil bei 6 %, in der für den Osten bei 10 %. Eine deutliche Diskrepanz zeigte sich im familiären Status: 45 Befragte aus den alten Bundesländern (42 %) gaben an, keine Kinder zu haben, bei nur 6 aus den neuen Bundesländern (15 %).

Ansonsten dominierten nicht die Unterschiede, sondern die Gemeinsamkeiten in den beiden Teilgruppen. Bei der Frage nach der Intensität der internationalen Bezüge am Arbeitsplatz entsprechen sich die beiden Gruppen. Im Westen hatten 48 % der befragten gewerblich-technischen Arbeitnehmer täglich oder zumindest mehrmals pro Woche mit internationalen Angelegenheiten zu tun, im Osten lag die Quote bei 47 %. Erhebliche Unterschiede gibt es jedoch hinsichtlich benötigter fremdsprachliche Fachbegriffe am Arbeitsplatz. Hier gaben 59 der 111 Befragten aus den alten Bundesländern (53 %) an, daß sie eine große Rolle spielten, wohingegen es in den neuen Bundesländern nur 9 von 40 waren; dies entspricht einer Quote von 23 %.

Grundkenntnisse in einer Fremdsprache waren in beiden Gruppen bei den meisten Befragten vorhanden (93 % im Westen, 87 % im Osten). Dabei handelt es sich vorrangig um Englisch, wobei der Prozentsatz derer, die etwa die Sprache lesen und verstehen können, unter den Befragten aus den neuen Bundesländern mit 74 % erwartungsgemäß niedriger liegt als bei den Probanden aus den alten Bundesländern (90 %). Die übrigen Sprachen, die im internationalen Tätigkeitsprofil in den kaufmännisch-verwaltenden Berufen noch eine gewisse Bedeutung haben, spielen hier kaum noch eine Rolle – mit einer Ausnahme: Russisch. Da diese Sprache an den Schulen der ehemaligen DDR ein starkes Gewicht hatte, gaben 49 % der Beschäftigten aus den neuen Bundesländern an, Russisch lesen und verstehen zu können. In den alten Bundesländern konnten nur 3 % der befragten gewerblich-technischen Mitarbeiter mit solchen Kenntnissen aufwarten.

Interessant sind die Antworten auf die Frage, wo die Fremdsprachenkenntnisse erworben wurden. Für die meisten, sowohl in Ost als auch in West, war dies die allgemeinbildende Schule (72 % im Osten bzw. 75 % im Westen). 52 % der Befragten aus den alten Bundesländern hatten sich Sprachkenntnisse während eines Auslandsaufenthaltes angeeignet, im Osten betrug dieser Wert – wenig überraschend – nur 20 %. Im Westen hatten 35 % in ihrer Freizeit einen Sprachkurs besucht, im Osten waren dies nur 17 % gewesen. Und hatten die West-Beschäftigten zu 32 % während der Arbeit, im Betrieb bzw. im Rahmen einer betrieblichen Weiterbildung Fremdsprachenkenntnisse erworben, lagen die entsprechenden Prozentsätze in der Ost-Gruppe weit darunter (11 % während der Arbeit, im Betrieb; 14 % im Rahmen betrieblicher Weiterbildung). Lediglich in der Fremdsprachenvermittlung im Zuge der Berufsausbildung lag der Wert im Osten mit 23% höher als im Westen, wo er 11 % betrug.

Sowohl bei den westdeutschen als auch den ostdeutschen Befragten nahm unter den für die eigene berufliche Tätigkeit benötigten Fremdsprachen Englisch die bei weitem wichtigste Rolle ein. Hinsichtlich der Intensität zeigten sich jedoch erhebliche Unterschiede zwischen den Beschäftigten aus den alten und den neuen Bundesländern. So gaben 58 % der international tätigen gewerblich-technischen Arbeitnehmer in Westdeutschland an, Englisch häufig oder sogar sehr häufig am Arbeitsplatz zu benötigen; in Ostdeutschland waren es demgegenüber nur 38 %.

Eine starke Diskrepanz zeigte sich auch bei der Frage, ob die eigenen Fremdsprachenkenntnisse für die berufliche Tätigkeit ausreichend seien oder ob ein Weiterbildungsbedarf bestehe. 57 % der Probanden aus den alten Bundesländern meldeten einen Fremdsprachenweiterbildungsbedarf an, in den neuen Bundesländern lag das Ergebnis sogar bei 73 %. Da es sich hier um Beschäftigte im gewerblich-technischen Bereich handelt, scheint also die im Zusammenhang der betrieblichen Interviews bereits thematisierte Wahrnehmung der Betriebe, nach der Fremdsprachenkenntnisse für Arbeitnehmer in diesem Tätigkeitsbereich nur von untergeordneter Bedeutung sind, erheblich von der Selbsteinschätzung der Betroffenen abzuweichen.

Gab es unter den ostdeutschen Befragten einen ausgesprochenen Weiterbildungswunsch im Hinblick auf die Verbesserung bestehender Sprachkenntnisse, war dieser, was das Erlernen einer weiteren Fremdsprache anbelangt, dort mit 6 % eher verhalten. Im Vergleich: im Westen gaben 18% an, eine weitere Sprache hinzulernen zu wollen. Möglicherweise erklärt sich dieses Antwortverhalten durch die starke Rolle, die das Englisch im Rahmen der beruflichen Tätigkeit einnimmt. Sie zwingt viele der betroffenen Arbeitnehmer aus den neuen Bundeslänern zunächst einmal, ihre Kenntnisse in dieser Sprache zu vervollkommnen, bevor sie sich einer weiteren Fremdsprache zuwenden.

Auf den eigenen Betrieb konnten die befragten ostdeutschen Arbeitnehmer bei der Sprachenweiterbildung nicht sonderlich bauen: Zwei Drittel gaben an, daß das Unternehmen nichts für den Erwerb der eigenen Fremdsprachenkenntnisse getan habe, im Westen waren dies „nur" 53 %. Immerhin hatte der eigene Betrieb 31 % der ostdeutschen Probanden einen Sprachkurs im Inland ermöglicht – vergleichbar der Quote im Westen, die bei 34 % liegt. In etwa vergleichbar war auch der Anteil derjenigen, die an anderen Weiterbildungsmaßnahmen außer Fremdsprachenkursen teilgenommen hatten (alte Bundesländer: 27 %, neue Bundesländer: 22 %).

Beim zukünftigen Fremdsprachenbedarf am Arbeitsplatz lag, nach der Anzahl der Nennungen, wiederum Englisch an erster Stelle. Hier waren 76 % der Befragten aus den alten Bundesländern der Ansicht, daß der Bedarf an Englisch zunehmen oder sogar stark zunehmen würde; in den neuen Bundesländern waren es sogar 88 %.

Die Frage, ob es denkbar sei, vom eigenen Unternehmen ins Ausland entsandt zu werden, wurde von 36 % der befragten westdeutschen gewerblich-technischen Arbeitnehmer mit „Ja" beantwortet, im Osten waren es 40 %. Weitere 38 % aus dem Westen gaben an, daß dies schon jetzt geschehe, bei den ostdeutschen Beschäftigten waren es mit 34 % etwas weniger. Interessant ist die Verteilung der Antworten auf die Frage, unter welchen Bedingungen man bereit sei, eine solche Stelle anzutreten. Obwohl der „Forderungskatalog" an sich größtenteils übereinstimmt, ist es doch aufschlußreich, einmal einen Blick auf die Rangfolge der Bedingungen zu werfen, wie sie sich jeweils in den beiden Teilsamples darstellt:

Alte Bundesländer

1. Befristeter Zeitraum (70 %)
2. Wenn die Familie mitgeht (61 %)
3. Rückkehrgarantie des Arbeitgebers (57 %)
4. Finanzielle Besserstellung (44 %)
5. Verknüpft mit beruflichem Aufstieg (43 %)

Neue Bundesländer

1. Befristeter Zeitraum (64 %)
2. Finanzielle Besserstellung (46 %)
3. Rückkehrgarantie des Arbeitgebers (46 %)
4. Weiterhin deutscher Wohnsitz (41 %)
5. Wenn die Familie mitgeht (36 %)

Die Auflistung macht deutlich, daß der Aspekt der Begleitung durch die Familie für die von uns befragten gewerblich-technischen Arbeitnehmer aus dem Osten der Bundesrepublik von eher untergeordneter Bedeutung ist, während er für die Beschäftigten in Westdeutschland mit dem zweiten Platz verhältnismäßig weit oben rangiert. Dafür taucht im Forderungenkatalog der ostdeutschen Beschäftigten eine Bedingung auf, die im westdeutschen Teilsample nur einen Rang unter „ferner liefen" einnimmt: die Beibehaltung des deutschen Wohnsitzes.

Was die Auslandserfahrung anbetrifft, so zeigten sich keine gravierenden Unterschiede zwischen den beiden Teilgruppen: Von den Befragten in den neuen Bundesländern waren 78 % ein- oder mehrmals beruflich im Ausland, in den alten Bundesländern waren es 82 %. Bei der Frage, wie der Auslandsaufenthalt zustande kam, klafften die Werte hingegen weit auseinander. So führten 65 % der westdeutschen Probanden den Auslandsaufenthalt unter anderem auf eigene Bemühungen zurück – bei den Befragten aus den neuen Bundesländern hatte Eigeninitiative nur in 13 % der Fälle eine Rolle gespielt.

Unterschiede gab es auch hinsichtlich der Dauer des Auslandsaufenthalts. Für die ostdeutschen Befragten hatte es sich zu 53 % um einen „sehr kurzen, d. h. wenige Tage bzw. ein paar Wochen" umfassenden Einsatz gehandelt, für die westdeutschen Befragten lag dieser Wert bei 44 %. Tendenziell ist der Auslandseinsatz im Westen also etwas länger als im Osten der Bundesrepublik – wie bei dem gesamten Ost-West-Vergleich mit der Einschränkung, daß es sich hier nur um international Beschäftigte im gewerblich-technischen Bereich handelt. Im kaufmännisch-verwaltenden Bereich mag dies wieder anders aussehen.

98 % der Befragten aus den alten Bundesländern wären bereit, im Rahmen ihrer Berufstätigkeit noch einmal ins Ausland zu gehen, in den neuen Bundesländern lag der Anteil mit 93 % nur unwesentlich niedriger. Und auch bei der Frage, ob man bereit sei, aus eigenem Antrieb, d. h. aus persönlichem Interesse und ohne ein Angebot und die Unterstützung des derzeitigen Arbeitgebers, ins Ausland zu gehen, entsprachen sich die beiden Gruppen in ihrem Antwortverhalten: 38 % der Befragten aus dem Westen und 36 % der ostdeutschen Befragten beantworteten diese Frage mit „Ja".

Übereinstimmungen zwischen gewerblich-technischen Arbeitnehmern in Ost und in West zeigten sich schließlich auch bei der Frage, unter welchen Bedingungen Arbeitnehmer *allgemein* bereit wären, eine Stelle im Ausland anzunehmen.

Alte Bundesländer	Neue Bundesländer
1. Finanzielle Besserstellung (57 %)	1. Finanzielle Besserstellung (63 %)
2. Kurze/befristete Einsätze (53 %)	2. Kurze/befristete Einsätze (60 %)
3. Verknüpft mit beruflichem Aufstieg (43 %)	3. Rückkehrgarantie des Arbeitgebers (43 %)
4. Wenn die Familie mitgeht (41 %)	4. Wenn die Familie mitgeht (25 %)
5. Rückkehrgarantie des Arbeitgebers (33 %)	5. Verknüpft mit beruflichem Aufstieg (25 %)

Zusammenfassend läßt sich also sagen, daß – zumindest bezogen auf die Beschäftigten im gewerblich-technischen Bereich – ein Vergleich zwischen den alten und den neuen Bundesländern weit mehr Gemeinsamkeiten als Unterschiede hinsichtlich internationaler Tätigkeiten und Erfahrungen zutage fördert: Sowohl was die berufliche und räumliche Mobilität als auch was die Intensität der internationalen Tätigkeiten anbelangt, entsprechen sich die Angehörigen der beiden Gruppen in ihren Angaben. Die Mobilitätsbereitschaft ist unter westdeutschen Arbeitnehmern nur um ein geringes höher als unter den ostdeutschen, die Auslandseinsätze sind im Westen um weniges länger als im Osten. Und auch bei Einschätzungen – etwa in bezug auf den künftigen Fremdsprachenbedarf am Arbeitsplatz oder die Bedingungen, unter denen Arbeitnehmer eine Auslandsstelle annehmen würden – unterscheiden sich die beiden Gruppen nicht wesentlich voneinander.

Zum Teil erhebliche Diskrepanzen zeigen sich jedoch bei den Fragen, die mit Fremdsprachenkompetenz und Fremdsprachenbedarf am Arbeitsplatz zu tun haben. Dies beginnt mit fremdsprachlichen Fachbegriffen am Arbeitsplatz, die unter den ostdeutschen Befragten eine weit geringere Rolle spielen als bei ihren westdeutschen Kollegen. Der gegenwärtige Kenntnisstand liegt – da sich beim Thema „Sprachkompetenz" fast alles um Englisch dreht – bei den Befragten aus den alten Bundesländern verständlicherweise höher als bei denen aus den neuen Bundesländern. Schließlich ist der Weiterbildungsbedarf an Fremdsprachenkenntnissen in Ostdeutschland stärker vorhanden als in Westdeutschland.

3.3.10 Zusammenfassung

Betrachtet man die erhobenen Daten noch einmal im Überblick, werden einige „typische" Merkmale und Voraussetzungen „internationaler Qualifikationen" erkennbar, die sich zwar nicht für alle Branchen und alle Beschäftigungsfelder verallgemeinern lassen, aber doch Auskunft etwa über das Qualifikationsniveau, die Mobilitätsbereitschaft und auch -fähigkeit sowie über spezifische Dimensionen internationalen Handelns bei Facharbeitern und Fachangestellten in den von uns ausgewählten Berufen und Berufsfeldern zu geben vermögen.

Obwohl als Teilnahmekriterium für die Befragung nur eine der beiden Voraussetzungen „Fremdsprachenbedarf am Arbeitsplatz" und „Auslandserfahrung" erforderlich war, erfüllte die Mehrzahl der Probanden beide Bedingungen – und zwar auf einem erstaunlich hohen Niveau, sowohl was die Anzahl und den Grad der Beherrschung verschiedener Fremdsprachen anbelangt als auch hinsichtlich der Häufigkeit und der Dauer des Einsatzes im Ausland. Es handelt sich also um eine sehr mobile Gruppe von Arbeitnehmern, die – neben einer sehr ausgeprägten Mobilitäts*bereitschaft* – zwei wesentliche Voraussetzungen für eine Mobilitäts*fähigkeit* erfüllen: Fremdsprachenkenntnisse, insbesondere in Englisch als *lingua franca* der Geschäftswelt, und berufliche Erfahrung im Ausland.

Zwei weitere Voraussetzungen für die Mobilitätsfähigkeit international tätiger Facharbeiter und Fachangestellter werden durch das Lebensalter und die familiäre Situation der Probanden erfüllt. So sind über die Hälfte der Befragten jünger als 35 Jahre, und fast 60 % der Befragten gaben an, keine Kinder zu haben.

Beim Zugang zu internationalen Tätigkeitsfeldern scheinen Frauen benachteiligt zu werden. Insgesamt unterrepräsentiert, schwindet ihr Anteil weiter, sobald Auslandsreisen ins Spiel kommen. Die „internationalen" Tätigkeiten werden von dieser Gruppe also in der Hauptsache im Inland ausgeübt. Ferner läßt sich sagen, daß Frauen mit internationalen Bezügen in der beruflichen Tätigkeit deutlich jünger und familiär ungebundener (kinderlos und ohne Partner) sind als ihre männlichen Kollegen. Bei der Einstellung werden von ihnen häufiger Fremdsprachenkenntnisse gefordert als von den Männern – die dafür öfter einmal zu einem Sprachkurs ins Ausland geschickt werden.

Die international tätigen Fachkräfte verfügen über ein verhältnismäßig hohes schulisches Bildungsniveau. Die Schule ist auch der haupt-

sächliche Ort gewesen, an dem die später für die Berufsausübung benötigten Fremdsprachenkenntnisse erworben wurden, die dann über Auslandsaufenthalte und in der Freizeit erweitert und vertieft worden sind.
Die berufliche Weiterbildung spielt nur eine untergeordnete Rolle.

Überhaupt scheinen die Unternehmen bei diesem Personenkreis davon auszugehen, daß ausreichende Fremdsprachenkenntnisse vorhanden
sind. So wurden bei der Einstellung als Auszubildender nur von einem
Fünftel explizit Fremdsprachenkenntnisse gefordert, eine Quote, die
sich bei der Einstellung nach Abschluß der Ausbildung zwar etwas erhöhte, aber immer noch weit unter der 50 %-Marke lag. Und schließlich
gab über die Hälfte der Befragten an, daß der eigene Betrieb nichts für
den Fremdsprachenerwerb getan hatte. Dementsprechend glaubt auch
nur etwa jeder Zehnte, daß eine Bescheinigung über den Besuch eines
Fremdsprachenkurses den Aufstieg im Unternehmen erleichtern würde.

Diese eher passive Haltung der Arbeitgeber hinsichtlich der innerbetrieblichen Förderung von Fremdsprachenkompetenz könnte sich möglicherweise schon bald zum Nachteil der Unternehmen entwickeln. Denn
nach Einschätzung der Befragten wird der Fremdsprachenbedarf am
Arbeitsplatz zunehmen, und zwar insbesondere in Englisch, aber auch in
Französisch, Spanisch und Russisch. Vor diesem Hintergrund ist es deshalb auch nicht verwunderlich, daß nahezu drei Viertel derjenigen, die
Fremdsprachenkenntnisse am Arbeitsplatz benötigen, einen Weiterbildungsbedarf bei den vorhandenen Kenntnissen anmelden bzw. gern eine
weitere Sprache hinzulernen würden. Geht man davon aus, daß die Prognose eines sowohl in der Breite als auch in der Tiefe zunehmenden
Fremdsprachenbedarfs richtig ist – und vieles spricht dafür –, könnte es
also eines nicht fernen Tages geschehen, daß angestrebte internationale
geschäftliche Aktivitäten deshalb scheitern, weil das Unternehmen nicht
über das dafür benötigte „Sprachpolster" verfügt.

Was die Auslandserfahrung anbetrifft, so wurde der beruflich bedingte Aufenthalt in einem anderen Land fast durchweg positiv bewertet, und zwar weniger für das berufliche Weiterkommen als vielmehr für
die Persönlichkeitsbildung. Bei einem Zehntel der Befragten hatte der
Auslandsaufenthalt mobilitätsfördernd in dem Sinne gewirkt, daß sie
nach der Rückkehr ihren Arbeitsplatz wechselten. Insgesamt hängt die
Bereitschaft zur Aufnahme einer Auslandstätigkeit von drei Faktoren
ab: erstens von der Kürze des Einsatzes und der Arbeitsplatzsicherheit
zu Hause, zweitens von der Möglichkeit, die Familie mitzunehmen, und
drittens von finanziellen und beruflichen Vorteilen bei Annahme einer
solchen Stelle.

Soviel zu den Charakteristiken, die die Gesamtstichprobe im Zusammenhang mit „internationalen Qualifikationen" bzw. „internationalen Tätigkeiten" aufweist. Auf eine Einschränkung sei in diesem Zusammenhang noch einmal hingewiesen: die großen Disparitäten zwischen der Gruppe der gewerblich-technischen Arbeitnehmer und den Angehörigen der kaufmännisch-verwaltenden Berufe, die in der Beschreibung der Gesamtstichprobe bereits des öfteren zur Sprache gekommen sind. Um hier etwas mehr Klarheit über die Unterschiede und Gemeinsamkeiten hinsichtlich „internationaler Qualifikationen" bzw. „internationaler Tätigkeiten" in diesen beiden Bereichen zu gewinnen, sollen im folgenden die gewerblich-technischen Berufe getrennt von den kaufmännisch-verwaltenden einer näheren Betrachtung unterzogen werden.

3.4 „Internationale Qualifikationen" in ausgewählten Berufen und Berufsfeldern

Wie bereits bei der Betrachtung der Gesamtstichprobe deutlich wurde, gibt es nicht nur starke Unterschiede zwischen dem gewerblich-technischen und dem kaufmännisch-verwaltenden Bereich, sondern auch auch innerhalb der kaufmännisch-verwaltenden Berufe und Berufsfelder selbst. In vielerlei Hinsicht besonders interessant sind die Hotel- und Gaststättenberufe. Des weiteren werden die Büroberufe (Kaufleute für Bürokommunikation/Sekretariatstätigkeiten und Industriekaufleute), die Bankkaufleute und die Verkehrs- und Handelsberufe (Groß- und Außenhandelskaufleute, Speditionskaufleute/Reiseverkehrskaufleute) einer genaueren Betrachtung unterzogen.

Interessant wäre es sicherlich auch gewesen, sich das Profil internationaler Tätigkeiten in einer Branche anzusehen, bei der man nur bedingt von einer Internationalisierung der Geschäftsabläufe sprechen kann, bei der es jedoch punktuell und tendenziell durchaus einen Bedarf an „internationalen Qualifikationen" geben könnte. Die Untersuchung der Tätigkeitsprofile in einer solchen Branche hätte, als Kontrast zu den traditionell „internationaleren" Wirtschaftszweigen und Berufen, Aufschluß über möglicherweise neue Anforderungen an entsprechende Qualifikationen im Rahmen des beruflichen Anforderungsprofils geben können. Als eine solche „Kontrastgruppe" sollten Beschäftigte im Einzelhandel fungieren, deren berufliche Tätigkeit internationale Aufgaben, etwa den Umgang mit ausländischen Kunden in Ballungszentren oder in Grenznähe, einschließt. Leider konnten bei vertretbarem Aufwand nur 28 Personen aus dieser Branche für die Befragung gewonnen werden – zuwenig, um gesicherte Aussagen machen zu können, doch zuviel, um diese Gruppe gänzlich zu übergehen. Aus diesem Grund sollen am Schluß dieses Kapitels einige Ausführungen zu den internationalen Tätigkeiten im Einzelhandel gemacht werden.

3.4.1 Teilgruppe I: der gewerblich-technische Bereich

Insgesamt wurden 168 Personen aus dem gewerblich-technischen Bereich befragt, das entspricht 35 % der Gesamtpopulation. Für die Auswertung im gewerblich-technischen Bereich wollen wir uns allerdings auf die Gruppe der Metall- und Elektroberufe beschränken und die sonstigen gewerblich-technischen Berufe ausschließen. Diese Entscheidung begründet sich daraus, daß die Gruppe der „sonstigen gewerblich-technischen Berufe" ein zu weites Berufsspektrum umfaßt, um sie unter einheitlichen Kriterien sinnvoll auswerten zu können. Die Gruppe der Metall- und Elektroberufe umfaßt insgesamt 137 Personen, die hier in die Auswertung einbezogen werden. Erwartungsgemäß ist die Gruppe der gewerblich-technischen Berufe ganz überwiegend männlich besetzt, nur insgesamt vier der einbezogenen Probanden sind weiblich.

Die Mehrheit der Befragten arbeitet in zwei Branchen: der Maschinenbauindustrie und der Automobilindustrie, wobei die Unternehmen mit mehr als 1.000 Beschäftigten überwiegen. Im Bereich der gewerblich-technischen Berufe ist das Charakteristikum für die Internationalität der Unternehmen, daß sie ausländische Tochtergesellschaften haben. Dies gilt für die Unternehmen von 63 % der Probanden aus den Metallberufen und 68 % der Probanden aus den Elektroberufen. Nur 16 % respektive 22 % haben eine ausländische Muttergesellschaft. In beiden Berufsgruppen gaben 64 % an, daß die Internationalität sich darin zeigt, daß ihr Unternehmen Aufträge im Ausland ausführt, und für immerhin noch 14 % bei den Metallberufen und 10 % bei den Elektroberufen ergab sich die Internationalität aus der grenznahen Lage des Unternehmens.

Im Metall- und Elektrobereich sind überwiegend Personen in einer höheren hierarchischen Position in die Untersuchungsgruppe einbezogen worden. Ein gutes Viertel der Befragten in beiden Berufsgruppen gab an, daß es als Angestellte mit „selbständigen" Leistungen arbeite, und die Rubrik der „einfachen Tätigkeit" war gar nicht besetzt. Insofern bestätigt sich auch bei den gewerblich-technischen Berufen, daß eher Personen, die bereits in der betrieblichen Hierarchie aufgestiegen sind, auch mit internationalen Tätigkeiten betraut werden.

Die Verdienstspanne der in den Metall- und Elektroberufen Befragten reicht in den alten Bundesländern von 3.000,- DM bis zu einem Verdienst von 7.000,- DM (hier ist allerdings zu berücksichtigen, daß insgesamt ca. ein Drittel der Befragten zu dieser Frage die Antwort verweigert hat). In den neuen Bundesländern dagegen reicht sie von 1.000,- DM bis zu 5.000,- DM, so daß der Verdienst in den gewerblich-technischen Berufen in den neuen Bundesländern doch noch eindeutig niedriger ist.

Vom schulischen Qualifikationsniveau her unterscheiden sich die gewerblich-technischen Berufe deutlich von den anderen einbezogenen Berufsgruppen. Gut ein Drittel in der Gruppe der Metallberufe hat den Hauptschulabschluß, bei den Elektroberufen ist es entsprechend der Einstellpraxis der Betriebe „nur" gut ein Fünftel. Bei den einbezogenen Personen aus den neuen Bundesländern haben immerhin 16 bzw. 9 % den Abschluß der polytechnischen Oberschule. 15 % bei den Metallberufen und 4 % bei den Elektroberufen besitzen das Abitur, die mittlere Reife haben 23 % bei den Metallberufen und 36 % bei den Elektroberufen. Dominierend in diesen Berufsgruppen ist also der Hauptschulabschluß oder ein mittlerer Bildungsabschluß.

94 % der in Metallberufen und 90 % der in den Elektroberufen Arbeitenden haben eine duale Ausbildung absolviert. Nach der Ausbildung hat ein Drittel der Metaller eine Meister- oder Technikerausbildung gemacht, aber nur 16 % der in Elektroberufen Arbeitenden. Zusätzlich haben immerhin 25 % der Metaller und 16 % der Elektroberufe noch einen Hochschul- oder Fachhochschulabschluß erworben. Das heißt, daß ein sehr großer Anteil der in diesen Berufen Befragten eine Weiterbildungskarriere auf der Grundlage der dualen Berufsausbildung hinter sich hat. Insofern bestätigt es sich, daß für die Übernahme einer internationalen Tätigkeit im gewerblich-technischen Bereich eine hohe Weiterbildungsmotivation offensichtlich nützlich bzw. in einigen Bereichen vielleicht sogar Voraussetzung ist.

Nach der Berufswahl gefragt, zeigt sich allerdings, daß internationale Aspekte so gut wie keine Rolle gespielt haben: nur acht Personen bei den Metallberufen und zwei Personen bei den Elektroberufen gaben in der Retrospektive über ihre Berufswahl an, daß der internationale Bezug ein wichtiges Kriterium für ihre Berufswahl war. Dagegen gaben erwartungsgemäß fast 90 % in beiden Berufsgruppen an, daß die technische Seite des Berufs ausschlaggebend für ihre Berufswahl war.

Im Vergleich zu anderen Berufsgruppen scheint die Flexibilität der Gruppe der gewerblich-technisch Beschäftigten nicht so hoch zu sein, denn immerhin 62 % der in Elektroberufen Beschäftigten und 49 % der in Metallberufen Beschäftigten sind noch im gleichen Unternehmen, in dem sie auch ausgebildet wurden, beschäftigt.

Das Tätigkeitsspektrum der in den Metall- und Elektroberufen Befragten umfaßt im wesentlichen „Anlagen/Maschinen bedienen, steuern und beschicken" mit 15 % respektive 16 %, und der „Wartung und Reparatur von Maschinen" mit 36 % bzw. 28 %. Interessanterweise geschieht dies häufig auf einem relativ hohen Niveau hinsichtlich der beruflichen Position, denn 32 % der Metaller und 30 % der Beschäftigten in Elektroberufen gaben als ein Tätigkeitsmerkmal „entscheiden, koordinieren und organisieren" an. Auch hier bestätigt sich das bereits bei den beruflichen Positionen gewonnene Ergebnis, daß Beschäftigte mit internationalen Aufgaben eher ab der mittleren Hierarchieebene in Unternehmen zu finden sind.

Auf die Frage nach den Veränderungen in der beruflichen Situation dominierte ganz eindeutig die Aussage, daß die fachlichen Anforderungen in den letzten Jahren gestiegen sind. 53 % bei den Metallberufen und 56 % bei den Elektroberufen gaben dies an. Diese Aussagen korrespondieren mit dem höheren Maß an Verantwortung, was die Tätigkeiten betrifft: 56 % der in Metallberufen Beschäftigten und 46 % der in den Elektroberufen Arbeitenden stimmten diesem Item zu. Daß die Tätigkeiten internationaler geworden seien, gaben knapp ein Viertel der Metaller an, aber nur ein Fünftel der in den Elektroberufen Beschäftigten. Die Bedeutung der „internationalen Anforderungen" als Ursache für Veränderungen in den beruflichen Anforderungen ist also geringer als der Zugewinn an fachlichen Anforderungen oder das größere Ausmaß an Verantwortung.

Obwohl in die Auswahl nur Probanden aufgenommen wurden, die in mindestens einer Hinsicht auch international tätig sind, gaben bei den Metallberufen 17 % und bei den Elektroberufen 28 % an, daß sie sich nicht mit internationalen Dingen befassen. Dies kann nur dadurch erklärt werden, daß der Begriff der internationalen Tätigkeit für einige nicht verständlich war und z. B., wie wir aus Gesprächen nach der Interviewsituation erfuhren, ein Auslandseinsatz zur Montage gar nicht als „internationale Tätigkeit" wahrgenommen wurde, weil die Arbeit die „gleiche" sei wie im Inland.

Bezüglich der Häufigkeit, in der diese beiden Gruppen sich mit internationalen Dingen befassen, ergab sich folgendes Bild: Gut ein Viertel bei den Metallberufen und knapp ein Viertel bei den Elektroberufen befaßt sich täglich mit internationalen Dingen. Ein Fünftel in beiden Berufsgruppen tut dies mehrmals in der Woche, und mehrmals im Monat kommt dies bei den Metallberufen zu 29 % vor, bei den Elektroberufen dagegen zu 46 % vor. Die restlichen Befragten befassen sich dagegen selten mit internationalen Dingen.

Hinsichtlich der Bedeutung der fremdsprachlichen Fachbegriffe gibt es eine erhebliche Differenz zwischen den Metallberufen und den Elektroberufen. Während bei den Metallberufen 38 % angaben, daß fremdsprachliche Fachbegriffe eine große Rolle spielen, waren dies bei den Elektroberufen 58 %. Im Elektrobereich scheint also die Verwendung von fremdsprachlichen Fachbegriffen weiter vorangeschritten zu sein als im Metallbereich. Nimmt man allerdings die Kategorie „hin und wieder" hinzu, so zeigt sich, daß in beiden Berufsbereichen fremdsprachliche Begriffe von großer Bedeutung sind: bei den Metallberufen zu 92 % und bei den Elektroberufen zu 98 %.

Trotz des im Vergleich zu den anderen Berufsgruppen deutlich niedrigeren allgemeinen Schulabschlußniveaus ist, nach den Angaben der Befragten, die Kenntnis einer Fremdsprache erstaunlich hoch: in beiden Berufsgruppen umfaßt sie knapp 90 %. Dabei gab auch der gleiche Anteil an, daß das Beherrschen einer Fremdsprache für die Ausübung des Berufes nützlich wäre.

Gegliedert nach den verschiedenen Dimensionen von Fremdsprachenkompetenz ergibt sich folgendes Bild: Lesen und Verstehen können 81 % (Metallberufe) und 96 % (Elektroberufe) die englische Sprache; 12 % (Metall) und 28 % (Elektro) die französische Sprache und, was für uns überraschend war und sicher mit der Auswahl der Betriebe zusammenhängt, immerhin noch 16 % der in Elektroberufen arbeitenden Probanden versteht die spanische Sprache. Beim aktiven Sprechen sinken die Prozentzahlen etwas: Englisch sprechen können 74 % (Metall) und 76 % (Elektro), beim Französischen fallen die Prozentwerte auf 13 % respektive 16 %, und Spanisch sprechen können nur 6 % beziehungsweise 9 %.

Die Hälfte aller Metaller und knapp drei Viertel aller Befragten aus den Elektroberufen gab an, auch Englisch schreiben zu können. Bei allen drei anderen Sprachen sinken die Zahlen rapide: Französisch schreiben können nur noch 1 % aus den Metallberufen und 13 % aus den

Elektroberufen, beim Spanischen sind es nur noch 3 bzw. 4 %. Wie bei
allen einbezogenen Berufsgruppen sinken also die Fähigkeiten im
fremdsprachlichen Bereich mit der Zunahme des Schwierigkeitsgrades,
und es gibt eine eindeutige Dominanz von Kenntnissen der englischen
Sprache. Die Sprachkenntnisse sind bei den Mitarbeitern aus den Elektroberufen dabei höher als bei den Metallberufen, was unter anderem
sicherlich auch der Tatsache geschuldet ist, daß das schulische Vorbil-
dungsniveau bei den Angehörigen von Elektroberufen etwas höher liegt
als bei den Metallberufen.

Die Mehrheit der Befragten hat ihre Sprachkenntnisse in der allgemeinbildenden Schule erworben, dies trifft für 72 % der Beschäftigten in
den Metallberufen und für 84 % derer aus den Elektroberufen zu. Reiht
man die angegebenen Lernorte nach der Häufigkeit, so ergibt sich, daß
danach der Auslandsaufenthalt der zweitwichtigste Lernort für den
Fremdsprachenerwerb war. 44 % aus den Metallberufen und 47 % aus
den Elektroberufen gaben dies an. Dazu kommen 24 % bzw. 38 %, die
angaben, daß sie die Fremdsprache während der Arbeit gelernt haben,
und, im Vergleich zu anderen Berufsgruppen erstaunlich, ein Fünftel bei
den Metallberufen und ein gutes Viertel bei den Elektroberufen haben
ihre Sprachkenntnisse in einer betrieblichen Weiterbildung erworben
oder weiterentwickelt. Auch in diesen beiden Berufsgruppen gibt es eine
nicht unerhebliche Gruppe, die ihre Freizeit in die Verbesserung der
Fremdsprachenkenntnisse investiert: 32 % aus den Metallberufen und
29 % aus den Elektroberufen haben an entsprechenden Kursen teilgenommen.

Auf die Frage nach dem Ort, wo Fremdsprachen erworben werden
sollten, gibt es nach der Häufigkeit eine eindeutige Priorität für die Berufsschule: 41 % der Metaller und 35 % der Angehörigen der Elektroberufe sprachen sich dafür aus. Als zweites folgte die Option für die betriebliche Weiterbildung, und erst danach sprachen sich 20 bzw. 19 % für
den Auslandaufenthalt aus. Die Arbeit selbst als Lernort zum Erwerb
von Fremdsprachenkenntnissen oder die Freizeitmöglichkeiten wurden
nur von vereinzelten Befragten als gewünschte Möglichkeiten genannt.

Für die Einstellung auf einen Ausbildungsplatz scheinen in den Me-
tall- und Elektroberufen Fremdsprachenkenntnisse keine Relevanz zu
besitzen. Insgesamt nur bei drei der befragten Probanden waren solche
Kenntnisse erforderlich. Etwas anders stellt es sich bei der Einstellung
nach der Ausbildung dar: hier waren für jeweils ungefähr ein Fünftel
Fremdsprachenkenntnisse zur Einstellung erforderlich.

Betrachten wir nun, wie häufig Fremdsprachenkenntnisse im beruflichen Alltag nötig sind. Häufig oder sehr häufig benötigt knapp die Hälfte aller Befragten aus dem Metallbereich Englisch, und für 60 % gilt dies aus dem Elektrobereich. Alle anderen Sprachen fallen hier unter die 10 %-Marke, was noch einmal die Dominanz des Englischen in beruflichen Situationen klar verdeutlicht.

Die Angehörigen der beiden Berufsfelder artikulierten einen deutlichen Weiterbildungsbedarf: 67 % (Metall) und 57 % (Elektro) gaben an, daß sie einen Weiterbildungsbedarf sehen, der sich vor allem auf das aktive Sprechen bezieht. 17 % respektive 16 % würden gerne eine weitere Sprache lernen, so daß auch bei diesen Gruppen von einer relativ hohen Motivation für den Erwerb von Fremdsprachen ausgegangen werden kann. Dies bestätigt sich auch darin, daß 65 % der Metaller und 70 % aus den Elektroberufen bereit wären, auch in der Freizeit an einem Fremdsprachenkurs teilzunehmen.

Zwar gab auch bei diesen beiden Berufsgruppen ein großer Teil (bei den Metallberufen 62 % und bei den Elektroberufen 49 %) an, daß der Betrieb nichts für den Erwerb der Fremdsprachenkenntnisse getan hat, aber immerhin 32 % der Metaller und 41 % der Beschäftigten aus den Elektroberufen haben auf Veranlassung des Betriebs an einem Kurs im Inland oder Ausland teilgenommen. Dabei bezogen sich die rückblickenden Verbesserungsvorschläge insbesondere auf die Dauer des Kurses (zu kurz) und die Vernachlässigung des aktiven Sprechens während der Weiterbildung.

Für ein Viertel der Probanden aus dem Metallbereich und für ein Drittel aus dem Elektrobereich hat die Zertifizierung von Fremdsprachenkursen keine Bedeutung, die anderen Nennungen verteilen sich in der Reihenfolge der Häufigkeit auf „irgendwie wichtig" (22 % bzw. 31 %), Vorteil beim Arbeitsplatzwechsel (21 % bzw. 20 %), Erleichterung des Auslandaufenthaltes (16 % bzw. 9 %), Erleichterung des Aufstiegs (15 % bzw. 7 %).

Neben den Fremdsprachenkenntnissen wurden an Qualifikationen mit internationalem Bezug vor allem die „Fähigkeit, mit ausländischen Partnern/Kollegen/Kunden auf einer gemeinsamen Ebene zu kommunizieren und zu kooperieren", genannt. Dies gaben 55 % der Metaller und 60 % der Mitarbeiter aus den Elektroberufen an. Gefolgt wurde diese Einschätzung mit 49 % bzw. 48 % von der Notwendigkeit, ausländische Normen und Standards kennen zu müssen. Jeweils 44 % hielten es für wichtig, Kenntnisse über fremde Kulturen haben zu müssen, um erfolgreich international tätig sein zu können. Auch das Item „Fähigkeit, über die eigenen Grenzen hinaus zu denken und zu handeln" erhielt mit 31 % bzw. 42 % noch eine relativ hohe Zustimmung. Nur eine Minderheit hat aber in diesen Bereichen von ihrem Unternehmen eine Weiterbildung erhalten: 26 % bei den Metallberufen und 20 % bei den Elektroberufen.

Die Mehrheit hielt diese Fähigkeiten durchaus für gezielt vermittelbar, und zwar die meisten durch einen Auslandsaufenthalt während der Berufstätigkeit, während die Berufsschule eher selten genannt wurde. (18 % bzw. 12 %).

Nur einzelne Befragte würden an den Auslandsaufenthalt keine Bedingungen knüpfen. Die wichtigste Bedingung für die meisten wäre, daß es sich um befristete Aufenthalte handeln würde, dies gaben 74 % der Befragten aus dem Metallbereich und 69 % der Probanden aus den Elektroberufen an. Bei der Nennung zum Item „Wenn ich von meinem Arbeitgeber eine Rückkehrgarantie bekäme" unterscheiden sich die beiden Berufsgruppen deutlich: 64 % der Metaller, aber nur 43 % der Befragten aus den Elektroberufen gaben dies an. Ungefähr gleich wichtig war in beiden Berufsgruppen, daß die Familie mitgehen könnte, dies gaben 59 % respektive 52 % an. Bei den Metall- und Elektroberufen war die finanzielle Verbesserung darüber hinaus eine wichtige Bedingung für die Annahme einer Auslandsentsendung durch das Unternehmen (46 % bzw. 57 %).

Diese Bedingungen knüpften sich dabei für die Mehrheit der Befragten an die Erfahrung, die sie bereits bei einem oder mehreren Auslandsaufenthalten gemacht hatten. Insgesamt 88 % der Metaller und 74 % aus dem Elektrobereich waren bereits ein- oder mehrmals im Ausland. Nur 23 % der Befragten waren noch nie beruflich im Ausland.

Für knapp die Hälfte aus beiden Berufsgruppen handelte es sich bei den Auslandseinsätzen um eine Montagetätigkeit, für die andere Hälfte um technische Serviceleistungen im Ausland oder um Experteneinsätze. Dabei haben 14 % bzw. 16 % Managementaufgaben übernommen. Knapp drei Viertel der Auslandseinsätze kamen jeweils auf Vorschlag des Vorgesetzten und bei den Metallberufen zu 24 % und den Elektroberufen zu 19 % durch eigene Bemühungen zustande.

Die Dauer des Auslandsaufenthaltes ist in der Regel bei beiden Berufsgruppen relativ kurz. Bei den Befragten aus dem Metallbereich gaben 72 % und aus dem Elektrobereich 92 % an, daß der Auslandsaufenthalt kürzer als ein halbes Jahr war. Nur 14 % (Metall) und 8 %

(Elektro) blickten auf einen Auslandsaufenthalt von ein bis fünf Jahren zurück.

Die Erfahrungen mit dem Auslandsaufenthalt wurden überwiegend positiv bewertet, und zwar in beruflicher wie auch persönlicher Hinsicht. Zwar erreichten nur wenige (12 % bzw. 6 %) eine bessere berufliche Position nach einem Auslandsaufenthalt, aber 40 % bzw. 34 % beurteilten den Aufenthalt positiv. Etwas über die Hälfte hatte den Aufenthalt als eine interessante persönliche Bereicherung empfunden.

Eine große Gruppe der Befragten ist auf den Auslandsaufenthalt nicht vorbereitet worden (45 % der Probanden aus den Metallberufen und 46 % aus den Elektroberufen). Damit wurden diese Berufsgruppen am wenigsten auf den Auslandseinsatz vorbereitet. Insofern ist es auch nicht verwunderlich, daß bei den gewerblich-technischen Berufen am häufigsten der Wunsch nach einer Verbesserung der Vorbereitung angegeben wurde (44 % bzw. 34 %). Die wichtigste Vorbereitung bestand bei beiden Berufsgruppen in einem Gespräch mit Kollegen, die bereits vorher im Ausland eingesetzt waren. Einen Sprachkurs konnten 10 % der Befragten aus den Metallberufen und immerhin 22 % aus den Elektroberufen vorher besuchen.

Angesichts der überwiegend kurzen Aufenthaltsdauer im Ausland ist es nicht verwunderlich, daß jeweils über 90 % angaben, daß sie bei ihrer Rückkehr keine Schwierigkeiten hatten, sich wieder in ihren Arbeitsplatz einzufinden.

Die Einschätzung über die Mobilitätsbereitschaft der Kollegen im allgemeinen steigt mit der betrieblichen Hierarchie der vorgegebenen Berufspositionen – mit einer Ausnahme: den Meistern. Beim mittleren Management war sie mit 31 % bzw. 43 % am höchsten, bei den Facharbeitern dagegen wurde nur zu 11 % (Metall) und 6 % (Elektro) davon ausgegangen, daß hier eine hohe Mobilitätsbereitschaft vorhanden sei.

Die Einschätzung über die Bedingungen für einen Auslandsaufenthalt bei den Kollegen war dabei den für sich selbst formulierten Anforderungen sehr ähnlich. Die meisten Zustimmungen erhielten die Items „kurze Auslandseinsätze" mit 59 % bzw. 60 % und die „finanzielle Besserstellung" mit 55 % bzw. 68 %. Als wichtig wurde darüber hinaus angesehen, daß die Familie mitgeht und daß der Arbeitgeber eine Rückkehrgarantie gibt.

In beiden Berufsgruppen gaben alle Befragten an, daß sie den Eindruck hätten, die internationalen Aktivitäten ihres Unternehmens hätten zugenommen. Ebenso nahm die Mehrheit an, daß der Bedarf an Englisch noch steigen werde. Fast die Hälfte ging dabei sogar von einer starken Zunahme aus. Für alle anderen Sprachen fielen diese Einschätzungen über den zunehmenden Bedarf nur sehr gering aus.

Die Kenntnisse über die europäischen Programme im Bereich der beruflichen Bildung waren bei den gewerblich-technischen Beschäftigten sehr gering. Nur insgesamt acht Personen aus dem Sample der gewerblich-technischen Berufe gaben an, diese Maßnahmen zu kennen.

Fast die Hälfte der Befragten ging davon aus, daß die Berufsausbildung, die sie selbst gemacht hatten, auch in der EU anerkannt sei. Diese Einschätzung beruht sicherlich auf der Erfahrung, daß sie bisher im Ausland als Experten arbeiten konnten. Die Mehrheit würde die Anerkennung der Berufe auch begrüßen, ein Drittel, wenn sie den Standards der deutschen Berufsausbildung entsprechen würde, und gut ein weiteres Drittel, wenn die Berufsbilder überall gleich wären.

3.4.2 Teilgruppe II: der kaufmännisch-verwaltende und Dienstleistungsbereich

3.4.2.1 Hotel- und Gaststättenberufe

Im Bereich der Hotels und Gaststätten konnten insgesamt 71 Personen befragt werden, die aus verschiedenen Berufsgruppen kamen. Die größte Gruppe ist dabei die der Hotelfachleute mit 52 % (N = 44), gefolgt von den Köchen bzw. Küchenmeistern mit 20 % (N = 13) und den Restaurantfachleuten mit 14 % (N = 9). Die übrigen (N = 8) sind eher den verwaltungsmäßigen Dienstleistungen im Hotelsektor zuzuordnen.

Die Mehrheit der befragten Personen ist weiblich. Mit 89 % ist der Anteil der Deutschen in der Gesamtgruppe sehr hoch, was in dieser Branche noch einmal verdeutlicht, daß es vor allem die in höheren Positionen Beschäftigten sind, die an der Befragung teilgenommen haben.

Das Durchschnittsalter der Gruppe beträgt 30,8 Jahre, wobei der Schwerpunkt der einbezogenen Befragten allerdings mit 52 % bei den unter Dreißigjährigen liegt. Gemessen an der Altersverteilung im Gesamtsample sind die Hotel- und Gaststättenbeschäftigten die jüngste Beschäftigtengruppe.

84 % der Hotel- und Gaststättenbeschäftigten haben keine Kinder; damit liegt die Kinderlosigkeit in dieser Gruppe weit über der im Gesamtsample (58 %), was sicherlich auch mit dem geringeren Durch-

schnittsalter korrespondiert. Gut zwei Drittel der Befragten leben mit einem Partner zusammen, wobei der Partner in der Regel ebenfalls berufstätig ist.

Die größte Gruppe der im Hotel- und Gaststättenbereich Beschäftigten (46 %) ordnete sich bei der Frage nach ihrer beruflichen Stellung in die oberste Angestelltenkategorie („Angestellter, der selbständig Leistungen in verantwortungsvoller Tätigkeit erbringt oder begrenzte Verantwortung für die Tätigkeiten anderer trägt") ein, und 39 % definierten ihre Arbeit als Übernahme schwieriger Aufgaben. Der ganze Bereich der unteren Dienstleistungsfunktionen (Reinigungspersonal und Hilfskräfte, z. B. in der Küche) wurde aufgrund der Auswahlkriterien nicht einbezogen. Die Verdienstspanne reicht von 2.000,- DM bis hin zu über 8.000,- DM, wobei der Schwerpunkt bei der Gruppe liegt, die zwischen 3.000,- DM und 4.500,- DM verdient. (40 %). Hierbei ist zu berücksichtigen, daß der niedrigste Verdienst von Frauen in Teilzeitbeschäftigung genannt wurde.

Das schulische Qualifikationsniveau ist bei dieser Gruppe relativ hoch: 45 % haben das Abitur und 37 % haben einen mittleren Bildungsabschluß. Mit 86 % hat der überwiegende Teil der Befragten nach dem Schulabschluß eine Ausbildung im Rahmen des dualen Systems absolviert, wobei ein großer Teil danach noch eine Weiterbildung an Fachschulen, Fachhochschulen oder Akademien durchlaufen hat. Damit ist das Qualifikationsniveau dieser Gruppe dem der Groß- und Außenhandelskaufleute sehr ähnlich (vgl. Kap. 3.4.2.4.).

Als Gründe für die Berufswahl gaben mehr als die Hälfte an, den Beruf gewählt zu haben, „weil er mit internationalen Dingen zu tun hat", d. h., für eine große Gruppe war die Internationalität bereits bei der Berufswahl ein wichtiges Kriterium der Entscheidung. Als häufigster Grund wurde allerdings mit 82 % der Umgang mit Menschen als ausschlaggebend für die Berufswahl genannt.

Das von den Probanden angekreuzte Tätigkeitsspektrum weist zwei Schwerpunkte auf: 46 % gaben als Schwerpunkt ihrer Tätigkeit „bewirten, servieren und beherbergen" an und 37 % „Schreibarbeiten/Schriftverkehr", häufig gekoppelt mit buchhalterischen Tätigkeiten. Als weiteres nennenswertes Tätigkeitsgebiet fällt noch „verkaufen, beraten und werben" ins Auge, das von 32 % der Befragten angegeben wurde. Wir haben es vom Tätigkeitsprofil her also mit zwei großen Gruppen zu tun, einmal den direkt auf den Gast bezogenen Aufgaben und zum anderen den verwaltungsbezogenen Dienstleistungen im Hotelbereich, wobei sich an Hand der Mehrfachnennungen der unterschiedlichen Tätigkeiten deutlich zeigt, daß sich im Hotel- und Gaststättenbereich diese Tätigkeitsschwerpunkte auch in einer beruflichen Position vermischen können und nicht immer klar zu trennen sind.

Fremdsprachliche Begriffe spielen für insgesamt drei Viertel eine große und für weitere 23 % hin und wieder eine Rolle. Alle Befragten gaben an, Grundkenntnisse in einer Fremdsprache zu besitzen, wobei Kenntnisse in der englischen Sprache deutlich dominierten. Allerdings ist auch der Anteil der Personen mit Französischkenntnissen im Vergleich zum Gesamtsample mit 77 % sehr hoch.

Schaubild 22:   Hotel- und Gaststättenberufe: Fremdsprachenkenntnisse

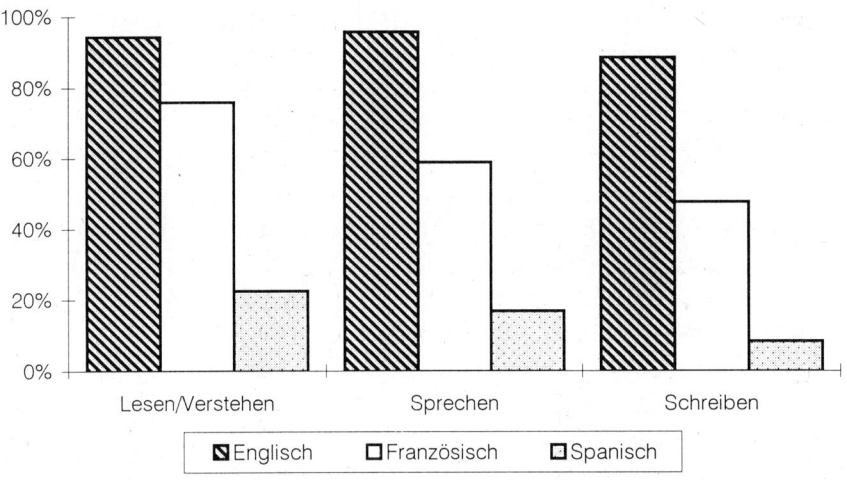

Quelle: BIBB-Projekt 1.2002, 1996

Auch nach den verschiedenen Dimensionen der Sprachfertigkeit gefragt, zeigt sich, wie in Schaubild 20 deutlich wird, daß der Anteil bei der englischen und französischen Sprache über alle Dimensionen hinweg relativ hoch bleibt. Bei den Beschäftigten im Hotel- und Gaststättenbereich handelt es sich offensichtlich um eine Gruppe, bei denen es auf relativ solide Sprachkenntnisse ankommt, allerdings auch hier wieder überwiegend in den gebräuchlicheren europäischen Sprachen. Zudem werden die Fremdsprachenkenntnisse auch tatsächlich häufig im Arbeitsalltag angewandt, denn insgesamt 84 % gaben an, daß sie täglich oder mehrmals in der Woche mit internationalen Dingen zu tun haben.

80 % benötigen dabei Englisch sehr häufig oder häufig, und für 33 % gilt dies für Französisch.

Dieses Ergebnis korrespondiert auch mit der Beantwortung der Frage nach den Fremdsprachenkenntnissen als Voraussetzung für die Einstellung als Auszubildende(r) oder nach der Ausbildung. Bei immerhin 42 % waren Fremdsprachenkenntnisse bei der Einstellung als Auszubildende(r) notwendig und bei 70 % bei der Einstellung nach der Ausbildung. Bei dieser Gruppe waren Kenntnisse in einer Fremdsprache bereits ein wichtiges Kriterium bei der Rekrutierung durch die Unternehmen.

Angesichts des großen Anteils an hohen und mittleren Schulabschlüssen verwundert es nicht, daß insgesamt 86 % angaben, die vorhandenen Fremdsprachenkenntnisse in der allgemeinbildenden Schule erworben zu haben. Erstaunlich aber ist, daß immerhin 62 % der Befragten ihre Fremdsprachenkenntnisse bei einem Auslandsaufenthalt erworben bzw. erweitert haben. Auch der Anteil derer, die in der Berufsausbildung Fremdsprachenkenntnisse vermittelt bekommen haben, erscheint uns mit 27 % im Vergleich zu den anderen Berufsgruppen noch relativ hoch. Die betriebliche Weiterbildung fällt auch hier wieder als Ort der Fremdsprachenvermittlung weit ab, nur 8 % haben ihre Kenntnisse durch Maßnahmen der betrieblichen Weiterbildung erwerben oder erweitern können. Etwas mehr als ein Drittel hat dagegen auch in der eigenen Freizeit seine Kenntnisse erweitert.

Trotz der bei dieser Gruppe ausgeprägten Fremdsprachenkenntnisse und der häufigen Verwendung der Sprachfertigkeiten wurde ein hoher Weiterbildungsbedarf angemeldet. Der Schwerpunkt des Weiterbildungsbedarfs wird mit drei Viertel der Nennungen im aktiven Sprechen gesehen. 93 % der Befragten gaben an, daß sie bereit wären, Fremdsprachenkenntnisse auch in der Freizeit zu erwerben. Allerdings mag dies auch der Tatsache geschuldet sein, daß in diesem Sektor die Betriebe von sich aus nicht in die Fremdsprachenkenntnisse ihrer Mitarbeiter/ -innen investieren. So verwiesen 85 % der Befragten darauf, daß der Betrieb nichts für den Erwerb ihrer Fremdsprachen getan hat. Aus der Beschäftigtenbefragung in dieser Branche bestätigt sich das durch die Betriebsfallstudien gewonnene Bild, daß die Betriebe eher auf bereits vorhandene Kenntnisse bei der Einstellung zurückgreifen, als daß sie selbst diese Qualifikationen erzeugen. Insofern überrascht es auch nicht, daß 79 % der Beschäftigten Wert auf eine Zertifizierung der Fremdsprachenkenntnisse legten, denn dies ist unter Berücksichtigung dieser Si-

tuation in der Branche möglicherweise als Nachweis bei einem Stellenwechsel von großer Bedeutung.

Was sind aber nun im Hotel- und Gaststättenbereich Verwendungssituationen von Fremdsprachenkenntnissen? Wie die Schaubilder 23 bis
26 zeigen, dominiert auch hier, wie bei den anderen Berufsgruppen, die
englische Sprache; allerdings – und dies hebt die Hotel- und Gaststättenberufe aus den anderen heraus – fällt zumindest das Französisch
nicht im gleichen Maße ab.

Schaubild 23:   Mündliche Verwendungssituationen der
                Fremdsprachenkenntnisse in den Hotel-
                und Gaststättenberufen

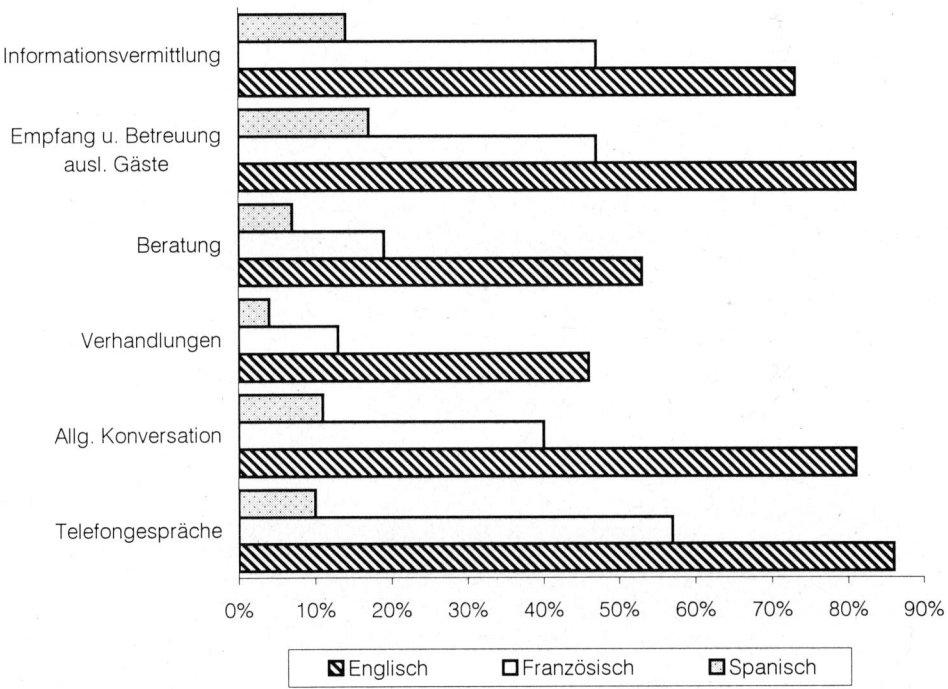

Quelle: BIBB-Projekt 1.2002, 1996

Schaubild 24:   Schriftliche Verwendungssituationen der
Fremdsprachenkenntnisse in den Hotel-
und Gaststättenberufen

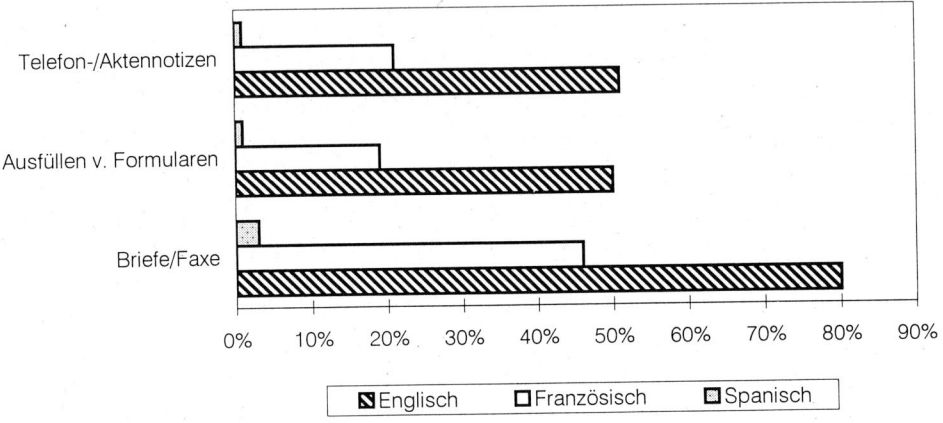

Quelle: BIBB-Projekt 1.2002, 1996

Schaubild 25:   Inhalte des fremdsprachigen Schriftverkehrs in den Hotel-
und Gaststättenberufen

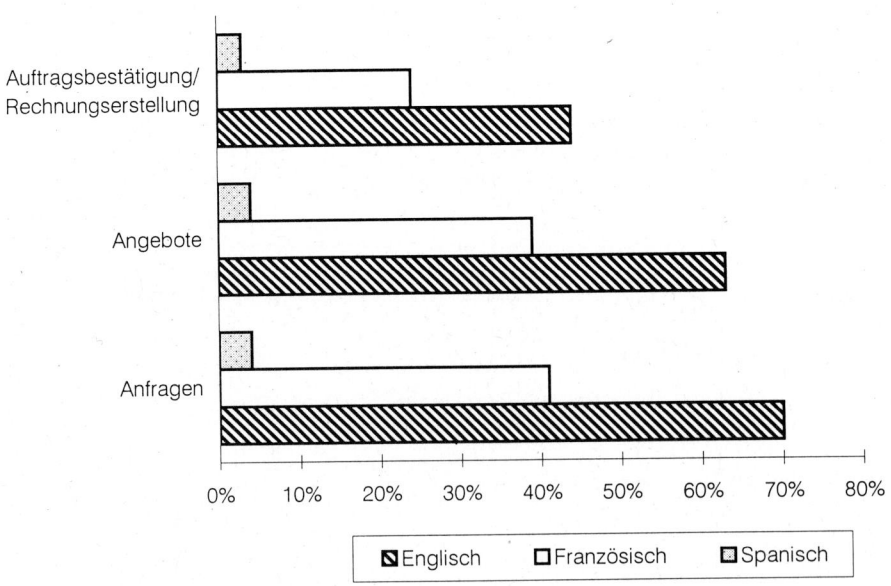

Quelle: BIBB-Projekt 1.2002, 1996

Schaubild 26:   Lesen fremdsprachiger berufsbezogener Texte in den Hotel-
und Gaststättenberufen

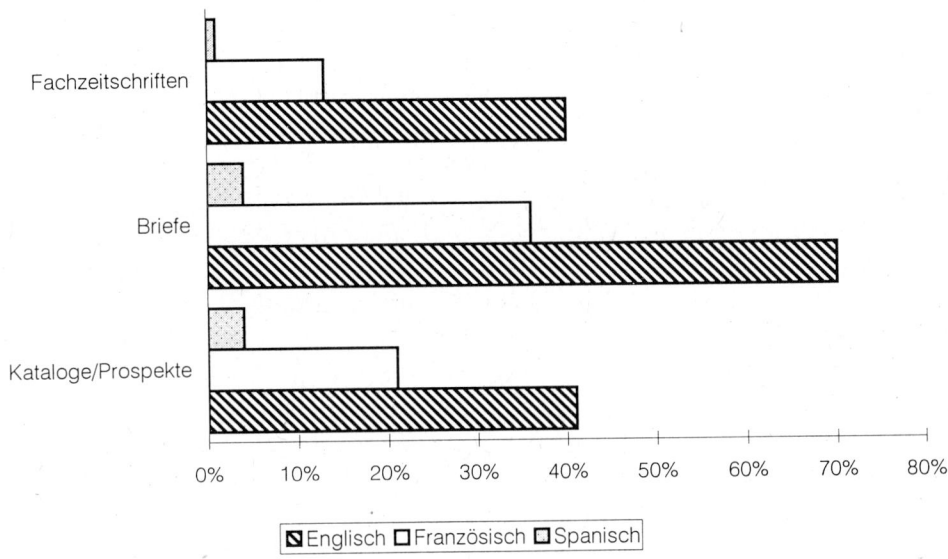

Quelle: BIBB-Projekt 1.2002, 1996

Im Bereich der mündlichen Verwendungssituationen bestehen Anforderungen an Fremdsprachenkenntnisse vor allem im direkten Kontakt mit
den Gästen, während die Bereiche der Beratung und Verhandlungen
nicht so relevant erscheinen. Inhaltlich fallen im Bereich der Hotel- und
Gaststättenberufe vor allem die Bearbeitung von Anfragen und das Erstellen von Angeboten an. Insofern ist das Lesen von Briefen am wichtigsten. Aber auch das Lesen von Fachzeitschriften und Katalogen oder
Prospekten hat mit etwas über 40 % der Nennungen noch ein großes
Gewicht.

Bei der Frage nach anderen Qualifikationen im internationalen Kontext wurden von dieser Gruppe insbesondere drei Bereiche angesprochen:

– die Fähigkeit der Kommunikation mit ausländischen Partnern
(59 %),
– Kenntnisse über fremde Kulturen (58 %) und
– die Fähigkeit, über die eigenen Grenzen hinaus denken zu können
(51 %).

Gegenüber den auf kommunikative Fähigkeiten ausgerichteten Qualifikationen fielen die anderen im Fragebogen vorgegebenen Kenntnisbereiche deutlich ab (Kenntnisse des ausländischen/internationalen Rechts (21 %), Kenntnisse internationaler Normen (33 %), Umgang mit internationalen Datenbanken (15 %)). Die Notwendigkeit, sich an die Änderung im internationalen Geschäft anzupassen, wurde allerdings auch von vielen der Probanden (49 %) betont. Auch bei den anderen „internationalen Qualifikationen" zeigt sich hinsichtlich der Weiterbildungangebote der Betriebe das gleiche Bild wie bei den Fremdsprachenkenntnissen: 87 % haben keinerlei Weiterbildung in diesem Bereich erhalten. Die Mehrheit der Befragten ging allerdings davon aus, daß solche Qualifikationen durchaus in der Berufsausbildung vermittelt werden könnten.

59 % der Probanden aus dem Hotel- und Gaststättenbereich gaben an, bereits einmal oder mehrmals im Ausland gewesen zu sein, wobei 52 % kürzere Auslandsaufenthalte bis zu einem Jahr mitgemacht haben und 48 % zwischen einem und mehr als fünf Jahren im Ausland waren. 46 % hatten die Auslandsstelle durch eigene Bemühungen bekommen, und nur 17 % gaben an, daß der Betrieb sie dorthin entsendet hat. Offensichtlich scheint es in dieser Branche für eine Vielzahl von Beschäftigten üblich zu sein, nach der Ausbildung auch für eine gewisse Zeit ins Ausland zu gehen, um ihre beruflichen Chancen zu verbessern.

Von den Betroffenen wurde der Auslandsaufenthalt eindeutig positiv bewertet. 85 % derer, die bereits im Ausland waren, betrachteten die gemachten Erfahrungen als positiv und wichtig für die eigene berufliche Entwicklung. Auch die persönliche Bereicherung wurde bei der Beurteilung zum Ausdruck gebracht. Nur zwei der Probanden gaben an, daß der Auslandsaufenthalt ihnen persönlich nichts gebracht habe. Diese positive Grundeinschätzung macht sich auch bemerkbar bei den Antworten auf die Frage nach den beruflichen Veränderungen nach der Rückkehr: 32 % haben bei der Rückkehr die Stelle gewechselt, und für 39 % war die Rückkehr nach Deutschland mit einem beruflichen Aufstieg verbunden.

Fast alle Befragten würden noch einmal ins Ausland gehen; auch dies bestätigt die positive Grundeinstellung zum Auslandsaufenthalt. Bei den formulierten Bedingungen stellten sich sehr klar drei Schwerpunkte heraus:

• Der Auslandsaufenthalt soll einen beruflichen Aufstieg bedeuten.

• Die Familie muß mitgehen.

• Die finanzielle Lage muß sich verbessern.

Auch diese Prioritätensetzung macht deutlich, daß es in der Hotelbranche offensichtlich noch üblich ist, sich über häufig selbstorganisierte Auslandsaufenthalte bessere Karrierechancen zu ermöglichen.

Die Gruppe würde zu einem hohen Anteil auf eigene Initiative hin noch einmal ins Ausland gehen. Insgesamt knapp die Hälfte aller Befragten würde dies tun, 23 % davon nur in Länder der Europäischen Union und 67 % auch außerhalb der EU. Bei dieser Gruppe, die aus eigener Initiative in Ausland gehen würde, ist die Priorität nicht beim Verdienst angesetzt; immerhin 66 % würden auch dann gehen, wenn der Verdienst gleichbliebe. Auch die Unterstützung beispielsweise bei der Wohnraumbeschaffung im Ausland durch den Arbeitgeber scheint nicht so wichtig zu sein, denn 71 % würden auch ohne diese Hilfe gehen.

Die Einschätzungen über die Mobilitätsbereitschaft anderer Beschäftigter aus der Branche sind nicht besonders hoch. Bei den Sachbearbeitern/-innen wurde zu 53 % geschätzt, daß hier nur eine geringe Mobilitätsbereitschaft vorhanden sei; beim mittleren Management allerdings (der Gruppe, der sich die meisten Befragten nach den angegebenen Tätigkeitsprofilen selbst zurechnen) sah dies ganz anders aus. 47 % vermuteten bei dieser Gruppe eine hohe Mobilitätsbereitschaft, und immerhin noch einmal 47 % schätzten diese als mittel ein. Die Bedingungen für einen Auslandseinsatz, die allgemein angenommen wurden, unterschieden sich dabei nicht von denen, die man für sich selbst angab: an erster Stelle stand der berufliche Aufstieg, an zweiter die Möglichkeit, daß die Familie mitgeht, und an dritter Stelle die finanzielle Besserstellung.

Nach dem Eindruck der Beschäftigten (63 %) haben sich die internationalen Aktivitäten im Hotel- und Gaststättenbereich in den letzten Jahren deutlich erhöht. Als Indiz wurde am häufigsten angegeben, daß Fremdsprachen wichtiger geworden sind (58 %). An zweiter Stelle wurde die Tatsache angeführt, daß das Unternehmen einen ausländischen Besitzer hat (39 %), was auf den Prozeß der stärkeren Konzentration auch internationaler Ketten im Hotelbereich zurückzuführen ist. An dritter Stelle folgte dann, daß mehr Mitarbeiter mit Fremdsprachenkenntnissen als früher eingestellt werden (33 %). Immerhin noch 28 % belegten ihren Eindruck von der Zunahme der internationalen Aktivitäten damit, daß der Aufstieg von den internationalen Kompetenzen abhängig ist. Dies korrespondiert auch mit den Angaben hinsichtlich der Bedingungen für einen Auslandseinsatz und der Häufigkeit der Auslandserfahrungen, die aus eigener Initiative gemacht wurden. Nach den

Beobachtungen der Beschäftigten hat sich die Hotelbranche in den letzten Jahren also verstärkt internationalisiert und stellt damit auch neue „internationale" Qualifikationsanforderungen an die Beschäftigten.

Die Frage, ob sich die Berufssausbildung angesichts der Internationalisierung ändern müßte, beantwortete ein knappes Drittel mit „ja", aber fast die Hälfte behauptet „nein", während der Rest unentschieden war.

Die europäischen Programme zur Förderung der Mobilität und der Berufsausbildung haben, so lassen unsere Ergebnisse vermuten, für diese Branche keine hohe Bedeutung. Nur eine(r) der Befragten kannte diese Programme, was darauf hindeutet, daß auch in Branchen, in denen die Mobilitätsbereitschaft einen hohen Stellenwert hat, die Fördermöglichkeiten aus Unkenntnis nicht genutzt werden.

Die Mehrheit der Probanden (75 %) glaubt, daß ihr Berufsabschluß innerhalb der Europäischen Union anerkannt ist. Dies ist sicherlich eher aus der Erfahrung begründet, daß es für einen großen Teil der Beschäftigten relativ einfach möglich erscheint, tatsächlich eine Stelle im Ausland zu finden, als durch exakte Kenntnisse über die gegenseitige Anerkennung der Berufsabschlüsse in der EU.

Zusammenfassend kann die Gruppe der Hotel- und Gaststättenberufe charakterisiert werden durch ein internationales Qualifikationsprofil, das sich durch hohe Fremdsprachenkompetenz auszeichnet, aber auch die Fähigkeit zu breiter gefaßter interkultureller Kompetenz zeigt. Mobilitätsbereitschaft und tatsächliche Mobilität sind stark ausgeprägt und scheinen ein wichtiges Kriterium für den Aufstieg in dieser Branche zu sein. Trotz der großen Bedeutung von internationalen Qualifikationen scheinen die Unternehmen in diesen Qualifikationsbereich wenig investieren zu müssen, denn die Weiterbildungsanstrengungen sind – nach den Angaben der Befragten – sehr gering. Möglich ist dies, weil die Beschäftigten eine große Motivation zeigen, auch in ihrer Freizeit Weiterbildungsmaßnahmen, insbesondere im Fremdsprachenbereich, zu absolvieren, und weil es sich um Beschäftigte handelt, die ein relativ hohes vorberufliches Qualifikationsniveau haben.

3.4.2.2   Büroberufe

Den „Büroberufen" wurden all jene Probanden zugeordnet, die entweder eine Lehre als Industriekaufmann/-frau bzw. Kaufmann/-frau für Bürokommunikation gemacht hatten oder die im Sekretariatsbereich arbeiteten und Ausbildungen etwa zum/zur (Fremdsprachen-)Sekretär/ -in, Fremdsprachenkorrespondenten/-in oder Stenotypisten/-in durchlaufen hatten. Die hauptsächlichen Branchen, aus denen die Befragten dieser Teilgruppe stammten, sind die chemische Industrie, die Elektrotechnik und die Metallbranche. Insgesamt bestand die Gruppe aus 86 Personen: 58 Industriekaufleute, 12 Kaufleute für Bürokommunikation sowie 16 Sekretariatsbeschäftigte.

Was das Lebensalter anbelangt, rangiert dieses Teilsample unmittelbar hinter dem der Hotel- und Gaststättenberufe: 54 Angehörige aus der Gruppe der Büroberufe, oder 64%, waren zum Zeitpunkt der Befragung jünger als 35 Jahre. Auch hinsichtlich der Verteilung zwischen Männern und Frauen ist diese Teilgruppe der aus der Hotel- und Gaststättenbranche ähnlich: 49 Befragte (oder 58%) sind weiblichen Geschlechts, 36 (oder 42%) männlich.

Nach der bereits bei der Analyse der Gesamtstichprobe gewonnenen Erkenntnis, daß Frauen mit einem internationalen Tätigkeitsspektrum vor allem jung und kinderlos sind, überrascht es wenig, daß auch bei den Büroberufen die Kinderlosigkeit mit 71% (61 Befragte) überwiegt. Was das Zusammenleben mit einem Partner betrifft, nehmen zumindest die Kaufleute für Bürokommunikation bzw. die Sekretariatsbeschäftigten einen Spitzenplatz ein: 11 der 28 Befragten führen ein Singledasein und liegen damit noch oberhalb des Werts, den wir für die gesamte Teilgruppe der Frauen ermittelt hatten.

Auf die Frage nach der beruflichen Stellung gaben über zwei Drittel der Beschäftigten in den Büroberufen an, als Angestellte „schwierige Aufgaben nach allgemeiner Anweisung selbständig" zu erledigen. Hier zeigt sich bspw. ein deutlicher Unterschied zu den Angehörigen der Transport- und Handelsberufe: Bei diesen gab die Mehrheit an, als Angestellter „selbständig Leistungen in verantwortungsvoller Tätigkeit [zu erbringen] oder begrenzte Verantwortung für die Tätigkeiten anderer" zu tragen, also in einer beruflichen Kategorie mit einem verantwortungsvolleren Aufgabenbereich tätig zu sein. Hinsichtlich des monatlichen Bruttoverdienstes ist die Einkommensklasse 5.000,- bis 6.000,- DM mit 33% (dieser Wert bezieht sich nur auf die alten Bundesländer, da die Fallzahlen in den neuen Bundesländern für diese Berufsgruppe zu gering waren, um Aussagen darüber zu erlauben) am stärksten vertreten.

Beim schulischen Bildungsniveau zeigt sich eine interessante Diskrepanz zwischen den Bürokaufleuten/Sekretariatsberufen und den Industriekaufleuten. Während die erste Gruppe zu gut 60 % die Real- bzw. polytechnische Oberschule absolviert hat, dominiert bei der zweiten Beschäftigtengruppe – die damit auch in der Gesamtstichprobe eine Spitzenstellung einnimmt – das Abitur (53 %). Interessant ist auch das hohe Niveau der beruflichen Ausbildung unter den Angehörigen der Büroberufe: 18 der insgesamt 86 Befragten aus dieser Gruppe gaben an, einen Fachhochschul- bzw. Hochschulabschluß zu besitzen. Bei der Angabe der zwei wichtigsten Gründe für die Berufswahl rangierte bei den Büroberufen das Motiv der internationalen Tätigkeit mit 42 % oben, gefolgt von der Aussicht auf häufigen Umgang mit Menschen (37 %).

Spitzenwerte fanden sich in dieser Gruppe, aber auch unter den Industriekaufleuten bei den Englischkenntnissen. Demnach können 81 von 83 befragten Angehörigen der Büroberufe die Sprache lesen oder verstehen, 94 % sprechen sie (Gesamtquote: 87 %), und 93 % gaben an, sich in der Sprache auch schriftlich ausdrücken zu können (Gesamtquote: 79 %).

Waren nur für gut ein Viertel der Angehörigen der Büroberufe Fremdsprachenkenntnisse bei der Einstellung als Auszubildende erforderlich, war dies bei ihrer Einstellung nach der Ausbildung mit 60 % bereits fast ein Muß. Auch damit liegen sie, sieht man einmal von den Hotel- und Gaststättenberufen ab, im Spitzenfeld bei den kaufmännisch-verwaltenden Berufen. Dementsprechend „häufig" oder „sehr häufig" werden denn auch Fremdsprachenkenntnisse am Arbeitsplatz im Büro gebraucht, wobei es sich dabei hauptsächlich um Englisch handelt: praktische Kenntnisse in dieser Sprache benötigen 83 %; bei Französisch sind dies nur noch 21 % und bei Spanisch 10 %. Aufgeschlüsselt nach den spezifischen Verwendungssituationen der Fremdsprachen am Arbeitsplatz ergibt sich in den Büroberufen folgendes Bild:

Schaubild 27:   Mündliche Verwendungssituationen der
Fremdsprachenkenntnisse in den Büroberufen

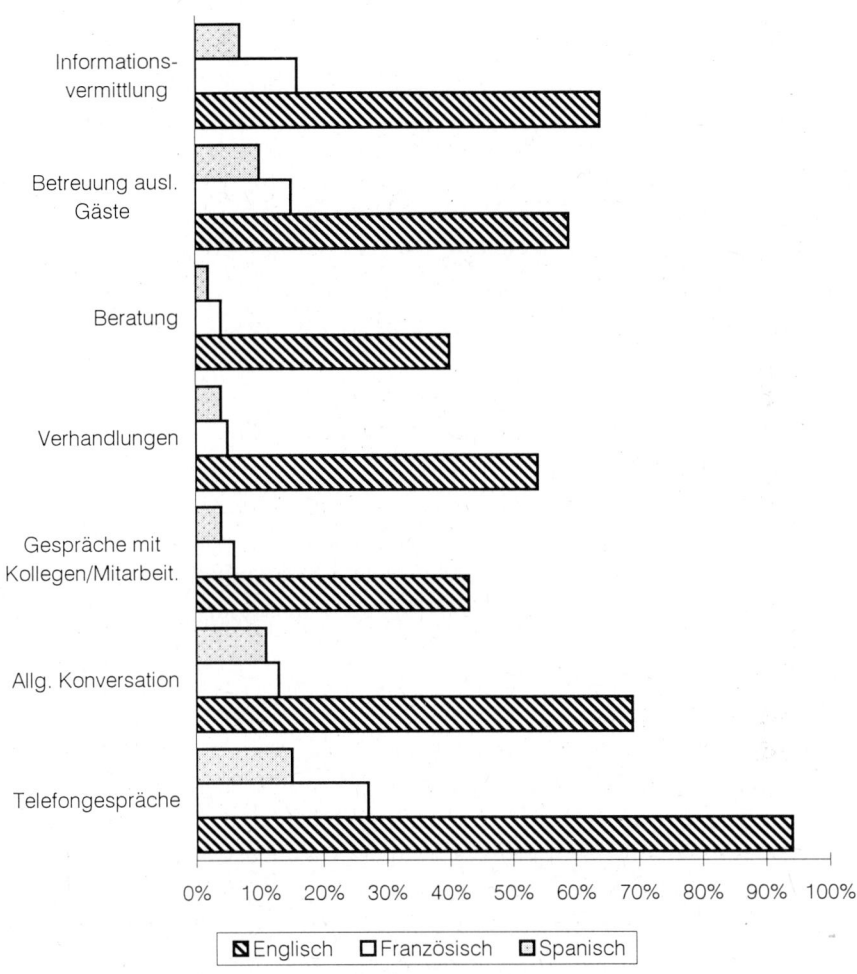

Quelle: BIBB-Projekt 1.2002, 1996

Schaubild 28: Schriftliche Verwendungssituationen der
Fremdsprachenkenntnisse in den Büroberufen

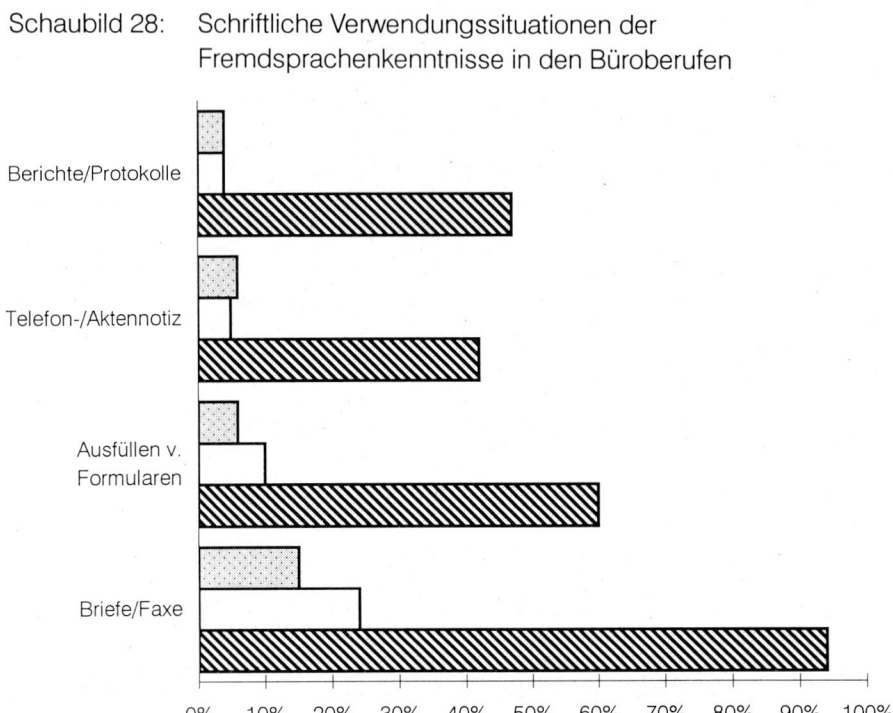

Quelle: BIBB-Projekt 1.2002, 1996

Schaubild 29:   Inhalte des fremdsprachigen Schriftverkehrs in den
                Büroberufen

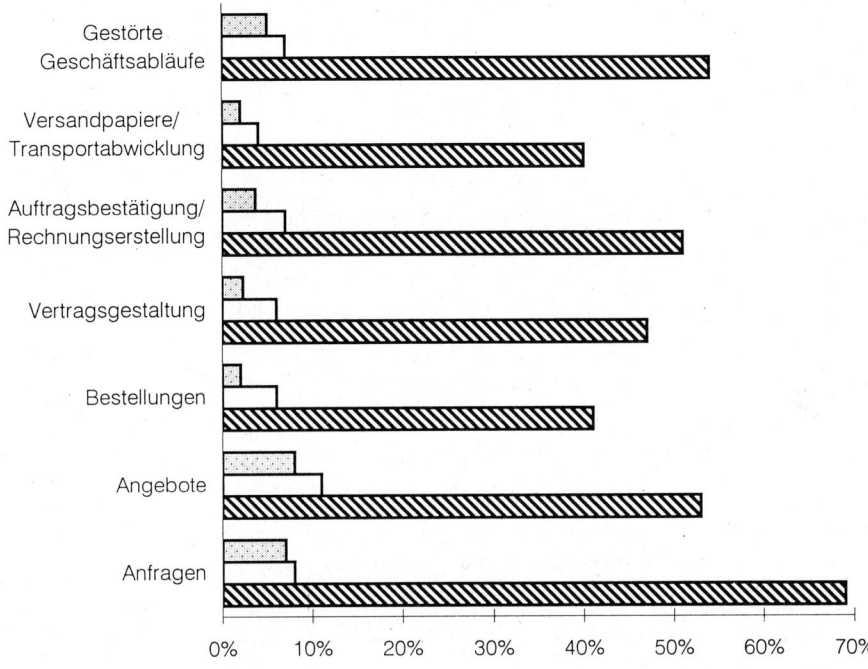

Quelle: BIBB-Projekt 1.2002, 1996

Schaubild 30:   Lesen fremdsprachiger berufsbezogener Texte in den
                Büroberufen

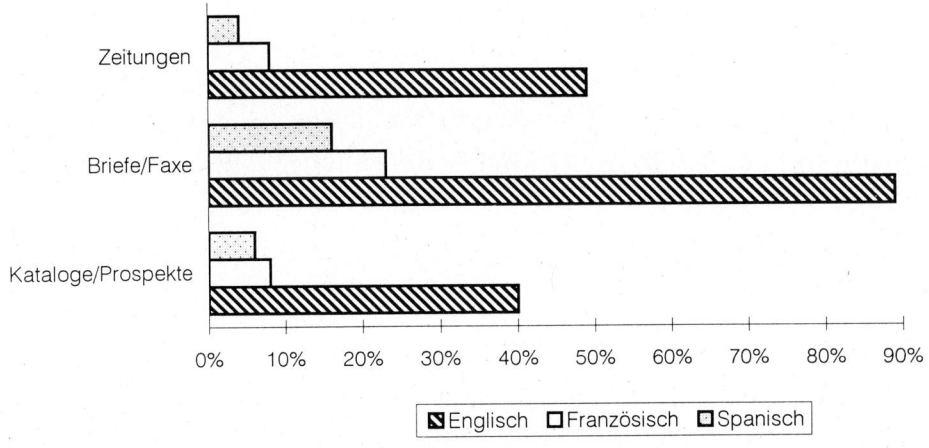

Quelle: BIBB-Projekt 1.2002, 1996

158

Überaus motiviert scheint diese Gruppe, wenn es darum geht, sich weitere Fremdsprachenkenntnisse anzueignen: 50 von 59 wären bereit, dafür sogar ihre Freizeit zu opfern und den Sprachkurs aus eigener Tasche zu bezahlen. Dabei würden sie – dem allgemeinen Antwortmuster der Gesamtstichprobe entsprechend – vor allem eine Weiterbildung im Bereich des aktiven Sprechens bevorzugen.

Gefragt, was das eigene Unternehmen für den Erwerb von Fremdsprachenkenntnissen getan habe, gaben 33 von 82 Angehörigen der Büroberufe an, der Arbeitgeber hätte ihnen einen Sprachkurs ermöglicht, weitere sieben Personen waren dafür sogar ins Ausland geschickt worden. Doch bei 46 % der Befragten hat der Arbeitgeber nichts im Hinblick auf Fremdsprachenerwerb getan. Dieser Befund mag auch die Gespaltenheit bei der Einschätzung der Bedeutung eines Zertifikats über den Besuch eines Sprachkurses erklären: 27 % räumten einer solchen Bescheinigung Vorteile bei einem innerbetrieblichen Arbeitsplatzwechsel ein, 22 % meinten hingegen, daß ihr Besitz bedeutungslos sei.

Interessant war in dieser Gruppe die Einschätzung des künftigen Bedarfs an Fremdsprachenkenntnissen für die eigene Arbeit. Für die fünf am häufigsten genannten Sprachen – Englisch, Französisch, Spanisch, Italienisch und Russisch – glaubte man unter den Angehörigen der Büroberufe nicht an eine Zunahme oder gar starke Zunahme entsprechender Kenntnisse: die Werte lagen fast durchweg unter dem Durchschnittswert des Gesamtsamples. Zumindest für Englisch erklärt sich dieses Ergebnis aus dem hohen Stellenwert, den die Kenntnis dieser Sprache ohnehin im Tätigkeitsprofil dieser Berufsgruppe bereits hat. Die niedrigen Werte bei den anderen Sprachen sind möglicherweise der Tatsache zuzuschreiben, daß diese Sprachen – wie bereits erwähnt – nur eine geringe Bedeutung in den Büroberufen haben. Dies hat sicher auch damit zu tun, daß die internationale Tätigkeit in den Büroberufen vorwiegend im Inland ausgeübt wird, so daß an speziellen Sprachkenntnissen, die über das Englische als *lingua franca* des wirtschaftlichen Lebens hinausreichen, verhältnismäßig wenig Bedarf besteht.

Für diese These spricht das Antwortverhalten unter den Befragten aus den Büroberufen auf die Frage, ob eine Auslandsentsendung durch den jetzigen Arbeitgeber denkbar wäre. 45 % beantworteten die Frage mit „Ja", doch nur 14 % gaben darüber hinaus an, daß dies bereits passiere. (Im Gesamtsample liegt der Wert bei 21 %, der allerdings stark durch die gewerblich-technischen Berufe geprägt wird. Bezieht man sich nur auf die kaufmännisch-verwaltenden Berufe, liegt der Anteil derer, die bereits ins Ausland entsandt werden, nur bei 10 %).

Die Bereitschaft, ins Ausland zu gehen, wenn ein geeignetes Angebot des Arbeitgebers vorliegt, befindet sich mit 71 % Zustimmung (52 von 73 Personen) in etwa im Gesamtdurchschnitt von 74 %. Die Bedingungen, unter denen man diesen Schritt tun würde, weichen allerdings von der Gesamtstichprobe ab. Mit 55 % an erster Stelle steht die Forderung, daß der Auslandsaufenthalt mit einem beruflichen Aufstieg verbunden sein müsse (zweiter Platz in der Gesamtgruppe), danach folgt mit 53 % die Rückkehrgarantie des Arbeitgebers (Gesamtgruppe: dritter Platz). Der erste Platz im Gesamtsample, die zeitliche Befristung des Auslandseinsatzes, nimmt bei den Angehörigen der Büroberufe mit 51 % erst den dritten Rang ein.

Im Hinblick auf berufsbedingte – für die Mehrzahl der Befragten mit wenigen Tagen bis zu ein paar Wochen sehr kurze – Auslandseinsätze kann diese Gruppe, im Vergleich zu anderen Berufen, auf nicht übermäßig viel Erfahrung zurückblicken: mit 67 % Auslandserfahrung (ein- oder mehrmaliger beruflicher Auslandsaufenthalt) nimmt sie nur einen mittleren Platz unter den anderen Berufen ein. Der Auslandseinsatz ging dabei für 71 % (41 von 58 Personen) der Befragten aus den Büroberufen auf den Vorschlag des Vorgesetzten zurück, bei 52% hatte auch Eigeninitiative eine Rolle gespielt.

Die Aufgabe, die im Ausland zu erledigen war, bestand meist in der kaufmännischen Sachbearbeitung, bei den Industriekaufleuten auch in Vertriebsgesprächen mit Kunden. Die Vorbereitung auf den Auslandseinsatz, so gaben 23 von 58 Befragten aus den Büroberufen zu erkennen, bestand hauptsächlich in Gesprächen mit Kollegen und Kolleginnen, die bereits im Ausland gewesen waren, 38 % waren gar nicht darauf vorbereitet worden. Dies deckt sich weitgehend mit den Erfahrungen der übrigen Befragten aus der Gesamtstichprobe. Dennoch, und auch hier bilden die Angehörigen der Büroberufe keine Ausnahme, scheint man in der Mehrzahl damit zufrieden gewesen zu sein: für drei Viertel der Probanden aus dieser Gruppe gab es nichts, was man hinsichtlich der Vorbereitung auf einen Auslandseinsatz im nachhinein verbessern würde.

Berufliche Veränderungen nach Rückkehr aus dem Ausland oder Schwierigkeiten, sich wieder in die Arbeit zu Hause einzufinden, hatte es für die meisten Angehörigen der Büroberufe nicht gegeben – was angesichts der Kürze des Aufenthalts auch nicht zu erwarten war. Die Mehrzahl wäre deshalb auch bereit, im Rahmen der beruflichen Tätigkeit noch einmal ins Ausland zu gehen.

Bei der (hypothetischen) Frage, ob man auch bereit wäre, „aus eigenem Antrieb, d.h. aus persönlichem Interesse und ohne ein Angebot und die Unterstützung Ihres derzeitigen Arbeitgebers, ins Ausland zu gehen, um dort zu arbeiten", zeigte man sich unter den Angehörigen der Büroberufe etwas zurückhaltender als im Gesamtdurchschnitt: 45 % erklärten hierzu ihre Bereitschaft (die entsprechende Quote der Gesamtstichprobe lag bei 49 %). Von diesen 21 Personen waren jedoch die meisten bereit, dafür auch den Arbeitsplatz in Deutschland aufzugeben (15 Personen), den gleichen Verdienst zu akzeptieren (16 Personen) und auf die Hilfe des neuen, ausländischen Arbeitgebers bei der Eingewöhnung in die fremde Umgebung – z. B. bei der Wohnungssuche – zu verzichten (17 Personen).

Insgesamt lassen sich folgende Merkmale für die Angehörigen der Büroberufe festhalten, soweit sie sich aus unserer (nichtrepräsentativen) Teilstichprobe ergeben. Die Gruppe ist relativ jung und besteht zum überwiegenden Teil aus Frauen. Wie schon bei der Analyse der weiblichen Beschäftigten aus der Gesamtstichprobe gesehen, nehmen auch die Frauen in den Büroberufen bei den Ausprägungen „Kinder-" und „Partnerlosigkeit" im Vergleich zu ihren männlichen Kollegen Spitzenpositionen ein. Das Anforderungsprofil der Beschäftigten in den Büroberufen scheint etwas niedriger zu sein als in den anderen kaufmännisch-verwaltenden und Dienstleistungsberufen. Dies wird deutlich, wenn man die Angaben über die berufliche Stellung mit denen in den von Männern dominierten Berufen und Berufsfeldern vergleicht, also etwa beim Speditions- oder dem Groß- und Außenhandelskaufmann (vgl. Kap. 3.4.2.4).

Bei den Angehörigen der Büroberufe aus unserem Sample handelt es sich um eine beruflich sehr mobile Gruppe: Mehr als zwei Drittel der Befragten hatten nach der Ausbildung bzw. der Erstanstellung den Arbeitgeber gewechselt, entweder aus finanziellen oder Karrieregründen oder weil die neue Tätigkeit ein interessanteres Aufgabengebiet versprach.

Das internationale Tätigkeitsfeld liegt bei den Büroberufen hauptsächlich im Inland und besteht in der Anwendung von Fremdsprachenkenntnissen. Dabei ist in erster Linie Englisch – und zwar in Wort und Schrift – gefragt, andere Sprachen spielen nur eine sehr untergeordnete Rolle. Dies läßt die Vermutung zu, daß die englische Sprache in den Büroberufen – als *lingua franca* der internationalen Geschäftswelt – vornehmlich zur allgemeinen Verständigung mit den ausländischen Geschäftskunden im Rahmen der Sachbearbeitung dient und weniger zu Verkaufszwecken benutzt wird. Ansonsten hätte man bei dieser Teilgruppe, nach dem Motto „Die beste Sprache ist immer die Sprache des Kunden", vertiefte Kenntnisse auch in einer Reihe anderer Sprachen erwarten dürfen. Kommt es bei den Angehörigen der Büroberufe jedoch einmal zu einem Auslandseinsatz – was, im Vergleich zu den anderen Berufen aus dem Gesamtsample, nicht übermäßig oft geschieht –, dann ist dieser Einsatz in der Regel relativ kurz, umfaßt jedoch, zumindest für die Industriekaufleute, auch Vertriebsgespräche mit ausländischen Kunden.

3.4.2.3   Bankberufe

Die Bankkaufleute bilden die homogenste Gruppe in der gesamten Stichprobe. Bis auf eine Ausnahme, eine Verlagskauffrau, die nach einem Studium der Betriebswirtschaft in der internationalen Abteilung einer Bank zu arbeiten begann und dort für die Auslandskontakte zuständig ist, handelte es sich durchweg um gelernte Bankkaufleute, die höchstens einmal auf dem Wege einer Fortbildung oder eines Studiums in ihrem Beruf aufgestiegen sind.

Insgesamt besteht die Gruppe aus 46 Personen, zwei Drittel Männern und einem Drittel Frauen. Mit einem Anteil von 50 % sind die 35- bis 44jährigen die stärkste Altersgruppe in diesem Teilsample. Damit weicht die Gruppe deutlich von den anderen Befragten aus dem kaufmännisch-verwaltenden Bereich ab, die am häufigsten in der Altersklasse der 25- bis 34jährigen vertreten sind. Da es in unserer Stichprobe eine starke Beziehung zwischen internationaler Tätigkeit und den Kategorien „Alter", „Geschlecht" und „familiärer Status" gibt, ist es aufgrund der Geschlechts- und Alterskonstellation der Gruppe der Bankkaufleute nicht weiter verwunderlich, daß „nur" 60 % der Befragten angaben, kinderlos zu sein (der entsprechende Anteil bei den Angehörigen der kaufmännisch-verwaltenden Berufe insgesamt liegt mit 70 % immerhin um 10 % höher). Auch die 89 % „Ja"-Antworten auf die Frage, ob man mit einem Partner oder einer Partnerin zusammenlebe – ein Wert, der nur noch von den Angehörigen aus den Metallberufen übertroffen wird –, passen in dieses Bild.

Eine Spitzenposition unter allen betrachteten Berufen nehmen die Bankkaufleute auch bei der beruflichen Stellung ein: 24 von 44, das sind

55 %, gaben an, als Angestellter „selbständig Leistungen in verantwortungsvoller Tätigkeit [zu erbringen] oder begrenzte Verantwortung für
die Tätigkeit anderer" zu tragen, ordneten sich also der höchsten Angestellten-Kategorie auf der Liste zu. Und Spitzenwerte erzielen die
Bankkaufleute auch hinsichtlich des Einkommens. 12 von 43 Befragten
(28 %), soviele, wie in keiner anderen Berufsgruppe, gaben an, mehr als
8.000,- DM brutto im Monat zu verdienen.

Bei der Höhe des allgemeinbildenden Schulabschlusses werden die
Bankkaufleute mit 49 % an Abiturienten nur noch von den Industriekaufleuten (53 %) übertroffen und weisen wie diese überdurchschnittlich oft einen Fachhochschulabschluß auf (13 %; bei den Industriekaufleuten liegt der Anteil bei 16 %). Das Hauptmotiv, den Beruf zu ergreifen, bestand für die Befragten aus dem Bankgewerbe in der Erwartung,
häufig mit Menschen zu tun zu haben (62 %). Daß der Beruf mit
„internationalen Dingen" zu tun haben könnte, spielte mit 42 % ebenfalls eine Rolle.

Die überwiegende Zahl der Befragten ist in großen Unternehmen
mit mehr als 500 Mitarbeitern beschäftigt (82 %). Mehr als die Hälfte
der Bankkaufleute – im Vergleich zum Gesamtsample eher die Ausnahme als die Regel – ist dabei noch immer bei der Bank beschäftigt, in
der die Ausbildung absolviert worden ist.

Von den befragten Bankkaufleuten besitzen alle zumindest Grundkenntnisse in einer Fremdsprache. Hier rangiert, wie bei allen anderen
Berufen auch, Englisch ganz oben. Nahezu 100 % der Bankkaufleute
gaben an, diese Sprache sowohl lesen und verstehen als auch sprechen
und schreiben zu können. In der weiteren Rangfolge der Sprachen (Französisch, Spanisch, Italienisch, Russisch) unterscheiden sie sich ebenfalls
nicht von der Gesamtgruppe. Die meisten der Befragten aus der Teilgruppe (96 %) gaben an, die Sprachkenntnisse in der allgemeinbildenden Schule erworben zu haben, 60 % hatten sich darüber hinaus während der Arbeit fremdsprachliche Kenntnisse angeeignet, ebenso viele
während eines Auslandsaufenthalts, und 58 % hatten in ihrer Freizeit eine Fremdsprache erlernt. 16 Personen meinten, eine Fremdsprache solle
am besten während eines Auslandsaufenthalts erworben werden; jeweils
26 % (11 Probanden) hielten die Berufsausbildung bzw. die betriebliche
Weiterbildung für den geeigneten Ort, um Fremdsprachenkenntnisse zu
vermitteln.

Interessant ist die Tatsache, daß für die meisten aus der hier betrachteten Gruppe weder bei der Einstellung als Auszubildender noch bei der

Einstellung nach der Ausbildung Fremdsprachenkenntnisse erforderlich waren. Dennoch gaben mehr als zwei Drittel der Befragten an, zumindest Englisch „sehr häufig" für ihre Arbeit zu benötigen. Offenbar gehen ihre Arbeitgeber also unbesehen davon aus, daß entsprechende Sprachkenntnisse bei den Bewerbern vorhanden sind. Nach dem zukünftigen Bedarf der Fremdsprachen für die eigene Arbeit gefragt, prognostizierte man in der betrachteten Teilgruppe insbesondere für Französisch eine Zunahme.

Hinsichtlich der speziellen beruflichen Verwendungssituationen der Fremdsprachenkenntnisse ergibt sich folgendes Bild (Schaubilder 31 bis 34):

Schaubild 31:   Mündliche Verwendungssituationen der
Fremdsprachenkenntnisse bei Bankkaufleuten

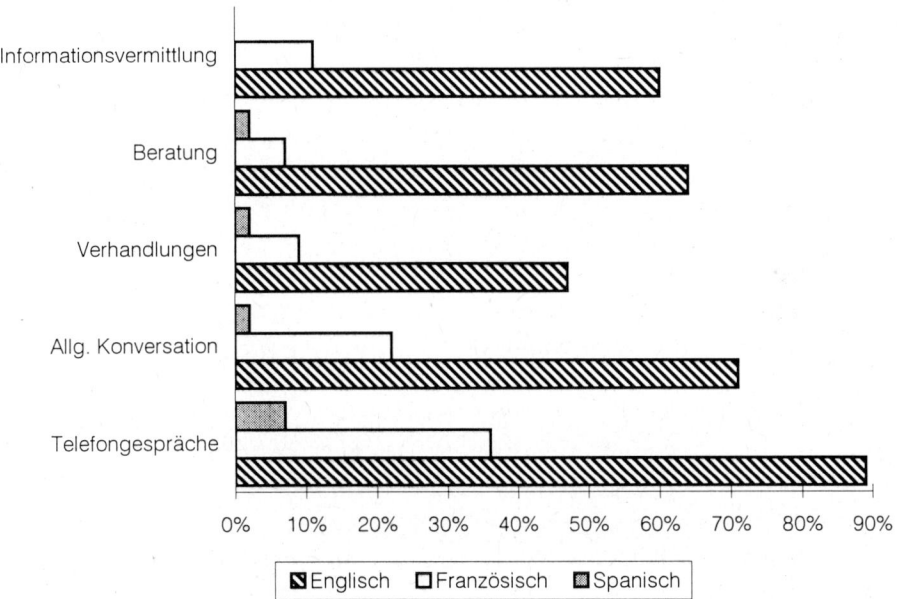

Quelle: BIBB-Projekt 1.2002, 1996

164

Schaubild 32:   Schriftliche Verwendungssituationen der
                 Fremdsprachenkenntnisse bei Bankkaufleuten

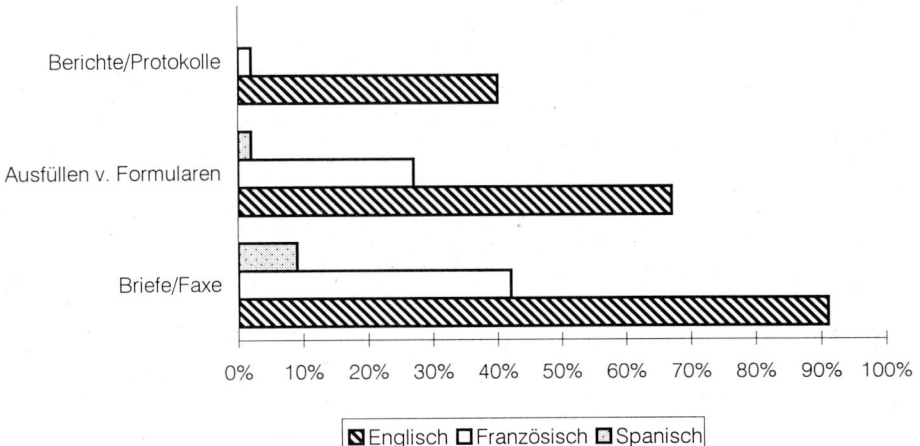

Quelle: BIBB-Projekt 1.2002, 1996

Schaubild 33:   Inhalte des fremdsprachigen Schriftverkehrs bei
                 Bankkaufleuten

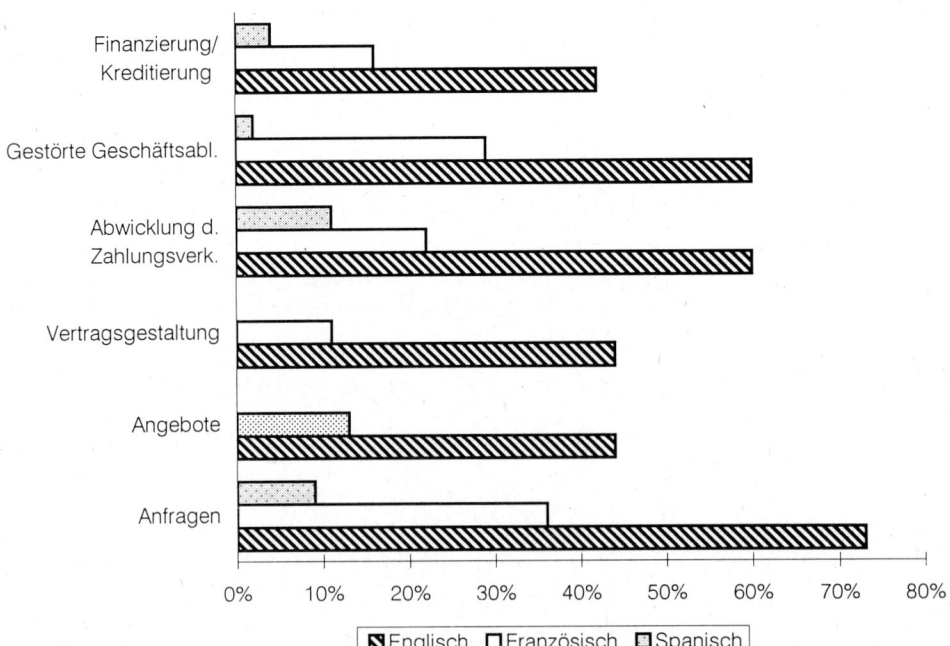

Quelle: BIBB-Projekt 1.2002, 1996

Schaubild 34:   Lesen berufsbezogener fremdsprachiger Texte bei
                 Bankkaufleuten

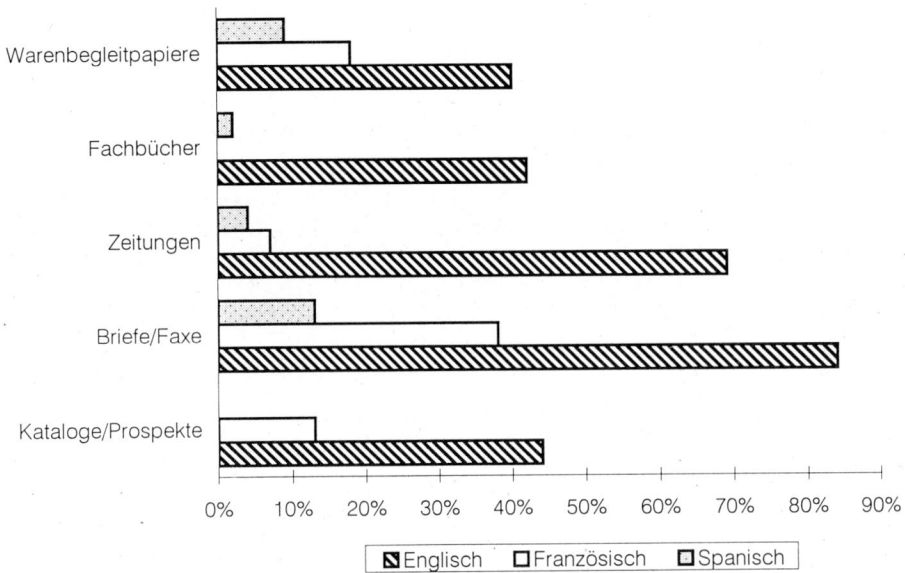

Quelle: BIBB-Projekt 1.2002, 1996

Obwohl Englischkenntnisse in dieser Berufsgruppe sowohl der Breite als der Tiefe nach vorhanden sind, war nur gut ein Viertel von ihnen der Ansicht, daß die Kenntnisse ausreichend sind. Fast die Hälfte meldete einen Weiterbildungsbedarf bei den bestehenden Sprachkenntnissen an, weitere 24 % wollten gern noch eine weitere Fremdsprache hinzulernen. Von denen, die sich eine Weiterbildung wünschten, wären fast 80 % bereit, diese in der Freizeit und auf eigene Kosten zu unternehmen. Mehr als 90 % würden sich dabei eine Schulung in aktivem Sprechen wünschen, fast 40 % darüber hinaus auch eine Weiterbildung in der Fachsprache – letzteres eine absolute Ausnahme unter allen betrachteten Berufen.

Hatten in der Gesamtstichprobe über die Hälfte der Befragten angegeben, daß das Unternehmen nichts für den Erwerb der Fremdsprachenkenntnisse getan habe, liegt dieser Anteil bei den Bankkaufleuten mit 33 % deutlich niedriger: 49 % der Bankkaufleute hatte ihre Bank einen Sprachkurs im Inland ermöglicht, bei weiteren 19 % hatte dieser sogar im Ausland stattgefunden. Ein Zertifikat über den Besuch eines Sprachkurses scheint dabei nicht unbedingt notwendig zu sein: ein Drittel der befragten Bankkaufleute meinte, daß dies keine Bedeutung für sie habe.

Auf die Frage, ob es, neben den reinen Fremdsprachenkenntnissen, noch weitere Qualifikationen mit einem internationalen Bezug gäbe, nannten die Bankkaufleute vor allem „Kenntnisse über ausländische Märkte" (69 %), die „Fähigkeit, mit ausländischen Partnern/Kollegen/ Kunden auf einer gemeinsamen Ebene zu kommunizieren und zu kooperieren" (62 %), die „Fähigkeit, sich den schnellen Veränderungen im internationalen Geschäft anzupassen" sowie „Kenntnisse über fremde Kulturen" und „Kenntnisse ausländischen/internationalen Rechts" (je 49 %). Man sieht also, daß bei dieser Gruppe die fachlichen Qualifikationen im Vordergrund stehen, daß aber auch die kommunikativen Kompetenzen ein starkes Gewicht haben.

Die Mehrzahl der befragten Bankkaufleute (61 %) hat auch bereits an Weiterbildungsmaßnahmen teilgenommen, die über Fremdsprachenvermittlung hinausgingen und die oben genannten Bereiche berührten. Die Initiative zur Teilnahme an entsprechenden Maßnahmen ging dabei in der überwiegenden Zahl der Fälle vom Arbeitgeber aus; die Hälfte der Teilnehmer war dafür sogar ins Ausland geschickt worden.

Die Frage, ob es denkbar sei, vom jetzigen Arbeitgeber ins Ausland geschickt zu werden, beantworteten 18 Bankkaufleute (40 %) mit „Ja"; fünf gaben darüber hinaus an, daß dies auch jetzt schon passiere. Die Bereitschaft, bei einem entsprechenden Angebot des Arbeitgebers ins Ausland zu gehen – eine Frage, die allen Probanden mit Ausnahme derjenigen, die bereits ins Ausland entsandt werden, gestellt wurde –, war mit 68 % deutlich verhaltener als bei vergleichbaren (kaufmännischen) Berufen. Von den 27, die dazu bereit wären, würden 19 (70 %) dies nur unter der Bedingung tun, daß die Familie mitgeht – ein absoluter Spitzenwert im gesamten untersuchten Berufsspektrum, wie im übrigen auch die 70 %, die eine finanzielle Verbesserung zur Voraussetzung machen würden, unter allen Berufen einsam an der Spitze stehen. Wichtige Bedingungen bildeten für diese Berufsgruppe außerdem die zeitliche Befristung des Auslandseinsatzes (ebenfalls 70 %) sowie die Rückkehrgarantie des Arbeitgebers (67 %).

Von den befragten 45 Bankkaufleuten sind „nur" 27 oder 60 % aus beruflichen Gründen jemals im Ausland gewesen. Damit nehmen sie den vorletzten Platz unter den beruflichen Teilsamples ein. Nach den Gründen für den Aufenthalt gefragt, der ihnen am wichtigsten erschien, gaben überraschenderweise 13 der 27 die „Teilnahme an einer Aus-/Weiterbildung" an, und sechs hatten an einer Austauschmaßnahme teilgenommen. Dieser Auslandsaufenthalt war denn auch für die große Mehrheit (82 %) auf Vorschlag ihres Vorgesetzten zustande gekommen. Bei elf der 27 Bankkaufleute mit beruflicher Auslandserfahrung hatte der Aufenthalt „sehr kurz, d. h. wenige Tage bzw. ein paar Wochen" gedauert, bei weiteren zehn hatte er einen Zeitraum von „ein paar Wochen bis zu ½ Jahr" umfaßt.

Hinsichtlich der Vorbereitung auf den Auslandseinsatz liegen die Bankkaufleute mit 37 % in der Rubrik „Ich bin gar nicht darauf vorbereitet worden" im Durchschnitt der Gesamtstichprobe, der bei 39 % liegt. Und wie bei den anderen Berufen, zumindest den kaufmännisch-verwaltenden, hatte man an der fehlenden Vorbereitung auch bei den Bankkaufleuten nichts auszusetzen: nur drei Personen hätten hinsichtlich der Vorbereitung auf den Einsatz im Ausland im nachhinein gern etwas verbessert. Erwartungsgemäß ebenfalls im Gesamtdurchschnitt lag das Antwortverhalten bei der Frage nach beruflichen Veränderungen bei Rückkehr vom Auslandseinsatz: für die Mehrzahl, 13 Probanden (von 24), hatte sich nichts geändert. Dennoch gab es hier eine Ausnahme: weitere 10 Bankkaufleute (42 %) gaben nämlich an, danach beruflich aufgestiegen zu sein – bei keiner anderen Berufsgruppe lag dieser Wert so hoch.

Aufgrund der überwiegend positiven Erfahrungen, die im Zusammenhang mit dem Auslandseinsatz gemacht wurden, wären 22 von 26 Bankkaufleuten bereit, im Rahmen der Berufstätigkeit noch einmal ins Ausland zu gehen.

Die hypothetische Frage, ob sie bereit wären, „aus eigenem Antrieb, d. h. aus persönlichem Interesse und ohne ein Angebot und die Unterstützung [des] derzeitigen Arbeitgebers, ins Ausland zu gehen", um dort zu arbeiten, beantworteten 13 von 24 der befragten Bankkaufleute mit „Ja" und liegen damit ungefähr im Gesamtdurchschnitt. Interessant sind jedoch die Antworten auf die sich daran anschließenden Fragen, etwa die, ob man dann auch bereit wäre, dafür den Arbeitsplatz in Deutschland aufzugeben. Hier liegen die Bankkaufleute mit 62 % Zustimmung deutlich unter dem Durchschnitt von 72 %. Auch die Aussicht auf einen gleichbleibenden Verdienst im Ausland scheint auf diese Gruppe eine abschreckende Wirkung auszuüben: nur 23 % (bei einem Gesamtdurchschnitt von 54 %) würden unter solchen Voraussetzungen eine Auslandsstelle annehmen.

Zusammenfassend läßt sich also sagen, daß es sich bei den von uns befragten Bankkaufleuten um eine überwiegend aus Männern bestehende Gruppe mit einem hohen schulischen Bildungsniveau, dem höchsten Einkommen und einer überdurchschnittlichen beruflichen „Seßhaftigkeit" – über die Hälfte hat seit der Ausbildung den Arbeitgeber nicht gewechselt – handelt, die mit einem verhältnismäßig hohen Durchschnittsalter eher untypisch für die international tätigen kaufmännischen Angestellten aus unserer Stichprobe ist. Das auffallend hohe Durchschnittsalter könnte, neben dem hohen Männeranteil der Gruppe, der Tatsache zuzuschreiben sein, daß die internationale Tätigkeit in diesem Beruf vor allem im Inland ausgeübt wird, d.h. eine relativ geringe Mobilitätsbereitschaft und auch -fähigkeit erfordert: Die Angaben über den familiären Status der Befragten – viele leben mit einem Partner oder einer Partnerin zusammen und haben Kinder – legen diesen Schluß nahe. Die benötigten internationalen Qualifikationen scheinen dabei im wesentlichen auf der Ebene der Sprachkompetenz (vor allem Englisch) zu liegen. Die Auslandserfahrung ist – im Vergleich zu den anderen Berufen und Berufsfeldern aus der Stichprobe – mit 60% der Befragten eher gering; sie wurde überdies weniger über konkrete berufliche Aufgaben gesammelt, die im Ausland zu erledigen waren, als vielmehr im Zuge einer Aus- oder Weiterbildungsmaßnahme bzw. im Rahmen eines internationalen Austausches.

Eine Ausnahme bilden die Bankkaufleute auch im Hinblick auf die Unterstützung durch ihren Arbeitgeber bei Weiterbildungsmaßnahmen mit internationalem Bezug. Wenngleich bei der Einstellung als Auszubildender und auch nach der Ausbildung von den meisten keine Fremdsprachenkenntnisse gefordert wurden, waren über die Hälfte der Befragten von ihrer Bank zu einem Sprachkurs geschickt worden – bei fast jedem fünften von ihnen hatte dieser sogar im Ausland stattgefunden.

Da mehr als ein Drittel der Befragten nach seiner Rückkehr beruflich aufgestiegen war, ist die Bereitschaft, noch einmal einen Auslandseinsatz zu wagen, relativ groß. Aber es müssen vorab drei Bedingungen erfüllt sein: die Familie muß mitgehen können, der Arbeitsplatz zu Hause muß erhalten bleiben, und das Ganze muß sich finanziell lohnen.

3.4.2.4   *Berufe im Groß- und Außenhandel sowie im*
               Verkehrsgewerbe

In der mit 96 Probanden sehr stark besetzten Gruppe der „Berufe im
Groß- und Außenhandel sowie im Verkehrsgewerbe" wurden alle Kaufleute im Groß- und Außenhandel (37 Probanden) sowie die Speditions-
und Reiseverkehrskaufleute (59 Probanden) zusammengefaßt. Die Zu-
sammenlegung erwies sich als sinnvoll, da diese Gruppe sowohl hinsichtlich ihrer personellen Zusammensetzung als auch im Hinblick auf
die berufliche Tätigkeit (Handelsbeziehungen ins Ausland) und den
damit verbundenen qualifikatorischen Anforderungen eine Reihe ge-
wichtiger Übereinstimmungen aufweist, die einen direkten Vergleich der
beiden Berufsfelder interessant erscheinen ließ.

Die meisten Groß- und Außenhandelskaufleute (62 %) sind im
Großhandel beschäftigt, bei den Speditions- und Reiseverkehrskaufleuten ist es das Verkehrsgewerbe (88 %). Knapp die Hälfte der Befragten
aus dieser Gruppe arbeitet in mittleren Unternehmen mit 10 bis 499
Mitarbeitern, die andere Hälfte in Großunternehmen ab 500 Beschäftigten. Sowohl bei den Groß- und Außenhandelskaufleuten als auch bei
den Speditions- und Reiseverkehrskaufleuten handelt es sich zu zwei
Dritteln um Männer und zu einem Drittel um Frauen. Hinsichtlich des
Alters ist wieder die Gruppe der 25- bis 34jährigen mit 45 Personen oder
47 % am stärksten vertreten (unter den Speditions- und Reiseverkehrskaufleuten befanden sich außerdem noch vier Personen, die zum Zeitpunkt der Befragung unter 25 Jahre alt waren).

Bei den Angaben zur beruflichen Stellung nahm die hier betrachtete
Teilgruppe einen Spitzenwert gleich nach den Bankkaufleuten ein: Mehr
als die Hälfte der Befragten definierte ihre Stellung als „Angestellter,
der selbständig Leistungen in verantwortungsvoller Tätigkeit erbringt
oder begrenzte Verantwortung für die Tätigkeiten anderer trägt", ordnete sich also der obersten Angestellten-Kategorie zu. Bei der Betrachtung
der Einkommensskala fällt auf, daß die Verdienstspanne unter den
Speditions- und Reiseverkehrskaufleuten sehr viel breiter ist als die bei
den Groß- und Außenhandelskaufleuten.

Was das schulische Bildungsniveau anbetrifft, so gaben 42 Probanden (44 %) aus den Handelsberufen an, das Abitur zu besitzen, weitere
34 (35 %) hatten die mittlere Reife. Insgesamt fünf Befragte hatten einen Fachhochschulabschluß und vier – allesamt Groß- und Außenhandelskaufleute, immerhin über 10 % aus dieser Berufsgruppe – konnten
auf ein Hochschuldiplom verweisen.

Bei den Gründen für die Berufswahl hatte vor allem die Aussicht auf eine internationale Tätigkeit (79%) eine Rolle gespielt; damit nimmt dieses Berufsfeld eine absolute Spitzenstellung – noch weit vor den Hotel- und Gaststättenberufen (52%) – ein. Als zweitwichtigster Grund wurde, mit 45%, der häufige Umgang mit Menschen genannt. 53 der Befragten, das sind 55%, sind nicht mehr in dem Unternehmen beschäftigt, in dem sie ihre Ausbildung absolviert bzw. in dem sie ihre erste Anstellung hatten. Der mit 34% der Nennungen hauptsächliche Grund für den Wechsel bestand in der Aussicht auf ein interessantes Aufgabenfeld.

Die Angaben, die über die berufstypischen Tätigkeiten gemacht wurden, liegen erwartungsgemäß im Bereich des kaufmännischen und der Sachbearbeitung („kalkulieren, berechnen, buchen", „Schreibarbeiten, Schriftverkehr, Formulararbeiten", „kaufen, verkaufen, kassieren, vermitteln, Kunden beraten, werben" sowie „entscheiden, koordinieren, organisieren, disponieren"). Die meisten Nennungen erhielt dabei die letztgenannte Kategorie. Im Vergleich: in der gesamten Gruppe der kaufmännisch-verwaltenden und Dienstleistungsberufe wurde dies nur von knapp 60% genannt.

Fremdsprachliche Fachbegriffe spielen in dem untersuchten Berufsfeld für 76% der Befragten eine große, für weitere 22% hin und wieder eine Rolle. Alle 96 Angehörigen dieser Gruppe gaben an, Grundkenntnisse in einer Fremdsprache zu besitzen, und auch hier handelt es sich wieder zunächst und vor allem um Englisch: 89 Befragte gaben an, diese Sprache lesen und verstehen zu können, 86 sprechen sie auch und 88 können Englisch schreiben. Der Beherrschungsgrad bei den übrigen Sprachen folgt der Rangfolge, die wir bereits für die Gesamtstichprobe ermittelt hatten: Französisch, Spanisch, Italienisch und Russisch.

Neben der allgemeinbildenden Schule, wo sich 93% ihre Fremdsprachenkenntnisse angeeignet hatten, sind Sprachen insbesondere in der Freizeit (59%), während der Arbeit (50%), im Rahmen der Berufsausbildung (47%) sowie im Zuge eines Auslandsaufenthaltes (46%) erworben worden. Was den Fremdsprachenerwerb im Rahmen der Berufsbildung anbetrifft, so nehmen die Groß- und Außenhandelskaufleute unter den Befragten eine Spitzenposition ein: 57% hatten sich während der Ausbildung und 38% über die betriebliche Weiterbildung Sprachkenntnisse angeeignet. Nach Auffassung von 44% der Befragten ist der Auslandsaufenthalt der geeignete Rahmen, um eine Fremdsprache zu erlernen.

36 Angehörige der untersuchten Handelsberufe (38 %) gaben an, daß bereits bei ihrer Einstellung als Auszubildende Fremdsprachenkenntnisse erforderlich gewesen waren – bei den Groß- und Außenhandelskaufleuten lag der Anteil sogar bei 46 %. Für 44 Befragte waren Fremdsprachenkenntnisse bei der Einstellung nach der Ausbildung notwendig.

Nach der Häufigkeit gefragt, in der die einzelnen Sprachen für die eigene Arbeit benötigt würden, spielte wiederum Englisch die dominierende Rolle. Insgesamt gaben 68 % der Befragten an, sehr häufig Englisch zu benötigen – bei den Groß- und Außenhandelskaufleuten lag dieser Wert sogar bei 81 %. Die anderen Sprachen fallen kaum noch ins Gewicht, d.h. werden für die eigene berufliche Tätigkeit nicht benötigt. Bezogen auf die verschiedenen Verwendungssituationen der Fremdsprachenkenntnisse ergibt sich folgendes Bild (vgl. Schaubilder 35-38).

Schaubild 35:   Mündliche Verwendungssituationen der Fremdsprachenkenntnisse im Groß- und Außenhandel/Verkehrsgewerbe

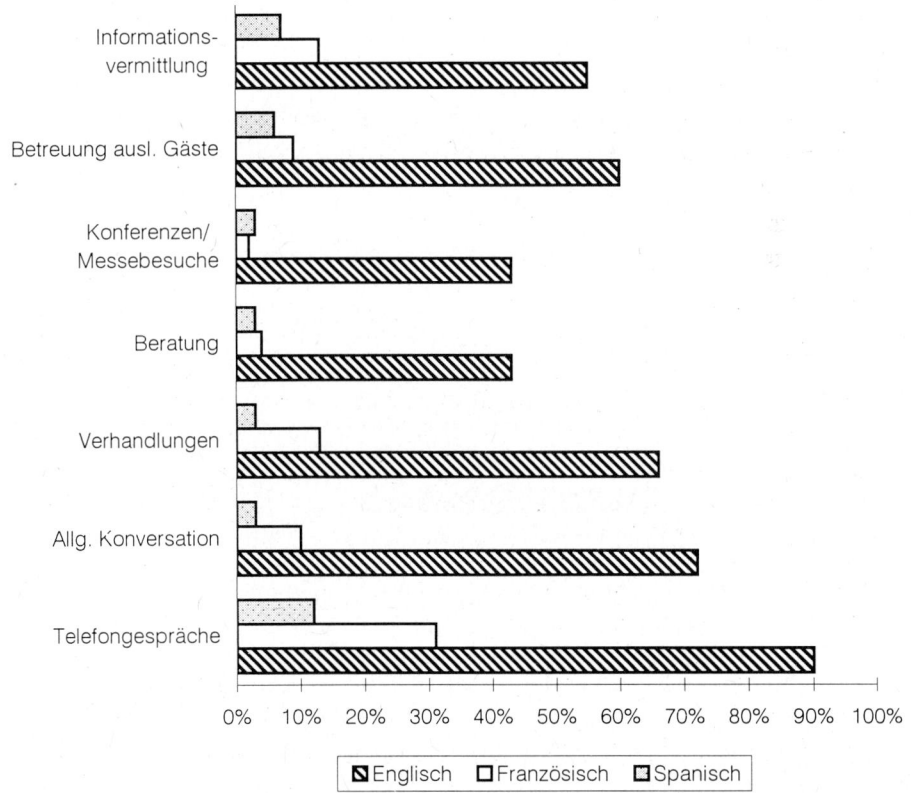

Quelle: BIBB-Projekt 1.2002, 1996

Schaubild 36:   Schriftliche Verwendungssituationen der Fremdsprachenkenntnisse im Groß- und Außenhandel/Verkehrsgewerbe

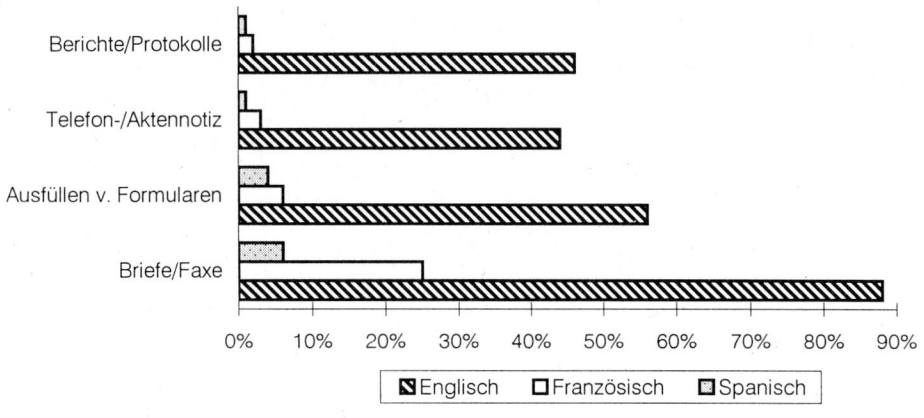

Quelle: BIBB-Projekt 1.2002, 1996

Schaubild 37:   Inhalte des fremdsprachigen Schriftverkehrs im Groß- und
Außenhandel/Verkehrsgewerbe

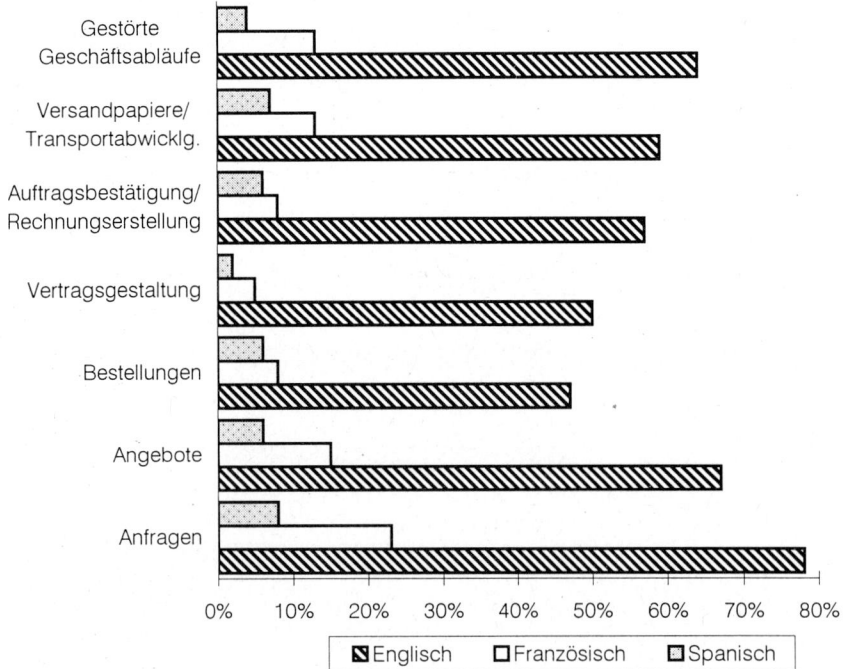

Quelle: BIBB-Projekt 1.2002, 1996

Schaubild 38: Lesen fremdsprachiger berufsbezogener Texte im Groß- und Außenhandel/Verkehrsgewerbe

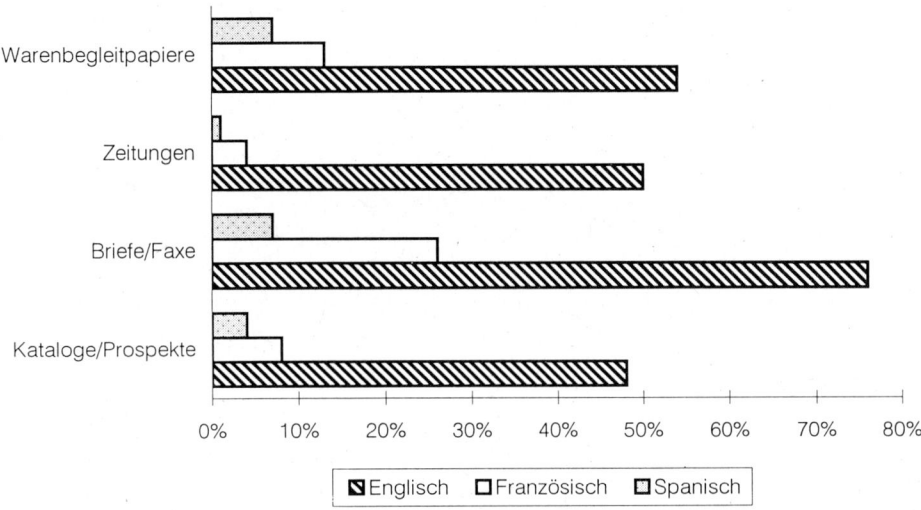

Quelle: BIBB-Projekt 1.2002, 1996

Bei der Frage nach einem Weiterbildungsbedarf bei den bestehenden Fremdsprachenkenntnissen liegen die Angehörigen der hier betrachteten Gruppe mit 36 % „Ja"-Antworten leicht unter dem Gesamtdurchschnitt von 45 %, bei dem Wunsch, eine weitere Fremdsprache zu erlernen, mit 31 % „Ja"-Antworten leicht darüber (Gesamtquote: 28 %) Die meisten würden sich dabei – wie auch die Befragten in den anderen Berufen und Berufsfeldern, nur bei weitem nicht so ausgeprägt – eine Weiterbildung beim aktiven Sprechen wünschen (72 %).

Etwas mehr als die Hälfte der Befragten hat vom eigenen Unternehmen einen Sprachkurs erhalten, der bei einer kleinen Minderheit von sieben Personen sogar im Ausland selbst stattgefunden hat. Insbesondere bei den Groß- und Außenhandelskaufleuten spiegelt sich mit einem Wert von 61 % betrieblich organisierter Sprachkurse das oben bereits erwähnte starke Engagement der Unternehmen bei der Entwicklung und Förderung der sprachlichen Kompetenz der Mitarbeiter im Rahmen der Aus- und Weiterbildung wider. Einer Zertifizierung der Sprachkurse maß, wie auch schon in den anderen Berufen gesehen, ein Großteil der Befragten aus der Teilgruppe keine Bedeutung bei (28 von 92 Personen), jedoch 32 % der Speditions- und Reiseverkehrskaufleute glaubten, eine entsprechende Bescheinigung könne bei einem Wechsel ins Ausland hilfreich sein.

Insgesamt trifft man in den hier untersuchten Handelsberufen vor allem auf gute bis sehr gute Englischkenntnisse – und zwar auf allen drei Ebenen des Lesens/Verstehens, des Sprechens und des Schreibens; andere Sprachen spielen hingegen nur eine sehr untergeordnete Rolle.

Bei der Frage nach anderen „internationalen" Qualifikationen neben den Fremdsprachenkenntnissen wurden von der Teilgruppe insbesondere die „Fähigkeit, mit ausländischen Partnern/Kollegen/Kunden auf einer gemeinsamen Ebene zu kommunizieren und zu kooperieren" (81 %), „Kenntnisse über ausländische Märkte" (75 %) sowie „Kenntnisse über fremde Kulturen" (68 %) genannt. Die eher kommunikativen Fähigkeiten stehen für die Angehörigen in diesem Berufsfeld, die international tätig sind, also im Vordergrund, wenngleich die fachlichen Kenntnisse – etwa über die Auslandsmärkte – eine ebenfalls nicht zu vernachlässigende Größe darstellen.

41 (von 95) Befragte aus dieser Gruppe hatten – neben Fremdsprachenkursen – bereits an Weiterbildungsmaßnahmen mit einem internationalen Bezug teilgenommen. Damit rangieren die hier untersuchten Berufe auf Platz zwei hinter den Bankkaufleuten, die mit 61 % am häufigsten an solchen Maßnahmen teilgenommen hatten. Doch anders als diese wurden die Angehörigen der Handelsberufe nicht so oft ins Ausland geschickt: lag die Quote unter den Bankkaufleuten bei 50 %, beträgt sie bei der hier betrachteten Gruppe nur gut ein Viertel.

Auf die Frage, ob es denkbar wäre, vom eigenen Unternehmen ins Ausland geschickt zu werden, antworteten 53 % mit „Ja" – so viele, wie in keiner anderen Berufsgruppe. Doch nur verhältnismäßig wenige, 15 %, gaben darüber hinaus an, daß dies bereits geschehe – obgleich sie mit diesem Wert innerhalb der Gruppe der kaufmännisch-verwaltenden Berufe immer noch an der Spitze liegen.

Die Frage, ob sie bereit wären, ins Ausland zu gehen, wenn sie ein entsprechendes Angebot dazu hätten – eine Frage, die allen mit Ausnahme derer, die schon ins Ausland gehen, gestellt wurde –, beantworteten 66 von 82 Befragten mit „Ja". Damit liegen sie knapp hinter den Hotel- und Gaststättenberufen, in denen diese Frage zu 82 % zustimmend beantwortet worden war. Die Bedingungen, die sie hierfür stellen würden, waren: der Auslandsaufenthalt müßte mit einem beruflichen Aufstieg verbunden sein (58 %), der Zeitraum des Einsatzes müßte befristet sein (56 %), und der Arbeitgeber müßte eine Rückkehrgarantie geben (ebenfalls 56 %). Der in den meisten anderen Berufen und Berufsfeldern an erster oder zweiter Stelle geäußerte Wunsch, daß die Familie mitkäme, rangiert in dieser Gruppe mit 39 % erst unter „ferner liefen".

In puncto Auslandserfahrung haben sowohl die Groß- und Außenhandelskaufleute als auch die Speditions- und Reiseverkehrskaufleute
einiges zu bieten: 76 % gaben an, einmal oder mehrmals im Ausland gewesen zu sein – nur in den Metallberufen und in den „sonstigen gewerblich-technischen Berufen" liegt der entsprechende Prozentsatz höher.
Der Auslandseinsatz kam hauptsächlich auf Vorschlag des Vorgesetzten
zustande (59 %). Doch auch Eigeninitiative hatte mit 52 % eine wichtige
Rolle gespielt.

Die Aufgabe bestand während des Auslandseinsatzes im wesentlichen darin, Vertriebsgespräche mit Kunden zu führen (48 %). Bei anderen Aufgabengebieten zeigen sich starke Abweichungen zwischen den
Groß- und Außenhandelskaufleuten und den Speditions- und Reiseverkehrskaufleuten. Bildeten bei der ersteren Gruppe der „Einkauf" (mit
48 %) und die „kaufmännische Sachbearbeitung" (45 %) wichtige
Schwerpunkte der Auslandstätigkeit, standen bei den Spediteuren und
Reiseverkehrskaufleuten eher „Managementaufgaben" (32 %) sowie
– wie nicht anders zu erwarten – der „Güter- und Personentransport"
(27 %) im Vordergrund.

Auffallend ist, daß es sich bei den Auslandsentsendungen um sehr
kurze Aufenthalte von wenigen Tagen bis zu ein paar Wochen handelt.
Die Gruppe nimmt hier mit 62 % eine Spitzenposition ein. Nach einer –
beruflichen wie persönlichen – Einschätzung des Auslandseinsatzes gefragt, wurde insbesondere angeführt, daß dadurch die beruflichen
Kenntnisse erweitert werden konnten (61 %) und, auf der persönlichen
Ebene, Lebenserfahrung hinzugewonnen wurde (73 %).

Nicht anders als bei den übrigen Berufen und Berufsfeldern bestand
auch bei den Berufen im Groß- und Außenhandel bzw. im Verkehrsgewerbe die wichtigste Vorbereitung der Entsendung in Gesprächen mit
auslandserfahrenen Kollegen (43 %). Immerhin 18 % hatten einen
Sprachkurs erhalten, 32 % gaben an, überhaupt nicht vorbereitet worden
zu sein. Es gab, wie bei den anderen Berufen auch, für die überwältigende Mehrheit (62 %) nichts, was man im nachhinein an der Vorbereitung hätte verbessern wollen.

Da es erwartungsgemäß für die allermeisten nach der Rückkehr von
ihrem (meist kurzen) Auslandseinsatz weder Veränderungen in beruflicher Hinsicht gegeben hatte noch Schwierigkeiten dabei aufgetreten waren, sich in die Arbeit in Deutschland wiedereinzufinden, würden 92 %
der Befragten aus den Handelsberufen im Rahmen der Berufstätigkeit
noch einmal ins Ausland gehen. Die mit Abstand wichtigste Bedingung

(36 %) für eine solche Entsendung wäre, daß es auch „weiterhin bei kurzen Auslandseinsätzen bleibt". Dies war insbesondere den Spediteuren und Reiseverkehrskaufleuten mit 43 % (gegenüber nur 24 % bei den Groß- und Außenhandelskaufleuten) wichtig. An zweiter Stelle stand mit 27 % die Rückkehrgarantie des Arbeitgebers, der dann mit 25 % der Wunsch nach beruflichem Aufstieg bzw. nach Begleitung durch die Familie folgte (ebenfalls 25 %).

Auf die hypothetische Frage, ob man bereit wäre, auch „aus eigenem Antrieb, d. h. aus persönlichem Interesse und ohne ein Angebot und die Unterstützung Ihres derzeitigen Arbeitgebers, ins Ausland zu gehen, um dort zu arbeiten", antworteten 55 % mit „Ja". Verglichen mit den anderen Berufen ist die Mobilitätsbereitschaft in dieser Gruppe also verhältnismäßig hoch. Dies bestätigen auch die Antworten, die wir von den 34 Befragten, die ihre grundsätzliche Bereitschaft zu einem solchen Schritt geäußert hatten, auf zwei weitere Fragen bekamen. So wären 25 bereit, dafür auch den Arbeitsplatz in Deutschland aufzugeben, 18 würden immerhin noch bei ihrer Entscheidung bleiben, wenn der Verdienst der gleiche bliebe bzw. wenn der neue ausländische Arbeitgeber ihnen keine Hilfe bei der Eingewöhnung in die fremde Umgebung – also etwa bei der Suche nach einer Wohnung oder der Vermittlung sozialer Kontakte – zukommen lassen würde.

43 (von 94) Personen aus der Gruppe der Handelsberufe waren der Ansicht, daß der eigene Berufsabschluß in anderen Ländern anerkannt wird – 47 Befragte, also genau die Hälfte, besaßen keine Information darüber (vgl. hierzu Kap. 3.3.5). Doch man würde es, mit nur einer einzigen Ausnahme, begrüßen, wenn Berufsabschlüsse in den anderen Mitgliedsstaaten der Europäischen Union anerkannt werden würden, von 47 % der Befragten allerdings nur unter dem Vorbehalt, daß „der Berufsabschluß außerhalb der Bundesrepublik unseren Ausbildungsstandards entspricht".

Zusammenfassend lassen sich für die Gruppe der Kaufleute im Groß- und Außenhandel bzw. der Speditions- und Reiseverkehrskaufleute also folgende Merkmale ausmachen: Von der Zusammensetzung her entspricht diese Gruppe weitgehend der der Gesamtstichprobe: d. h., sie weist ein relativ niedriges Durchschnittsalter auf, besteht zu zwei Dritteln aus Männern und ist überwiegend kinderlos. Auch hinsichtlich des hohen schulischen Bildungsniveaus weichen die von uns befragten Angehörigen dieser Berufe nicht wesentlich von den ermittelten Werten zumindest in den kaufmännisch-verwaltenden Berufen ab. Erst bei der

Einordnung der eigenen beruflichen Stellung in die oberste Kategorie der Angestelltentätigkeit zeigt sich eine deutliche Abweichung von den meisten anderen Berufen.

Für mehr als drei Viertel der Befragten aus den Handelsberufen spielte bereits bei der Berufsfindung die Erwartung einer internationalen Tätigkeit eine Rolle, eine Erwartung, die für die meisten auch eintraf. Die internationale Tätigkeit in den Handelsberufen besteht dabei sowohl in der Anwendung von Fremdsprachenkenntnissen – wobei Englisch eine alles dominierende Stellung einnimmt – als auch in (kurzen) Auslandsreisen, bei denen es in der Hauptsache um Vertriebsgespräche mit Kunden geht.

Was den Spracherwerb anbetrifft, so werden Fremdsprachen in dieser Gruppe – neben der Schule – vor allem in der Freizeit, aber zu einem hohen Prozentsatz auch im Rahmen der Berufsausbildung erlernt. Letzeres gilt insbesondere für die Kaufleute im Groß- und Außenhandel. Verglichen mit den anderen Berufen relativ hoch ist auch der Prozentsatz derjenigen im Groß- und Außenhandel bzw. im Verkehrsgewerbe, bei denen schon vor der Einstellung als Auszubildender Fremdsprachenkenntnisse erforderlich waren. Möglicherweise bedingt durch das hohe Niveau der Fremdsprachen-(sprich: Englisch-)Kenntnisse in dem hier betrachteten Berufsfeld ist der Weiterbildungsbedarf in bezug auf die Verbesserung der Sprachkenntnisse dagegen eher gering. Nur bei dem Wunsch, eine weitere Sprache hinzuzulernen, wird ein (leicht) überdurchschnittliches Interesse kundgetan.

Auffällig ist auch das von den Befragten aus den Handelsberufen signalisierte große Engagement der Unternehmen bei der Fremdsprachenvermittlung: Über die Hälfte der Angehörigen dieser Gruppe hatte an einem vom eigenen Unternehmen organisierten Sprachkurs teilgenommen – bei den Groß- und Außenhandelskaufleuten lag der Anteil sogar bei über 60 %.

Die Angehörigen der hier untersuchten Handelsberufe zeichnen sich jedoch nicht nur durch eine hohe Fremdsprachenkompetenz, sondern auch durch eine starke Auslandserfahrung aus, die vor allem im Zuge sehr kurzer Aufenthalte gewonnen wurde. Überdurchschnittlich viele aus der Gruppe erklärten sich denn auch bereit, bei einem entsprechenden Angebot des Arbeitgebers ins Ausland zu gehen, vor allem, wenn damit ein beruflicher Aufstieg verbunden und der Einsatz zeitlich befristet wäre; außerdem müßte der Arbeitgeber vorab eine Rückkehrgarantie abgeben. Der in den anderen Berufen häufig geäußerte Wunsch nach einer Möglichkeit, die Familie mitzunehmen, ist hier von nachrangiger Bedeutung.

Im Hinblick auf eine der beiden von uns begutachteten Teilgruppen, die der Groß- und Außenhandelskaufleute, ist es interessant, sich die Ergebnisse einer kürzlich vom Institut für angewandte wirtschafts- und gesellschaftswissenschaftliche Forschung durchgeführten Untersuchung zu „Fremdsprachen im Ausbildungsberuf Kaufmann/Kauffrau im Groß- und Außenhandel" (Weiß u. Schöpper-Grabe 1995) vor dem Hintergrund unserer Zahlen etwas näher zu betrachten.

Obwohl sich die beiden Untersuchungen nur sehr bedingt miteinander vergleichen lassen – beide können auch keinen Anspruch auf Repräsentativität erheben, bei Reinhold Weiß und Sigrid Schöpper-Grabe (1995) fand die Erhebung auf postalischem Wege statt, bei uns wurde sie von Interviewern vor Ort durchgeführt, bei der zitierten Studie wurden die Unternehmen um Auskünfte gebeten, während es bei uns die international tätigen Beschäftigten selbst waren –, finden sich doch eine Reihe von Übereinstimmungen bzw. Ergänzungen hinsichtlich des Fremdsprachenbedarfs in diesem Beruf, die die betriebliche Seite der Fragestellung beleuchten, die in unserer Untersuchung – sieht man einmal von den vorab durchgeführten Betriebsfallstudien ab – gezwungenermaßen zu kurz kommen mußte. So zeigte sich beispielsweise, daß „Fremdsprachen [...] für 54 % der Betriebe bereits bei der Einstellung von Auszubildenden von Bedeutung" sind (ebd., S. 96). Ähnlich hohe Werte hatten wir auf der individuellen Ebene auch bereits in unserer Erhebung auf die entsprechende Frage von den Groß- und Außenhandelskaufleuten selbst erhalten (46 %).

Auch was Art und Niveau der Fremdsprachenkenntnisse anbetrifft, entsprechen sich die Ergebnisse aus den beiden Untersuchungen weitgehend.

> „Besonders gute Fremdsprachenkenntnisse verlangen die Betriebe erwartungsgemäß in den Funktionsbereichen, in denen es auf einen direkten Kontakt mit ausländischen Handelspartnern ankommt, also vor allem im Verkauf und Einkauf. In den stärker intern ausgerichteten Funktionsbereichen wie Controlling/Rechnungswesen, Logistik, Versand werden eher ausreichende Kenntnisse akzeptiert" (Weiß u. Schöpper-Grabe 1995, S. 94).

Diese, auf den direkten Kundenkontakt ausgerichteten Funktionsbereiche fanden sich exakt im Tätigkeitsprofil der von uns befragten, international tätigen Groß- und Außenhandelskaufleute wieder, die, wie bereits gesehen, über eine überdurchschnittlich hohe Sprachkompetenz verfügten.

Als Ergänzung ist die Feststellung von Weiß und Schöpper-Grabe interessant, daß nahezu alle befragten Groß- und Außenhandelsunternehmen aus ihrem Sample „zumindest einen gelegentlichen Bedarf an einer Fremdsprache" haben, daß dieser Bedarf jedoch nicht alle Beschäftigten betrifft, sondern lediglich jeden dritten Mitarbeiter.

> „Je nach Auslandsorientierung der Betriebe und entsprechender Branchenzuordnung steigt die Anzahl der Mitarbeiter, die Fremdsprachen verwenden. So ist zum Beispiel in Betrieben mit Auslandsniederlassungen jeder zweite, in Betrieben ohne Niederlassungen dagegen nur jeder vierte bis fünfte betroffen. Zwar gibt es keine gravierenden Unterschiede im Anteil des Fremdsprachenbedarfs in den neuen und alten Bundesländern, wohl aber deutliche Differenzen im Hinblick auf den Anteil der betroffenen Groß- und Außenhandelskaufleute: In den neuen Bundesländern benötigt nur ungefähr jeder achte Mitarbeiter Fremdsprachenkenntnisse" (Weiß u. Schöpper-Grabe 1995, S. 90).

Einen Unterschied zu den Ergebnissen unserer Erhebung weist die Studie von Weiß und Schöpper-Grabe (1995) jedoch hinsichtlich des Sprachenumfangs auf. Während bei uns die befragten Groß- und Außenhandelskaufleute fast durchweg angaben, lediglich Englisch für die berufliche Tätigkeit zu benötigen, spielen dort auch noch Französisch, Italienisch, Spanisch, Niederländisch, Russisch und Tschechisch eine, wenngleich nicht überragende, so doch immerhin bedeutsame Rolle. Dies könnte daran liegen, daß von Weiß und Schöpper-Grabe der *betriebliche* Bedarf erhoben wurde, wohingegen es uns um den *individuellen* Bedarf gegangen war; die deutliche Präsenz der kleineren Nachbarsprachen in der Betriebsstudie läßt sich möglicherweise „durch das leichte Übergewicht der befragten Betriebe aus grenznahen Kammern" in der anderen Studie erklären (Weiß u. Schöpper-Grabe 1995, S. 92). Dennoch:

> „Überwiegend werden pro Betrieb mehr als zwei Sprachen verwendet [...]. Eine Sprache wird von 21,0 %, zwei bis vier Sprachen werden von 60,2 % und mehr als fünf Sprachen noch von 16,7 % der Betriebe verwendet. Demnach nutzen

im Groß- und Außenhandel etwas mehr als drei Viertel aller Betriebe mehr als zwei Sprachen" (ebd., S. 93.).

So wird also wohl erst eine eingehendere Untersuchung speziell zum Fremdsprachenbedarf bei Groß- und Außenhandelskaufleuten, die entweder repräsentativ vorgeht und mit wesentlich größeren Fallzahlen operiert, als es bei uns bzw. bei Weiß und Schöpper-Grabe der Fall war, oder die auf dem Wege der Arbeitsplatzbeobachtung durchgeführt wird, nähere Auskunft über den Umfang und die Ausprägung von Fremdsprachenkenntnissen im Rahmen des beruflichen Tätigkeitsspektrums in diesem Beruf geben können.

3.4.2.5 Berufe im Einzelhandel

Wie eingangs bereits erwähnt, ist es trotz intensiver Bemühungen – bei vorgegebenen Ressourcen – leider nicht gelungen, bei den Einzelhandelskaufleuten, die gewissermaßen als „Kontrastgruppe" zu den traditionell „internationalen" kaufmännischen Berufen dienen sollten, auf eine genügend hohe Fallzahl zu kommen, um gesicherte Angaben über ein internationales Tätigkeitsprofil in diesem Beruf machen zu können. Diese Schwierigkeit bei der Suche nach geeigneten Teilnehmern an der Befragung deutet auf zweierlei hin: zum einen auf den relativ geringen Bedarf an Fremdsprachenkenntnis und/oder berufsbedingter Auslandserfahrung in diesem Beruf (eine der beiden Kategorien mußte als Teilnahmekriterium für die Erhebung gegeben sein), zum anderen aber auch auf ein sehr begrenztes Verständnis dessen, was „internationale Qualifikationen", neben der Fremdsprachen- und interkulturellen Kompetenz, sonst noch sein könnten. So war in den in aller Regel erfolglos verlaufenen Kontaktgesprächen mit Einzelhandelsunternehmen zwar öfters die Rede von einer multikulturell zusammengesetzten Belegschaft oder einer ebensolchen Kundschaft, doch es fand sich nur selten ein Bewußtsein dafür, daß der Umgang sowohl der Beschäftigten untereinander als auch der der Beschäftigten mit den Kunden etwas mit „internationalen Qualifikationen" zu tun haben könnte.

Bei den Betrieben, die schließlich die Befragung unterstützten, handelte es sich um für den Einzelhandel nicht eben typische Unternehmen: große Warenhäuser mit (in der Mehrzahl) mehr als 500 Beschäftigten in Ballungszentren wie Berlin oder Frankfurt oder in Grenznähe, zu deren festem Käuferstamm zahlungskräftige, nicht in Deutschland lebende

Ausländer zählen. Bei den Teilnehmern, die sich für die Befragung zur Verfügung gestellt hatten, handelte es sich in aller Regel um solche Beschäftigte, die – erlernt oder als Muttersprache – eine Fremdsprache beherrschten und in der Lage waren, sich mit Kunden aus diesem Sprachraum in deren Sprache zu unterhalten.

Ein auffälliges Merkmal der Gruppe bestand darin, daß es sich nur 13 Personen unter den insgesamt 28 im Einzelhandel tätigen Befragten um Einzelhandelskaufleute oder Fachverkäufer/-innen handelte; die unterschiedlichsten Berufe waren in dieser Teilstichprobe vertreten: vom Friseur über den Raumausstatter bis hin zur Damenschneiderin. Wie schon bei den Hotel- und Gaststättenberufen bzw. bei den Büroberufen bestand auch diese Gruppe mehrheitlich aus Frauen. Ein deutlicher Unterschied zu jenen Berufsfeldern zeigte sich allerdings im Alter: obwohl die 25- bis 34jährigen die am stärksten besetzte Altersgruppe bildeten, waren dennoch fast zwei Drittel der Befragten 35 Jahre und älter.

Unterschiede, zumindest zu den Berufen im kaufmännisch-verwaltenden Bereich, zeigten sich auch bei einer Reihe weiterer Merkmale – so etwa beim familiären Status: Bei den im Einzelhandel Beschäftigten findet sich die geringste Anzahl derer, die angaben, keine Kinder zu haben. Auch hinsichtlich der beruflichen Stellung offenbarte sich eine starke Diskrepanz zu den anderen kaufmännisch-verwaltenden Berufen: Knapp die Hälfte ordnete sich der Gruppe der Angestellten „mit einfacher Tätigkeit" zu und nicht, wie bei den anderen Berufen, denen mit „schwierigen Aufgaben" oder „selbständiger Leistung". Das schulische Bildungsniveau in dieser Gruppe ist eher niedrig: Über die Hälfte hatte einen Hauptschulabschluß, ein Viertel die mittlere Reife.

Auf die Frage, in welcher Hinsicht das eigene Unternehmen „international" sei, antworteten über 80 %, daß es „häufig mit Ausländern als Kunden im Inland zu tun" habe (sicherlich auch ein Effekt der grenznahen Lage einiger der Unternehmen – aber nicht nur, da damit nicht nur die „Grenzgänger" gemeint sein könnten, sondern auch die in der Bundesrepublik lebenden Ausländer).

Der Intensitätsgrad „internationaler Angelegenheiten" im Rahmen der beruflichen Tätigkeit ist bei den Befragten aus dem Einzelhandel eher gering und bewegt sich in etwa in den Margen, die von den Angehörigen der gewerblich-technischen Berufe angegeben wurden. Auch fremdsprachige Fachbegriffe spielen nur hin und wieder einmal eine Rolle.

Drei Viertel der Befragten aus dem Einzelhandel gaben an, Grundkenntnisse in einer Fremdsprache – meist Englisch – zu besitzen, die man sich, neben der Schule, vor allem in der Freizeit erworben hatte.

Bei der Einstellung – sowohl vor als auch nach der Ausbildung – waren solche Kenntnisse jedoch in keinem einzigen Fall erforderlich gewesen. Dennoch gaben mehr als die Hälfte derjenigen mit Fremdsprachenkenntnissen an, zumindest Englisch „häufig" bis „sehr häufig" für die eigene Arbeit zu benötigen. Und ebenfalls die Hälfte meldete einen Weiterbildungsbedarf bei den bestehenden Fremdsprachenkenntnissen – insbesondere im Hinblick auf eine Verbesserung des aktiven Sprechens – an, wobei man dann durchaus bereit wäre, dafür einen Teil der Freizeit zu opfern. Nach Auskunft von fast drei Viertel der Befragten hat das eigene Unternehmen nichts für den Erwerb der eigenen Fremdsprachenkenntnisse getan; nur den wenigsten war vom Unternehmen der Besuch eines Sprachkurses ermöglicht worden.

Auslandseinsätze spielten im Spektrum internationaler Tätigkeiten der von uns befragten Beschäftigten im Einzelhandel so gut wie keine Rolle; für die wenigsten wäre es überhaupt *denkbar*, daß das eigene Unternehmen sie ins Ausland schicken könnte. Die Mehrheit wäre – selbst bei einem entsprechenden Angebot des Arbeitgebers – aber ohnehin auch nicht bereit, eine Auslandsstelle anzutreten. Und diejenigen, die Bereitschaft signalisierten, würden dies nur unter der Bedingung tun, daß die Familie mitgeht, der Auslandsaufenthalt mit einem beruflichen Aufstieg verbunden ist und eine finanzielle Verbesserung mit sich bringt und daß der Arbeitgeber eine Rückkehrgarantie gibt.

Da die hier betrachtete Gruppe jedoch, wie gesagt, nur einen relativ kleinen Bereich aus dem gesamten Spektrum des Einzelhandels repräsentiert – zudem konzentriert auf Ballungsräume und Grenzregionen – und es sich außerdem bei 28 Personen um eine sehr geringe Fallzahl handelt, können keine verbindlichen Angaben über „internationale Qualifikationen" bei Einzelhandelskaufleuten gemacht werden, so daß wir es bei einer groben Beschreibung der Teilstichprobe bewenden lassen müssen. Nur soviel scheint festzustehen: In der Bundesrepublik lebt eine große Konsumentengruppe, die bislang, wie in den meisten andern Branchen auch, vom Einzelhandel sträflich vernachlässigt wird – die 8 % hier lebenden ausländischen Mitbürger. Der sich verschärfende Konkurrenzdruck im Einzelhandel könnte dazu führen, daß diese Gruppe in naher Zukunft gezielt umworben wird. Dies hätte dann jedoch zur Konsequenz, daß nicht nur bestimmte Artikel in das Sortiment aufgenommen werden, sondern auch, daß sich der Service den Bedürfnissen dieses Kundenkreises anpassen, d. h. entsprechende Sprach- und interkulturelle Kompetenzen entwickeln muß.

4 „Internationale Qualifikationen" aus individueller Sicht: Manches ist doch anders, als es scheint!

Da wir mit der schriftlichen Befragung, die angesichts der Größe des Samples überwiegend mit geschlossenen Antworten arbeiten mußten, die subjektiven Motive für die Arbeit im internationalen Kontext nicht ausreichend erfassen konnten, haben wir zusätzlich mit 13 Personen Intensivinterviews an Hand eines offenen Leitfadens durchgeführt. In den Interviews sind wir insbesondere der Frage nachgegangen, ob Personen, die international tätig sind, besondere Merkmale in ihren Biographien aufweisen, die sich z. B. durch größere Offenheit gegenüber anderen Kulturen oder durch eine größere Mobilitätsbereitschaft auszeichnen. Zu fragen war also, ob sich ein Interesse an internationaler Tätigkeit auch durch spezifische biographische Konstellationen ergibt oder ob diese Orientierung stärker von den Arbeitsanforderungen im Berufsleben her bestimmt wird.

Die Interviews fanden außerhalb der Arbeitszeit statt und dauerten zwischen 1½ bis drei Stunden. Die Personen waren sehr aufgeschlossen und erzählten bereitwillig und interessiert aus ihrem Leben, und zwar sehr offen sowohl über ihre Arbeitssituation wie auch über ihre privaten und persönlichen Perspektiven und Erfahrungen. Dabei muß allerdings berücksichtigt werden, daß Personen, die sich zu einem mündlichen Interview außerhalb der Arbeitszeit bereit erklären, von vornherein ein größeres Interesse an der Fragestellung des Projektes haben als andere. Es ist also zu vermuten, daß wir eher eine sogenannte „Positivauswahl" befragen konnten, die sich mit der Frage der internationalen Qualifikationen und Tätigkeiten hinsichtlich ihrer subjektiven Perspektiven bereits auseinandergesetzt hatte.

Wir haben bei der Auswahl der Personen darauf geachtet, daß Männer und Frauen vertreten waren und daß sowohl Beschäftigte, die im Inland mit internationalen Tätigkeiten betraut sind, als auch solche, deren Tätigkeit mit einem Auslandsaufenthalt verbunden ist oder war, einbezogen wurden.

Von den dreizehn Personen waren fünf weiblich und acht männlich. Bis auf eine Ausnahme haben alle eine Ausbildung im dualen System absolviert, allerdings haben sich einige dann über die Meister- oder Technikerausbildung weiterqualifiziert oder ein Fachhochschulstudium absolviert. Diese Aufstiegsmobilität durch Weiterbildung scheint durchaus ein häufiges Merkmal von Personen zu sein, die international tätig sind (vgl. auch die Ergebnisse der schriftlichen Befragung in Teil 3).

Zur Einbeziehung von Herrn A., der keine Erstausbildung im dualen System hat, haben wir uns entschlossen, weil er einen für die Zukunft wahrscheinlich wichtigen Zweig internationaler Tätigkeiten repräsentiert, nämlich den Softwarebereich.

Im Bericht stellen wir zunächst anonymisierte Kurzportraits der Interviewten vor, damit dem Leser deutlich werden kann, welche Personen einbezogen wurden. Dann gehen wir der Frage nach, was die Interviewten unter internationaler Qualifikation und Tätigkeit verstehen und wie sie ihre eigene Arbeit in ein solches Verständnis einordnen. Anschließend berichten wir über biographische Zusammenhänge im Verhältnis zu den einbezogenen internationalen Tätigkeiten, wie sie sich in der subjektiven Perspektive der Befragten darstellen. Da bei den Interviews, bis auf eine Ausnahme, der Zusammenhang zwischen familiärer Situation und internationaler Tätigkeit sehr in den Vordergrund geschoben wurde, wollen wir diesen in einem gesonderten Kapitel behandeln. Zum Abschluß sollen die unterschiedlichen Typen von internationaler Tätigkeit und Einschätzungen aus der subjektiven Perspektive der Befragten zum Zusammenhang von Aufstieg und internationaler Tätigkeit dargestellt werden.

Angesichts der gewählten Methode und der begrenzten Anzahl von Interviews versteht es sich von selbst, daß keine allgemeingültigen Aussagen gemacht werden können. Der Wert solcher Verfahren besteht aber darin, daß mögliche Interpretationsmuster und Argumentationsfiguren herausgearbeitet werden können, die den Zusammenhang von internationalen Qualifikationen und der Bereitschaft, internationale Tätigkeiten aufzunehmen, besser verdeutlichen, als dies eher quantitativ gewonnene Daten zu leisten vermögen.

4.1 Kurzportraits der interviewten Personen

Frau B.

Frau B. ist 43 Jahre alt, verheiratet und hat einen 17jährigen Sohn. Ihr Mann ist Ingenieur; sie selbst arbeitet als Sekretärin/Sachbearbeiterin eines Ausbildungsleiters in einem Betrieb der chemischen Industrie. Frau B. ist gelernte Industriekauffrau und noch im gleichen Unternehmen beschäftigt, in dem sie auch ihre Ausbildung absolviert hat. Als ihr

Sohn klein war, hat sie für zehn Jahre halbtags gearbeitet; seit nunmehr fünf Jahren arbeitet sie aber wieder ganztags. Industriekauffrau ist sie geworden, weil *„ich gute Noten in der Schule hatte, und ich wollte eben ins Büro und nicht etwa Friseurin werden"*. Ausschlaggebend für die Wahl der Ausbildungsstelle war auch der gute Ruf, den der Betrieb vor Ort hatte. Aspekte von Internationalität spielten damals keine Rolle.

Nachdem sie zunächst in verschiedenen Bereichen des Unternehmens Sekretariatsarbeit gemacht hatte, ergab sich mit der Möglichkeit, wieder ganztags beschäftigt zu sein, die Chance, als Sekretärin des Ausbildungsleiters tätig zu werden, was zugleich einen innerbetrieblichen Aufstieg bedeutete. Da ihr Sohn über Freunde mehrfach die Gelegenheit hatte, nach Südamerika zu reisen, hat sie gemeinsam mit ihm in ihrer Freizeit Spanisch gelernt. In Englisch hat sie sich berufsbegleitend weitergebildet, so daß sie nach eigener Einschätzung ganz gut Englisch spricht.

Was ist nun das Internationale an ihrer Tätigkeit? *„Nun ja, mein Chef hat riesiges Interesse an der Berufsbildung im Ausland. Dadurch haben wir uns sowohl an europäischen Projekten wie auch an Auszubildenden-Austauschen beteiligt, und da mußte ich natürlich alles organisieren und vorbereiten. Dadurch konnte ich auch meine Sprachkenntnisse im Englischen und Spanischen nutzen."* Sie selbst schätzt ihre Arbeit seit der Übernahme auch internationaler Tätigkeiten interessanter als vorher ein, auch wenn sie „leider" nur von Deutschland aus erfolgt.

Frau D.

Frau D. ist 35 Jahre alt, lebt mit einem Partner zusammen und hat keine Kinder. Sie hat vor 13 Jahren ihre Ausbildung zur Bankkauffrau beendet. Sie ist noch im gleichen Unternehmen beschäftigt, in dem sie die Ausbildung gemacht hat. Nach dem Abitur hatte sie geschwankt, ob sie eine Dolmetscherausbildung machen sollte, weil ihr die Sprachen besonders lagen, oder ob sie eine Ausbildung bei der Bank machen sollte. Die Entscheidung für die Bankausbildung fiel, als sie sich darüber informiert hatte, daß es auch hier internationale Einsatzfelder gibt, denn *„was Internationales sollte es unbedingt sein"*. Bereits in der Oberstufe hatte sie ein Jahr als Austauschschülerin in den USA verbracht, weil sie einfach mal *„raus wollte"*. Die Erfahrungen dieses Jahres hatten sie darin bestärkt, sich eine Tätigkeit im internationalen Bereich zu suchen. Bereits während der Ausbildung war sie zu Kurzeinsätzen im Ausland, weil die urlaubsbedingten Belastungen der ausländischen Filialen ausgeglichen werden sollten. Sie hat sich selbst darum bemüht und sich mit diesem Wunsch auch durchsetzen können. Nach dreijähriger Tätigkeit im Kundenverkehr konnte sie für zwei Jahre nach London, um in der dortigen Filiale zu arbeiten. Nach Deutschland zurückgekehrt, hat sie in das internationale Kreditwesen gewechselt. Vor drei Jahren hat sie die Neueröffnung einer Filiale in Prag betreut, dort hat sie für ein Jahr gearbeitet. Auf die Frage, ob sie jetzt auch noch einmal ins Ausland gehen würde, antwortet sie: *„Nun bin ich in einem Alter, wo ich mal überlegen muß, ob ich Kinder haben will oder nicht, und dann geht das ja nicht mehr, dann ist man ja doch an Deutschland gebunden."*

Frau Z.

Frau Z. ist Italienerin, lebt aber seit ihrem 6. Lebensjahr in Deutschland. Frau Z. hat zunächst nach dem Abitur eine Ausbildung als Industriekauffrau gemacht, dann vier Jahre lang in einer Universität im akademischen Auslandsamt gearbeitet und nebenbei Linguistik studiert, was sie nicht abgeschlossen hat. Nachdem sie versucht hat, sich in Italien mit einem kleinen Textilunternehmen selbständig zu machen, was aber scheiterte, kam sie nach Deutschland zurück und arbeitet nun in der Verwaltung eines international tätigen Maschinenbaubetriebes. Sie ist unverheiratet, lebt in einer dauerhaften Partnerschaft, hat keine Kinder.

Ihre jetzige Tätigkeit ist dadurch bestimmt, daß sie die Abwicklung des Zahlungsverkehrs mit dem Ausland betreut. Ihre „tägliche" Arbeitssprache ist Englisch. Vom Unternehmen wurde sie während der Arbeitszeit zu einem Kurs für Fachenglisch im Rechnungswesen freigestellt. Mündliche Verwendungssituationen ergeben sich, wenn Reklamationen und Nachfragen per Telefon kommen. Gleichzeitig nutzt der Betrieb ihre Sprachkenntnisse in Italienisch, wenn es Probleme mit italienischen Arbeitskräften gibt. Sie selbst würde jederzeit ins Ausland gehen, wenn sie dort einen interessanten Job bekommen würde. *„Da ich mich jetzt entschieden habe, daß ich keine Kinder haben möchte, versuch' ich auf jeden Fall, noch einmal eine Stelle im Ausland zu bekommen, denn so richtig international ist meine Arbeit ja nicht, außer daß ich meistens englisch schreiben oder sprechen muß."* Den „Mangel" an Internationalität in ihrer Tätigkeit versucht sie, mit ehrenamtlicher Arbeit in der Betreuung ausländischer Jugendlicher auszugleichen.

Frau K.

Frau K., 36 Jahre alt, verheiratet, zwei Kinder, stammt aus Rumänien und lebt seit 25 Jahren in der Bundesrepublik Deutschland. Die damalige Ausreise von Rumänien nach Deutschland hat sie nach ihren eigenen Worten sehr geprägt, weil es bei ihr die Haltung hervorgebracht hat, *„daß es möglich ist, auch in fremden Kulturen zu leben und zu arbeiten".* Nach dem Abitur hat Frau K. zunächst eine Dolmetscherausbildung an einer privaten Sprachenschule gemacht, in deren Rahmen sie auch drei Monate in London war. Daran hat sie eine Ausbildung zur Industriekauffrau angeschlossen, weil sie nicht als Dolmetscherin arbeiten wollte. Nach der Ausbildung, die sie in einem Unternehmen der chemischen Industrie absolviert hat, wechselte sie in ein multinationales Unternehmen der gleichen Branche, weil sie dort in der Sachbearbeitung des internationalen Vertriebs arbeiten und ihre Sprachkompetenzen besser nutzen konnte als in dem mittelständischen Unternehmen, in dem sie ausgebildet worden war. Ihre damalige Perspektive war es auch, einmal eine Zeit lang in einer der Tochtergesellschaften im Ausland zu arbeiten.

Nachdem sie allerdings zwei Kinder bekommen hat, reduzierte sie ihre Arbeitszeit auf eine Halbtagsbeschäftigung. *„Und nun ist der Traum vom Ausland erstmal auf die Urlaubsreisen beschränkt."*

Frau P.

Frau P. ist 29 Jahre alt und lebt zur Zeit alleine ohne einen festen Partner. Nach dem Besuch der Realschule machte sie eine Ausbildung als Reiseverkehrskauffrau: *„ich wollte etwas von der Welt sehen",* und sie dachte, daß sie das in diesem Beruf am einfachsten verwirklichen könnte. Ihr Berufswunsch war sehr stark durch die Erfahrungen in ihrem Elternhaus geprägt, denn ihr Vater war in der Vertriebsabteilung eines Elektrogeräteherstellers tätig und mußte viel ins Ausland reisen. Nach ihrer Ausbildung, die ihr nicht besonders gut gefallen hat, wechselte sie nach einem halben Jahr aus dem Ausbildungsbetrieb in ein größeres Reisebüro, weil sie sich dort interessantere Perspektiven versprach; insbesondere erwartete sie, auch einmal bei der Organisation von Reisen ins Ausland geschickt zu werden. Allerdings erfüllte sich diese Hoffnung nicht, weil ihre Tätigkeit ausschließlich im Verkauf von Reisen besteht. Heute sagt sie hinsichtlich ihrer Perspektiven im Beruf: *„Das einzig Internationale an meiner Tätigkeit sind die bunten Bilder in den Prospekten, sonst ist das hier eine Bürotätigkeit mit Kundenkontakt wie andere Bürotä-*

tigkeiten auch." Deshalb sucht Frau P. nach beruflichen Alternativen, in denen sie ihre Interessen an internationaler Arbeit besser umsetzen kann.

Herr F.

Herr F. ist 52 Jahre alt, mit einer Lehrerin verheiratet und hat zwei Töchter, die mittlerweile aus dem Haus sind, weil sie studieren. Er arbeitet als Abteilungsleiter in einem Energieversorgungsunternehmen.

Nach Abschluß der Realschule machte er eine Ausbildung zum Chemielaboranten und absolvierte nach zwei Jahren Berufstätigkeit eine Ausbildung zum Chemotechniker. Er ist noch im gleichen Unternehmen beschäftigt, in dem er ausgebildet wurde.

Mit internationalen Dingen beschäftigt Herr F. sich seit ca. 12 Jahren. Die Situation hat sich dadurch ergeben, daß in seiner damaligen Arbeitsgruppe, die sich mit dem Korrosionsschutz für Erdgasleitungen beschäftigte, erste Anträge aus dem Ausland kamen, ausländische Energieunternehmen für den Erosions- und Korrosionsschutz bei Erdgasleitungen zu beraten. In dieser Phase wurde ihm klar, daß ein weiterer beruflicher Aufstieg nur noch möglich war, wenn er bereit wäre, auch für Kurzaufenthalte (ein bis drei Monate) ins Ausland zu gehen. In der Freizeit hat er dann eine Weiterbildung in Englisch gemacht und sich so auf die Einsätze vorbereitet. Diese Bereitschaft und sein privates Engagement beim Sprachenlernen sieht er heute rückblickend als die Voraussetzungen dafür an, daß er es geschafft hat, Abteilungsleiter zu werden. Mit der Zunahme der Auslandseinsätze hat sich sein Interesse an den anderen Ländern deutlich erhöht, und er möchte die „internationale Seite" seiner Tätigkeit auch nicht mehr missen. Probleme mit den Auslandseinsätzen wegen seiner Familie sieht er rückwirkend nicht. Da seine Frau Lehrerin ist, sei die Kinderbetreuung immer sichergestellt gewesen, und *„für die Familie war das spannend, aus so vielen Ländern Berichte zu bekommen, und ich hab auch immer was Typisches mitgebracht. Außerdem gab es mehr Geld."*

Herr S.

Herr S., vierzig Jahre alt, ist verheiratet, hat zwei Töchter im Alter von drei und fünf Jahren. Seine Frau arbeitet als Hausfrau. Nach Abschluß der Realschule, in der Fremdsprachen überhaupt nicht interessiert haben (*„hatte ich ´ne Fünf"*), hatte er eine Ausbildung als Schlosser. Weil ihm die Arbeitsbedingungen damals aber nicht zusagten, machte er das

Fachabitur nach und ging dann zur Fachhochschule, um Maschinenbauingenieur zu werden. Danach arbeitete er ein Jahr als Ingenieur, merkte aber, daß diese Art von Arbeit nicht sein wirkliches Interesse finden konnte, und begann noch einmal zu studieren, und zwar Sozialwissenschaft. Insbesondere interessierten ihn im Rahmen seines Studiums Aspekte der Regionalentwicklung. Nach dem Magisterabschluß fand er jedoch keine Stelle und begann dann 1987 doch wieder als Ingenieur in einem Unternehmen, das Textilmaschinen herstellt. Mittlerweile verheiratet, wollte er ein eigenes Haus bauen, aber dies war nur mit dem normalen Gehalt nicht möglich. Um mehr Geld zu verdienen, hat er sich um Auslandseinsätze beworben, und zwar zur Mitarbeit bei der Aufstellung und Abnahme von Textilmaschinen. Solche Einsätze dauern nach seinen Erfahrungen von manchmal zwei Wochen bis zu drei Monaten. Eine Vorbereitung auf die Einsätze gibt es nicht. Vor Ort werden Dolmetscher bereitgestellt, so daß, nach seiner Aussage, keine Sprachprobleme entstehen können. Solche Einsätze kommen bis zu sechsmal im Jahr vor. Nachdem er Kinder hatte, versuchte er, die Einsätze wieder zu reduzieren. Mittlerweile ist er in der Planungsabteilung und braucht nicht mehr soviel zu reisen.

Herr N.

Herr N., 43 Jahre alt, ist geschieden und hat zwei erwachsene Kinder. Nach Abschluß der Realschule hatte er eine Lehre als Elektriker gemacht und vier Jahre in diesem Beruf gearbeitet. Als er heiratete, *„kann (er) es sich leisten"*, weiter zur Schule zu gehen und ein Ingenieurstudium aufzunehmen, weil seine Frau als Grundschullehrerin genug verdiente, daß sie davon leben konnten. Nach Abschluß des Studiums gelang es ihm, eine Stelle in einem mittelständischen Betrieb zu finden, und er wurde sehr rasch damit konfrontiert, daß er nach China, Japan oder Amerika mußte, um die dort beschäftigten Arbeitskräfte in die Nutzung der von ihnen gelieferten Anlagen einzuführen. Zunächst empfand er diese Auslandseinsätze als lästig und „stressig", mit der Zeit aber gewinnt er immer mehr Spaß daran. Zudem sind diese Einsätze für ihn eine gute Gelegenheit, den familiären Konflikten auszuweichen.

Sprachprobleme sieht er kaum, weil im asiatischen Raum sowieso mit Dolmetschern gearbeitet werden muß. Englisch und Französisch hat er in Intensivkursen in den jeweiligen Ländern gelernt, wobei er dafür von der Arbeit freigestellt wurde, aber die Kosten selbst tragen mußte. Obwohl er sich selbst nicht um eine internationale Tätigkeit bemüht hat, ist er heute froh, *„denn nur in Deutschland an meinem Schreibtisch, das wäre nichts mehr für mich, denn im Ausland hast du doch viel mehr Freiraum, da kontrolliert dich keiner"*.

Herr H.

Herr H. ist 36 Jahre alt und lebt allein. Nach dem Abitur hatte er keine Lust zu studieren und begann, weil ihn Technisches interessiert, eine Ausbildung als Meß- und Regelmechaniker. Die Ausbildung und der Betrieb gefielen ihm gut, so daß er seine anfänglichen Pläne, doch noch einmal zu studieren, aufgab. Nach seiner Meisterausbildung, die er nebenberuflich absolvierte, wurde eine Stelle im Ausbildungswesen frei. Für diese bewarb er sich und konnte auch bald als Ausbilder anfangen. Sehr schnell übernahm er von einem ausscheidenden Kollegen die Organisation des in diesem Betrieb üblichen Auszubildendenaustauschs mit Frankreich und Italien. *„Das war das richtige für mich, weil ich unheimlich gerne reise und neugierig bin, wie in anderen Ländern gelebt und gearbeitet wird."* In diesem Zusammenhang berichtet er auch, daß er bereits als Jugendlicher von seiten seiner Pfarrgemeinde mit den Pfadfindern häufig an internationalen Begegnungen teilgenommen hat.

Zusammen mit anderen Ausbildern richtete er mit Unterstützung der Weiterbildungsabteilung einen Sprachkurs für Italienisch ein. Alle zwei Jahre fährt er mit einer Gruppe von Auszubildenden zu einem Austausch, im Zwischenjahr kommen die Ausländer in seinen Betrieb. Er empfindet diese Möglichkeit des Austausches als außerordentlich bereichernd und hofft, daß die Auszubildenden dadurch aufgeschlossener gegenüber fremden Kulturen werden und sich dies auch auf ihre Mobilitätsbereitschaft auswirkt.

Herr L.

Herr L. ist 48 Jahre alt, verheiratet und hat zwei Kinder, die beide bereits eine Lehre abgeschlossen haben. Herr L. hatte nach dem Hauptschulabschluß eine Lehre als Elektriker gemacht und arbeitet noch im selben Betrieb, in dem er seine Ausbildung absolviert hat. Er arbeitet in der Montage eines Maschinenbauunternehmens. Sein Haupteinsatzgebiet für die Montage waren bis vor kurzem die südamerikanischen Länder; neuerdings wird er auch öfter nach Osteuropa geschickt, weil das Unternehmen sich dort einen neuen Markt erschlossen hat. Seine Einsätze umfassen eine Dauer von bis zu zwei Monaten, in der Regel sind sie aber kürzer. Sein Eindruck ist, daß der Druck, in immer kürzeren

Zeiten Anlagen zu montieren, ungeheuer groß geworden ist, daß also die Kostensparperspektive auch voll auf die Montageabteilung umgesetzt worden ist.

Die mangelnde Fremdsprachenkompetenz bezeichnet er als gravierendes Problem für den Montageeinsatz im Ausland, nicht so sehr auf die Arbeit bezogen, sondern eher auf das Leben im Ausland. Er empfindet es als erhebliche Belastung, daß er sich in seiner begrenzten Freizeit bei einem Auslandeinsatz nicht frei bewegen kann, weil er nur deutsch spricht. *„Du bist zwar im Ausland, aber du lebst wie in einem Ghetto von Deutschen, weil du dich anders gar nicht bewegen kannst, wenn du nicht wenigstens Englisch sprichst."*

Familiäre Probleme sieht er bei den kurzen Einsätzen im Ausland nicht, weil seine Frau, als die Kinder noch zur Schule gingen, nicht gearbeitet hat.

Herr D.

Herr D. ist 31 Jahre alt und lebt mit einer Partnerin zusammen, sie haben „noch" keine Kinder. Nach der Realschule, die er nach eigenen Aussagen als mittelmäßiger Schüler durchlaufen hatte, machte er eine Ausbildung als Koch in einem mittelgroßen Hotel. Seine Eltern haben ein kleines Ferienhotel, das er einmal übernehmen soll. Er selbst hat mittlerweile allerdings andere Pläne, weil er lieber auf Dauer in einem Spezialitätenrestaurant arbeiten und sich in diesem Bereich selbständig machen möchte. Nach der Ausbildung ging er, angeregt durch seinen Chef, für zwei Jahre nach Avignon in Frankreich. Erst während des Auslandsaufenthalts besuchte er einen Intensivkurs in Französisch und lernte so die Grundlagen der Sprache. *„Richtig sprechen gelernt hab' ich erst durch das Arbeiten und Leben in Frankreich."* Während des Aufenthalts lernte er seine Partnerin kennen, die in dem Hotel, in dem er arbeitete, als Köchin ausgebildet wurde. Zunächst wollte er für immer in Frankreich bleiben, aber als sein Vater krank wurde, übernahm er zunächst die Küche im elterlichen Ferienhotel. Er merkte allerdings sehr schnell, daß ihm dieser Typ von Küche nicht gefiel, und schaute sich nach beruflichen Alternativen um, nachdem er Ersatz für seine Tätigkeit im Familienbetrieb gefunden hatte. Er wechselte in ein Kongreßhotel mit einem großen Restaurantbereich und hatte dort dann auch die Chance, seine Partnerin ebenfalls in der Küche unterzubringen. Im Moment überlegen beide gemeinsam, ob sie sich in Deutschland oder Frankreich selbständig machen wollen.

Herr R.

Herr R. ist 47 Jahre alt, verheiratet und hat zwei Kinder. Nach Abschluß der Realschule machte er zunächst eine Ausbildung als Feinmechaniker. Weil seine Eltern, ein Lehrerehepaar, ihn drängten, doch noch weiterzumachen, besuchte er die Fachhochschule und machte einen Abschluß als Ingenieur. Nach seiner Ausbildung gelang es ihm, eine Stelle in der Planungsabteilung eines internationalen Unternehmens zu bekommen, und er erhielt bereits nach zwei Jahren, als sein Chef als Werksleiter nach Brasilien ging, die Chance, dorthin mitzugehen. Weil er ungebunden war und diese neue Erfahrung ihn reizte, nahm er dieses Angebot an. In Brasilien lernte er seine heutige Frau kennen.

Portugiesisch hat er mehr schlecht als recht während seines Aufenthaltes gelernt. Eine systematische Sprachausbildung hielt man damals für unwichtig, weil die Führungsstruktur insgesamt nur mit Deutschen besetzt war. Nach vier Jahren Aufenthalt in Brasilien mußte er zurückkommen, um im Stammwerk eine neue Stelle zu übernehmen, die dann keine internationalen Tätigkeiten mehr umfaßte.

Nach seiner eigenen Einschätzung waren die Jahre in Brasilien seine schönsten Berufsjahre, weil sie insbesondere durch mehr Autonomie geprägt waren. Die Rückkehr und die Eingewöhnung in die deutsche Arbeitsorganisation ist ihm sehr schwergefallen. *„Aber wenn man für eine Familie verantwortlich ist, dann hat man nicht mehr soviel Spielraum, um sich beruflich umzuorientieren."*

Herr A.

Herr A. ist 27 Jahre alt, lebt allein und hat keine Kinder. Nach dem Abitur hatte er zunächst eine Ausbildung als Bankkaufmann begonnen, die er aber nach knapp einem Jahr abgebrochen hat. Er begann dann ein Studium an der Universität im Fach Informatik, brach das Studium aber wegen der „Praxisferne" ab und suchte sich einen Job im Bereich von Softwarebetrieben. Nach nur einem Vierteljahr gelang ihm dies auch. Er fand eine Stelle in einem kleinen Software-Entwicklungsbetrieb (25 Mitarbeiter), der die Lizenz für die Weiterentwicklung eines amerikanischen Programmanbieters hat. Nach einer kurzen Einarbeitungszeit besteht seine Aufgabe in der Beratung von Betrieben bei der Auslegung ihrer Software für die Informationsvermittlung im Rahmen der Neustrukturierung von Hierarchien. Die Arbeitssprache im Softwarebereich ist Englisch. Darüber hinaus müssen die Beschäftigten sich ständig auf dem laufenden halten, was es international für neue Entwicklungen gibt. Er selbst schätzt das Internationale an seiner Arbeit wie folgt ein: *„In unserem Bereich da gibt es nichts Nationales, wenn du da nicht international bist, bist du vom Markt weggefegt.“* Seine Einschätzung ist, daß dies durch die weltweiten Vernetzungsmöglichkeiten noch zunimmt.

4.2   Zum Verständnis von „internationalen Qualifikationen“

Ähnlich wie in den Betriebsfallstudien fiel es den Befragten nicht leicht, eine Definition über internationale Qualifikationen abzugeben. Insbesondere fiel auf, daß bei den Personen, die über eine gute Fremdsprachenkenntnis verfügen, der sprachliche Aspekt sehr unterbewertet wird.

> „Nun ja, eigentlich mach ich doch nichts Internationales. Zwar bearbeite ich viel mit der englischen Sprache, aber die Verwaltungsvorgänge sind doch die gleichen wie die deutschen. Nur die Sprache ist anders. Vielleicht habe ich internationale Qualifikationen, aber meine Tätigkeiten sind eigentlich nicht international.“(Frau K.)

> „Natürlich brauche ich meine Fremdsprachen oder Muttersprachenkenntnisse für meine Arbeit. Insofern arbeite ich international. Aber so richtig international ist es doch nicht, weil – so direkt hab' ich ja mit dem Ausland nichts zu tun.“ Und sie fügt hinzu: „Manchmal kommt es mir viel internationaler vor, wenn ich mich hier in Deutschland richtig verhalten soll, vielleicht ist das meine internationale Qualifikation.“ (Frau Z.)

Die Nutzung der Sprachkompetenz im beruflichen Bereich wird also von diesen beiden Frauen nicht als internationale Tätigkeit eingeordnet, weil sie in einem Kontext stattfindet, in dem in ähnlicher Weise auch deutsche Sachbearbeitungsvorgänge bearbeitet werden. Sie machen dabei auch auf eine wichtige Differenz zwischen internationalen Qualifikationen und internationalen Tätigkeiten aufmerksam. Zwar wird die Fremdsprachenkenntnis als eine internationale Qualifikation angesehen, aber wenn keine mündlichen Verwendungssituationen dazukommen, bzw. nur stark formalisierte Verwaltungsaufgaben in fremder Sprache abgewickelt werden, dann tritt in der subjektiven Perspektive der internationale Aspekt stark zurück.

Auch Frau B., die sehr viel Freizeit in die Ausbildung ihrer Fremdsprachenkompetenz gesteckt hat, sieht die Internationalität ihrer Tätigkeiten eher im konkreten Umgang mit den Ausländern.

> „Also das wirklich Spannende und Anforderungsreiche liegt
> in der Auseinandersetzung mit den Gewohnheiten der aus-
> ländischen Partner. Wenn die Spanier aus dem europäi-
> schen Projekt z.B. hier waren, und ich die betreut habe, das
> habe ich als internationale Tätigkeit empfunden." (Frau B.)

Sehr anders sieht dies der Mitarbeiter aus der Softwarebranche. Für ihn
ist die Arbeit in dieser Branche a priori „international", weil der Markt
für diese Produkte ein internationaler ist.

> „Als internationale Qualifikation bezeichne ich, daß ich
> mich weltweit in Datennetzen bewegen kann. Manchmal
> denke ich, da hast du Zugriff auf die ganze Welt." (Herr A.)

Damit allerdings ist ein völlig anderer und neuer Typ von internationaler
Tätigkeit angesprochen, der bei den anderen Gesprächspartnern nicht
auftaucht, weil er Bezug nimmt auf eine technisch vermittelte Kommunikation.

Den Personen, die entweder planend und leitend oder auch direkt
im Montagebereich arbeiten, fällt es am schwersten, ihr Verständnis von
internationalen Qualifikationen zu formulieren.

So sagt z.B. Herr S.:

> „Also, für mich ist das schwierig. Natürlich fahren wir ins
> Ausland, und oft ist das auch sehr fremd, wenn ich da z.B.
> an China denke, aber die Arbeit ist die gleiche wie zu Hau-
> se, und mit den Ausländern haben wir eigentlich nicht viel
> zu tun. Wir bekommen einen Dolmetscher, der übersetzt
> uns alles, was wir brauchen, aber leben tun wir eigentlich
> nur in der deutschen Gruppe, egal ob du in Tokio bist oder
> in einem kleinen Dorf in China. Also, ich würde sagen, das
> Internationale an der Montagetätigkeit ist, daß du bereit
> sein mußt, ins Ausland zu gehen und deine Arbeit unter an-
> deren Bedingungen genauso gut zu machen wie in Deutsch-
> land." (Herr S.)

Ähnlich beschrieben auch die anderen Interviewten aus dem Montagebereich ihre Situation, wenngleich sie auch noch betonen, daß es

manchmal auch spannend ist, im Ausland zu arbeiten. Man bekommt einen Eindruck von anderen Kulturen, wenn man sich traut, das deutsche „Ghetto" zu verlassen.

> „Wenn du Zeit hast, dann ist das ganz schön, auch mal im Ausland zu arbeiten, dann kannst du dir ein bißchen was angucken. Aber das hat eigentlich nichts mit internationaler Qualifikation zu tun. Denn das ist ja nur deine Eigeninitiative, ob du was machst oder nicht." (Herr L.)

Darüber hinaus betonen sie aber auch noch, daß es schon eines „besonderen Typs" von Menschen bedarf, der bereit ist, relativ regelmäßig im Ausland zu arbeiten.

> „Also, du darfst schon nicht besonders seßhaft sein. Manche Kollegen sind ja darauf angewiesen: jeden Tag die gleiche Zeitung, die gleiche Arbeit und abends gemütlich zu Hause. Du mußt, wenn du in der Montage arbeitest, schon bereit sein, ein paar Unbequemlichkeiten in Kauf zu nehmen. Vielleicht ist das ja unsere internationale Qualifikation, daß wir bereit sind, einfach immer wieder zu reisen." (Herr L.)

Einzig und allein Herr R. und Herr N. können spontan formulieren, was sie unter internationalen Qualifikationen verstehen:

> „Internationale Qualifikation – das ist für mich klar: das ist Offenheit gegenüber fremden Situationen und Personen. Das ist Aushalten von Unsicherheiten, wenn du nicht mehr selbstverständlich handeln kannst, sondern überlegen mußt, was wäre jetzt angemessen, weil du es einfach nicht von Kind an gelernt hast. Und das ist ja auch das Aufregende an einem Auslandsaufenthalt, man muß sein ganzes bisheriges Verhaltensrepertoire neu überprüfen. Fremdsprachen, das ist natürlich auch irgendwie wichtig, aber wenn man die Haltung nicht hat, dann nützen einem auch die noch so perfekten Fremdsprachen nichts." (Herr R.)

> „Internationale Qualifikation bedeutet für mich zu lernen, daß man wieder lernen muß. Denn im Ausland stehst du vor einer Situation, wo du erst einmal darauf achten mußt: verstehen dich die anderen, wird mein Verhalten richtig interpretiert, wird meine fachliche Spezialisierung auch ange-

nommen? Insofern ist für mich internationale Qualifikation, daß man wieder lernt, Fragen an sich selber zu stellen. Fremdsprachen, ja, die sind schon irgendwie wichtig, aber mit einem guten Dolmetscher geht es auch. Englisch reicht im Geschäft allemal." (Herr N.)

Als wichtigstes Kennzeichen für internationale Qualifikation wird hier die Offenheit gegenüber fremden Situationen angesprochen. Das Infragestellen des Selbstverständlichen, was man im nationalen Kontext nur selten braucht, ist für diese beiden der Kernpunkt, wie internationale Qualifikationen definiert werden. In der Bewertung der Sprache treffen sie sich mit den drei eingangs zitierten Verwaltungsangestellten: Sprachen sind zwar wichtig, aber sie sind keine hinreichende Bedingung dafür, daß man sich im internationalen Kontext sicher bewegen kann.

Im Unterschied zu den hier zitierten Definitionen über internationale Qualifikationen betont Herr D. den Aspekt der Sprache als *die* Voraussetzung überhaupt, international tätig werden zu können:

„Jeder der behauptet, man könnte in einem fremden Land arbeiten, ohne die Sprache zu können, lügt. Erst wenn man die Feinheiten der Sprache gelernt hat, kann man wirklich auch seine fachlichen Fähigkeiten im Ausland entfalten. Und wenn man im Ausland arbeitet, dann muß man ja auch da leben. Dazu gehört `ne ganze Menge. Und auch beim Arbeiten hat man ja mit den Kollegen zu tun, man muß sich mit ihnen verständigen, man muß sich mit ihnen unterhalten können. Das gehört doch auch zur Integration in einen Kollegenkreis dazu. Also ich muß sagen, noch einmal würde ich nicht in ein anderes Land gehen, ohne vorher die Sprache zu können. Sprache, damit fängt es erst an, daß man die Eigentümlichkeiten eines anderen Landes versteht." (Herr D.)

Für Herrn D. ist internationale Qualifikation also eng mit der Sprachenkompetenz verbunden. Er macht sehr deutlich, daß, nach seiner Auffassung, die Sprache ein Ausdruck der spezifischen kulturellen Ausprägung eines Landes ist und man sich ein Land nur erschließen kann, wenn man auch die entsprechende Sprache beherrscht. Allerdings sei ihm dies nicht so sehr im beruflichen Kontext aufgegangen, sondern erst, als er eine Beziehung zu einer ausländischen Frau eingegangen ist. Insofern vermischen sich bei ihm die privaten Erfahrungen und Anforderungen mit seinen beruflichen Erfahrungen.

Im Unterschied zu den Personalverantwortlichen bei unseren Betriebsfallstudien betont keiner der Befragten die fachliche Seite der Kompetenzen im Zusammenhang mit der Definition von internationalen Qualifikationen. Aus der subjektiven Sicht wird als „international" eher das verstanden, was in der eigenen biographischen Situation als wichtig und neu empfunden wurde. Erstaunlich erscheint uns, daß die Unterschiede in der Bewertung zwischen denen, die bereits im Rahmen ihrer beruflichen Tätigkeit im Ausland waren, und jenen, die bisher überwiegend im Inland gearbeitet haben, nicht besonders groß sind. Insbesondere verwundert, bis auf die Ausnahme des Kochs, daß der Fremdsprachenaspekt deutlich abgewertet wird. In der subjektiven Einschätzung werden internationale Qualifikationen stärker mit dem Aspekt des Umgangs mit Fremdheit assoziiert als mit der sprachlichen Bewältigung. Zudem wird deutlich, daß der direkte kommunikative Aspekt für die Bewertung einer Anforderung als international für die meisten der Befragten wichtiger ist als die schriftliche Verwendungssituation. Klarer als bei den Betriebsfallstudien werden internationale Qualifikationen von den fachlichen Kompetenzen getrennt diskutiert und als etwas „Zusätzliches" begriffen. Das Interview mit den Beschäftigten aus der Softwarebranche zeigt, daß sich für die Zukunft ein neuer Typ von internationaler Tätigkeit herausbildet, der mit den bis jetzt diskutierten Elementen von internationaler Tätigkeit und Qualifikation wenig gemeinsam hat, weil die Elemente der interkulturellen Kompetenz und des gegenseitigen Verstehens und der Offenheit, sonst Kennzeichen von internationalen Qualifikationen, im Bereich der technisch vermittelten Kommunikation und Information nicht mehr als wichtig erachtet werden könnten (s.a. Kap. 5.6).

Insgesamt wird die Definition von internationaler Qualifikation von zwei Perspektiven aus bei den Befragten gewonnen: einerseits spielen die im beruflichen Kontext gemachten spezifischen Erfahrungen eine wichtige Rolle, und andererseits wird die Definition auch sehr stark durch die eigenen Interessen an internationaler Tätigkeit bestimmt.

4.3 Das Interesse an internationalen Tätigkeiten im biographischen Kontext

In unseren Gesprächen wollten wir herausfinden, ob in den biographischen Konstellationen bestimmte Muster zu finden sind, die ein besonderes Interesse an internationaler Arbeit oder eine besondere Mobilitätsbereitschaft erklären können.

Insgesamt können wir unsere 13 Befragten in drei Gruppen einteilen:

- solche, die aufgrund ihrer familiären und schulischen Erfahrungen bereits bei der Berufswahl ein starkes Interesse an internationaler Tätigkeit hatten (Frauen D., Z., K., P., Herren D., H.);

- solche, die aufgrund des Angebots zur Übernahme internationaler Aufgaben begonnen haben, sich für die Erweiterung ihrer Aufgaben um internationale Sachverhalte zu interessieren (Herren F., N., R., Frau B.);

- solche, die kein besonderes Interesse an internationaler Tätigkeit entwickelt haben, obwohl sie international tätig sind (Herren S., L.).

Allein Herrn A. können wir diesen drei Typen nicht zuordnen, weil für die Tätigkeiten in der Softwarebranche die bisher entwickelten Definitionen von internationalen Qualifikationen nur wenig passen, insbesondere weil in diesem Arbeitsbereich der internationale Aspekt eher abstrakt ist und einer neuen Art von kommunikativen Kompetenzen zugeordnet werden muß.

Internationale Interessen als Motiv bei der Berufswahl

Interessanterweise waren vier der fünf befragten Frauen bereits bei ihrer Berufswahl am internationalen Aspekt einer Tätigkeit interessiert. Sie strebten schon zu diesem Zeitpunkt an, in internationalen Arbeitsbereichen ein Stellung zu finden.

Bei den beiden Ausländerinnen zeigt sich, daß die Erfahrung, als Ausländerin in Deutschland zu leben, sie seit ihrer Kindheit stark geprägt und für fremde Situationen sensibel gemacht hat.

„Also ich war ja erst 11 Jahre, als wir nach Deutschland kamen. Das war erst eine harte Zeit, ich hatte das Gefühl, ich muß mich an alles anpassen. Man wollte bloß nicht als

Ausländerin auffallen. Deshalb war ich zunächst eine sehr angepaßte Schülerin. Aber mit der Zeit hab ich einfach gemerkt, das ist auch ein Vorteil, zwei Kulturen zu kennen, und habe gedacht, da machst du auch beruflich was mit. Ich wollte einfach in einem Feld arbeiten, wo ich mit anderen Ländern etwas zu tun hatte." (Frau K.)

„Für mich war entscheidend, daß meine Eltern sehr darauf bestanden haben, daß wir neben der Integration in Deutschland auch unsere italienischen Bezugspunkte aufrechterhalten haben. Als ich so 13 oder 14 war, fand ich das schrecklich, weil ich da lieber genauso sein wollte wie meine Klassenkameradinnen. Aber irgendwie hat sich die Perspektive meiner Eltern bei mir doch durchgesetzt, und heute empfinde ich das als großen Vorteil, daß ich doch glaube, insgesamt sehr offen zu sein. Deshalb reicht mir auch heute der internationale Bezug in meiner Arbeit nicht, und ich möchte noch einmal was anderes machen." (Frau Z.)

Die beiden Frauen haben die Orientierung auf berufliche Tätigkeiten im internationalen Kontext aus ihrer eigenen Situation als Ausländerin in Deutschland gewonnen und daraus berufliche Perspektiven entwickelt. Sie begreifen ihre bikulturellen Erfahrungen als Chance.

Anders sieht es bei den beiden deutschen Frauen aus, die bereits ihre Berufswahl darauf ausgerichtet haben, daß sie *„unbedingt was mit Internationalem"* zu tun haben sollte. Hier ist eher der Hintergrund ein gegenüber dem Ausland offenes Verhalten der Eltern. Für Frau D. war vor allem ihr Auslandsjahr in der Oberstufe der Anlaß, daß sie einen internationalen Beruf ergreifen wollte.

„Meine Eltern haben mich damals in der 10. Klasse sehr gedrängt, mich für einen Auslandsaufenthalt zu entscheiden. Sie haben mir immer wieder gesagt, daß das meine späteren Chancen sehr beeinflussen würde. Sie waren immer sehr offen für alles, was anders war als bei uns. Sie haben auch viele ausländische Freunde. Und ich muß sagen, dieses Jahr hat mich sehr geprägt. du kommst in ein fremdes Land und bist ganz auf dich gestellt, zum ersten Mal ohne Eltern. Das gibt, wenn es gut läuft, einen Schub an Selbständigkeit. Und du kannst es ein Jahr nur aushalten, wenn du bereit bist zu akzeptieren, daß es woanders eben anders ist."(Frau D.)

Die Offenheit ihres Elternhauses und die Möglichkeit, bereits als Schülerin Erfahrungen im Ausland sammeln zu können, haben hier also die Motivation geschaffen, sich auch im beruflichen Kontext diese Möglichkeiten offenzuhalten.

Ähnlich kann man auch die Hintergründe für die internationale Orientierung bei Frau P. erklären. Sie hat in ihrer Familie die Erfahrung gemacht, wie bereichernd internationale Arbeitserfahrungen sein können. Ihr Vater war beruflich viel im Ausland und hat dies immer als positive Erfahrung in das Familienleben eingebracht.

> „Ich fand das immer ganz toll, wenn mein Vater von einer Reise zurückkam und uns dann stundenlang von dem Land erzählt hat, in dem er gerade gewesen war. Das fand ich einfach spannend. Ich kriegte – ich weiß kein besseres Wort – richtig Fernweh. Und nur immer im Urlaub weg zu können, das war mir einfach zu wenig. Deshalb habe ich dann gedacht, ich werde Reiseverkehrskauffrau, da hast Du es immer mit fremden Ländern zu tun. Aber das ist eine richtige Enttäuschung." (Frau P.)

Auch hier haben also die Erfahrungen im Umgang mit internationalen Tätigkeiten im familiären Kontext dazu geführt, daß sich eine Öffnung zu internationalen Berufsfeldern entwickelt hat. Die Erfahrung eines spannenden beruflichen Alltags oder die Verbindung von „Fernweh" und beruflicher Tätigkeit im familiären Kontext gaben den Ausschlag für die Wahl der Berufsausbildung, wenngleich die darin liegenden Hoffnungen bis heute unerfüllt geblieben sind.

Etwas anders sieht die Situation bei Herrn D. aus. Er verbleibt zwar mit seinem Berufswunsch zum Koch in der familiären Tradition (seine Eltern haben ein kleines Ferienhotel), aber zugleich versucht er, dies mit seinem Interesse an fremden Ländern zu verbinden. Er sieht in der beruflichen Basis eine gute Chance, auch ausländische Erfahrungen nutzbringend mit seinem Beruf zu verbinden.

> „Ich weiß nicht, ob ich schon immer Koch werden wollte. Aber als es soweit war, habe ich mir gedacht, daß ist ein Beruf, indem du zwei Sachen verbinden kannst. Du kannst deinen Eltern gerecht werden, und er ist eine gute Grundla-

ge, auch im Ausland zu arbeiten. Denn bei uns, jedenfalls wenn du was werden möchtest, gehört das Sammeln ausländischer Erfahrungen eigentlich zum Idealbild. So Wanderjahre sind für viele noch unverzichtbar, wenn du in den großen Küchen arbeiten willst. Deshalb war für mich schon bei der Berufswahl klar, daß ich zumindest eine Zeitlang im Ausland arbeiten würde."

Bei Herrn D. ist die Motivation, sich auch mit ausländischen Erfahrungen zu qualifizieren, weniger aus dem familiären Kontext als aus der Auseinandersetzung mit dem beruflichen Kodex entstanden. Da er weitreichende Pläne mit seinem Beruf verbunden hat, waren für ihn entsprechend der Tradition des Berufes ausländische Erfahrungen ein „Muß".

Internationale Interessen entwickeln sich aus internationaler Tätigkeit

Ein gutes Beispiel, wie sich internationale Qualifikationen und spezifische Interessen an internationaler Tätigkeit erst dadurch entwickeln, daß man die Chance oder den Zwang hat, auch international tätig zu werden, ist Herr F. Bei seiner Berufswahl und auch bei seinen Weiterbildungen hatte er zunächst nur ein ausschließlich technisches und naturwissenschaftliches Interesse. Die Bereitschaft, sich auch an Auslandseinsätzen zu beteiligen, war eher dem Wunsch geschuldet, in der betrieblichen Hierarchie noch aufzusteigen und sich für die Stelle des Abteilungsleiters zu qualifizieren, als daß ein Interesse an ausländischen Erfahrungen damit verbunden war.

> „Ich hatte damals sehr deutlich gesagt bekommen, daß ein weiterer Aufstieg nur möglich sei, wenn ich auch bereit sei, die ausländischen Beratungen mit zu übernehmen. Das war mein Motiv, mich dafür bereit zu halten. Im Grunde genommen ging es dabei auch um die Möglichkeit, mehr zu verdienen. Aber schon beim Fremdsprachenlernen und dann bei meinem ersten Einsatz in Mexiko merkte ich, daß eine solche Tätigkeit auch interessanter ist, als nur zu Hause im Labor zu sitzen." (Herr F.)

Erst durch die tatsächliche Möglichkeit, an die er von sich aus überhaupt nicht gedacht hatte, gewinnt Herr F. auch inhaltliche Interessen an Auslandeinsätzen, die er heute als eine interessante Erweiterung seiner beruflichen Tätigkeiten begreift.

Ähnlich ist es bei Herrn N., der die Notwendigkeit, auch im Ausland zu arbeiten, zunächst eher als lästiges Übel seiner neuen Arbeitsstelle begriffen hat.

„Zuerst war ich doch etwas geschockt, daß mit meinem Arbeitsplatz auch eine Reihe von Auslandsreisen verbunden waren. Ich hab das einfach als lästig empfunden, dachte aber, als „Neuer" kannst du erstmal keine Ansprüche stellen. Aber dann bereits bei der zweiten Reise, das war in Tokio, da hat es mir richtig Spaß gemacht. Es sind ja zwei Dinge: du siehst, wie unter anderen Bedingungen gearbeitet wird, und da mußt du auch schon mal improvisieren, das darfst du ja zu Hause nicht, und zweitens lernst du die Welt kennen, denn etwas Zeit, sich die Umgebung anzukucken, hat man immer auch, jedenfalls, wenn man Interesse daran hat." (Herr N.)

Neben der Erweiterung seiner beruflichen Kompetenzen betont Herr N. vor allem auch die Bedeutung, die die Auslandsaufenthalte für seine persönliche Entwicklung hatten.

„Man sieht die Dinge schließlich doch mit anderen Augen. Man lernt zu relativieren und nicht nur so sehr alles mit seinen deutschen Augen zu sehen." (Herr N.)

Ähnlich sehen dies Herr R. und – aufgrund völlig anderer Voraussetzungen – Herr H. Herr R., der in seiner Jugend und auch ersten Berufstätigkeit keine Interessen an internationalen Tätigkeiten entwickelt hat, sieht in dem Angebot, für einige Jahre nach Brasilien zu gehen, die Chance, noch einmal andere Erfahrungen zu machen und für sich eine neue Perspektive aufzubauen. Seine damalige persönliche Situation war dabei mit dafür ausschlaggebend, das Angebot anzunehmen.

„Ich stand damals irgendwie an einem Punkt, in dem ich mir über mein weiteres Leben klar werden mußte. Ich war noch ungebunden, lebte noch in einem relativ engen Verhältnis mit meinen Eltern, die im Grunde erwarteten, daß ich heiraten sollte. Da kam das Angebot, nach Brasilien zu gehen. Ich habe das einerseits als Karrierechance gesehen und andererseits als Möglichkeit, mich von den Vorstellungen und Beeinflussungen meiner Eltern zu lösen. Und das war die richtige Entscheidung in meinem Leben." (Herr R.)

Herr H. dagegen richtet seine internationalen Interessen, die er bereits
in der Jugend im Zusammenhang mit internationalen Begegnungen bei
den Pfadfindern entwickelt hat, darauf, pädagogisch internationale
Kompetenz zu fördern. Als sich ihm die Chance eröffnet, seine technischen und pädagogischen Interessen als Ausbilder mit internationalen
Aktivitäten zu verbinden, ergreift er diese sofort, obwohl es für ihn persönlich Mehrarbeit bedeutet.

> „Ich will mich ja nicht überschätzen, aber ich glaube doch,
> mit solchen Austauschen für die Jugendlichen unterstützen
> wir einen Prozeß zu mehr Verständnis und Toleranz zwi-
> schen den verschiedenen Völkern. Darüber hinaus erscheint
> es mir auch sehr wichtig, daß die Jugendlichen Europa
> wirklich begreifen und die damit verbundenen Chancen
> auch nutzen können. Mir macht es unwahrscheinlich Spaß,
> mich in fremde Situationen hineinzuversetzen. Das bringt
> fachlich ganz viel und vor allem aber auch menschlich."
> (Herr H.)

Herr H. hat in seiner Berufswahl und seiner beruflichen Karriere sein
vorhandenes Interesse an internationalen Kontakten zunächst nicht um-
zusetzen versucht. Für ihn waren seine interkulturellen Begegnungen
zunächst auf sein Privatleben und seine ehrenamtliche Tätigkeit im
Rahmen seiner Kirchengemeinde beschränkt. Aber als sich ihm die
Chance bietet, dies mit seinen beruflichen Interessen zu verbinden, ergreift er die Gelegenheit, und zwar unabhängig davon, ob dies mit einem beruflichen Aufstieg verbunden ist.

Auch Frau B. hat über die familiären Konstellationen und die
Freundschaft ihres Sohnes privat Interesse an internationalen Zusammenhängen gewonnen. Beruflich kann sie dies aber erst nutzen, als sie
die Chance bekommt, als Sachbearbeiterin bei einem Ausbildungsleiter
anzufangen, der selbst international orientiert ist. Die berufliche Ausprägung auf auch internationale Tätigkeiten ist also eher zufällig. Dennoch entwickelt sie in diesem Kontext ein hohes Interesse und ist bereit,
auch privat dafür zu investieren.

> „Für mich war das einfach ein Riesenglück, daß ich diese
> Stelle bekommen hab', und dazu noch einen Chef habe, der
> sich so mit dem Ausland beschäftigt und versucht, ein Pro-
> jekt nach dem anderen zu machen. So ist meine Arbeit hier
> um ein Vielfaches interessanter geworden. " (Frau B.)

Die hier beschriebene Gruppe zeichnet sich also dadurch aus, daß sie erst durch das berufliche Angebot ihre Interessen am Internationalen mit der Arbeit verbinden konnte. Gemeinsam ist dabei allen vieren, daß der internationale Aspekt ihrer Tätigkeit nicht nur ihre Arbeit interessanter gemacht hat, sondern auch für ihre persönliche Entwicklung als außerordentlich wichtig eingeschätzt wird.

Internationale Tätigkeit ohne internationale Qualifikationen und Interessen

Die beiden im Montagebereich arbeitenden Herren L. und S. haben eine berufliche Perspektive entwickelt, in der der Auslandseinsatz zwar konstitutiver Bestandteil ist, aber in ihrer subjektiven Bewertung eher eine Belastung als eine Bereicherung darstellt. Sie übernehmen diese Aufgabe eher aus Gründen der finanziellen Absicherung als aus dem Interesse, fremde Länder und fremde berufliche Situationen kennenzulernen.

> „In unserem Bereich ist die Bereitschaft, auch im Ausland zu arbeiten, die einzige Möglichkeit, sein Gehalt aufzubessern. Und wenn du dir ein Haus gekauft hast und eine Familie hast, deine Frau nicht arbeitet, dann ist das natürlich eine willkommene Gelegenheit. Aber andererseits, wenn du das der Familie zuliebe machst, dann bist du auch so schnell wie möglich immer wieder zu Hause. Da lernst du nichts von den anderen Ländern kennen." (Herr S.)

Allerdings spricht Herr L. auch an, daß dieses Desinteresse an den internationalen Aspekten der Montage mit der Art und Weise der Organisation und der Arbeitsstrukturierung bei Montageeinsätzen zusammenhängt.

> „Unser Einsatz im Ausland ist für den Betrieb natürlich relativ teuer. Insofern kommt es immer darauf an, daß wir möglichst rationell und schnell arbeiten, wenn wir eine Anlage montieren. Da bleibt meistens nicht viel Zeit, sich vor Ort auch einmal umzusehen. Außerdem bekommen wir keinerlei Vorbereitung, und die Sprache kennen wir meistens auch nicht. Unter solchen Bedingungen ist es dann schwer, Interesse zu entwickeln. Manchmal denke ich, es wäre effektiver, wenn wir etwas vom Land wüßten. So hän-

gen wir abends rum und trinken, weil du sonst oft nicht mit der Situation fertig wirst." (Herr L.)

Wenngleich beide betonen, daß das finanzielle Motiv ausschlaggebend für die Übernahme von Montagetätigkeiten war, macht insbesondere Herr L. doch darauf aufmerksam, daß auch die Arbeitsbedingungen so sind, daß man kaum Interesse an den anderen Ländern entwickeln kann. Für ihn ist durchaus eine Verbesserung denkbar, die auch im Sinne betriebswirtschaftlicher Erwägungen ihre Vorteile hätte. Eine gezieltere Vorbereitung könnte insbesondere das Problem der „Ghettobildung" im Ausland verhindern und das bei einigen Mitarbeitern daraus resultierende „Alkoholproblem" mildern, was auch zu Friktionen im Arbeitsablauf führt.

Zusammenfassung

Insgesamt gibt es viele verschiedene Motive für die Übernahme internationaler Tätigkeiten, die mit der Biographie einer Person verbunden sind. Es läßt sich jedoch kein einheitliches Muster erkennen, in dem Sinne, daß man prognostizieren könnte, daß diese oder jene biographische Konstellation besonders günstig ist für die Entwicklung internationalen Interesses und die Ausbildung internationaler Qualifikationen – zu verschieden sind die jeweils persönlichen Konstellationen unserer 13 Befragten. Allerdings kann geschlossen werden, daß diejenigen, die durch ihre persönlichen Sozialisationserfahrungen sich in der einen oder anderen Weise mit internationalen Dingen auseinandersetzen mußten, eher auch ein berufliches Interesse an internationalen Tätigkeiten entwickeln oder die Chancen ergreifen, die sich ihnen „durch Zufall" bieten.

Andererseits, dies machen die im Montagebereich Beschäftigten deutlich, können auch die konkreten Formen der Arbeitsbedingungen und der Arbeitsorganisation, unter denen ein Einsatz erfolgt, die Entwicklung von neuen Interessen verhindern. Zu fragen bleibt hier, ob nicht auch im ökonomischen Interesse der Betriebe eine gezielt auf die Internationalität der Arbeitseinsätze bezogene Vorbereitung und Weiterbildung eine Änderung bedeuten könnte.

Die Befragten, die bereits in ihrer Jugendzeit ein Interesse an internationalen Fragen gewonnen haben, versuchen jedenfalls sehr energisch, diese Wünsche und Interessen auch in der beruflichen Sphäre zu verwirklichen. Allerdings bedarf es manchmal auch eines konkreten Angebots von seiten des Arbeitgebers, um latent vorhandene Interessen oder solche Interessen, die sich bisher nicht zu beruflichen Perspektiven verdichtet haben, zu wecken.

4.4 Internationale Interessen im beruflichen Zusammenhang und die familiäre Situation

Mit einer Ausnahme (Herr A.) sehen alle Befragten in der einen oder anderen Weise einen Zusammenhang zwischen ihrer familiären Situation und den Möglichkeiten, internationale Tätigkeiten ausüben zu können.

Die Frauen sehen sehr eindeutig, daß ein Kinderwunsch sich kaum mit einer internationalen Tätigkeit, die auch Auslandseinsätze mit umfaßt, verbinden läßt. Beispielhaft steht für eine solche Position Frau D., die internationale Tätigkeiten zu ihren wichtigen beruflichen Interessen zählt und dieses in Konfrontation mit dem Wunsch nach einem Kind sieht.

> „Nun ich bin in einem Alter, wo ich mal überlegen muß, ob ich Kinder haben will oder nicht, und dann geht es ja nicht mehr, dann ist man an Deutschland gebunden. Natürlich könnte man die Kinder mitnehmen, da würde die Bank schon Möglichkeiten der Betreuung unterstützen, aber, ist das auch gut für Kinder? Ich bin mir da sehr unsicher, ob man das machen kann. Und dann muß man das ja auch noch synchron mit seinem Partner hinkriegen. Das Kind soll ja nicht ohne Vater aufwachsen. Ich glaube, für Frauen geht es nicht, daß man eine internationale Karriere macht und dazu auch noch Kinder hat. Ich jedenfalls kann mir das nicht vorstellen." (Frau D.)

Auch Frau Z. bestätigt diese Einschätzung. Erst nachdem für sie klar ist, daß sie keine Kinder haben will, kann sie sich die Perspektive ausmalen, noch einmal im Ausland zu leben. Unabhängigkeit von familiären Verpflichtungen scheint eine Voraussetzung dafür zu sein, daß Frauen sich in solchen internationalen Tätigkeitsbereichen engagieren können, die auch mit Aufenthalten im Ausland verbunden sind.

Diese Einschätzung gilt nach den Aussagen unserer Gesprächspartnerinnen auch für kürzere Auslandseinsätze.

„Auch wenn ich eine Arbeit finden würde, bei der ich immer nur wochenweise ins Ausland müßte, dann wäre das mit Kindern kaum möglich. Wie soll man denn Kontinuität in das Leben von Kindern bekommen, wenn man dauernd, wenn auch nur kurz, unterwegs ist? Das geht doch gar nicht. Von daher habe ich mich entschlossen, auf Kinder zu verzichten, weil ich gemerkt habe, daß mir meine beruflichen Perspektiven wichtiger sind als Kinder." (Frau Z.)

Diese Aussage ist deshalb so interessant, weil wir ja in unserem Sample überwiegend Männer haben, die zu kurzzeitigen Auslandseinsätzen beruflich unterwegs sind und die zum Teil auch Familie haben. Für diese ist unter dem Gesichtspunkt der Versorgung der Kinder die Abwesenheit von zu Hause kaum ein Problem. Wie selbstverständlich wird davon ausgegangen, daß die Partnerin die Kinderversorgung sicherstellt, und zwar auch dann, wenn diese berufstätig ist. Bei einigen, wir haben dies bei den Kurzportraits bereits angeführt, wird der Auslandsaufenthalt auch als Bereicherung des familiären Lebens begriffen.

„Also für meine Töchter war das toll, daß ich so oft im Ausland war. Ich konnte immer so viel erzählen, wie es in anderen Ländern war. Auch für deren schulische Situation war das gut, denn die haben doch viel mehr aus meinen Erzählungen über Geographie und Sozialkunde gelernt, als wenn sie dies aus Büchern hätten lernen müssen. Ich glaube, daß meine Töchter viel offener geworden sind, seit ich öfter im Ausland eingesetzt wurde." (Herr F.)

Er bestätigt damit, was Frau P. über den Einfluß ihres Vater auf die Berufswahl geschildert hat. Tatsächlich kann offensichtlich ein „reisender Vater" seine Kinder in Richtung Neugier auch auf fremde Erfahrungen beeinflussen. Aber dies ist alles nur möglich vor dem Hintergrund, daß eine andere Person, die Partnerin, für die Kontinuität in der Familie sorgt.

In einer anderen Weise schildert Herr R. die Bedeutung seines Auslandsaufenthaltes für die Familie, aber auch er sieht positive Auswirkungen auf die familiäre Situation.

„Natürlich ist mein Fall ein besonderer. Ich habe ja meine Frau in Brasilien kennengelernt und dort die Kinder bekommen. Aber ich glaube, ganz unabhängig davon, wenn man so lange Zeit unter anderen Verhältnissen gelebt hat, dann wird man einfach, ich will es mal so nennen, lockerer. Man nimmt nicht mehr alles so schwer, weil man immer davon ausgeht, es gibt so viele Möglichkeiten im Leben, da muß man einfach gelassen bleiben. Das hilft einem bei der Kindererziehung ganz schön. Ich glaube nicht, daß ich so gelassen mit allen Problemen hätte umgehen können, wenn ich nicht die Auslandserfahrungen gemacht hätte." (Herr R.)

Herr R. formuliert die persönlichen Auswirkungen seines Auslandsaufenthaltes sehr weitgehend. Dies hängt sicherlich damit zusammen, daß er den Auslandsaufenthalt auch als eine Chance begriffen hat, sich von den sein Leben bestimmenden Konventionen zu lösen. Für ihn war der Auslandseinsatz die biographische Chance, sich fast vollständig von seinen Eltern, die ihn nach seinen Worten sehr eingeengt hatten, zu lösen und relativ selbstbestimmt sein Leben neu zu gestalten. Insofern ist Herr R. in unserem Sample auch die Ausnahme.

Aber auch für die Männer, die keine expliziten internationalen Interessen haben, ist die Familie ein wichtiger Bezugspunkt, weshalb sie ihre internationale Tätigkeit aufgenommen haben. Besonders deutlich wird dies bei Herrn S.

„Wenn du gerade verheiratet bist und Kinder willst, dann ist der Bau eines Hauses doch etwas Selbstverständliches. Aber das kostet Geld. Und wenn man kein Vermögen hat, dann muß man dafür arbeiten. Mit der Leitung der Montageeinsätze als Ingenieur konnte ich mir gut etwas dazuverdienen. Meine Frau hat ja nicht gearbeitet, das wollte ich auch nicht, da waren die Kinder gut versorgt, ... Aber du merkst dann einfach, daß genau das eintritt, was du eigentlich nicht wolltest. Du hast zwar mehr Geld, aber weniger Zeit für die Kinder. Ich mußte leider lernen, daß nicht alles geht. Wenn du das (die Familie) alles bezahlen willst, dann zahlst du eben deinen Preis dafür." (Herr S.)

Auch für diejenigen also, die in ihrem eigenen Selbstverständnis eher familienorientiert sind, kann gerade das Vorhandensein einer Familie dazu führen, daß sie aus finanziellen Erwägungen weniger Zeit für die Familie haben. Vielleicht ist gerade der starke Familienbezug solcher Personen ein Hindernis, eigenständige Interessen an internationalen

Aspekten der Tätigkeit zu entwickeln. In diesem Punkt, wenngleich von ganz anderen Voraussetzungen her, treffen sich diese Männer mit den Frauen, die aufgrund der Familienperspektive auf eine internationale Tätigkeit verzichten.

Eine andere Variante schildert demgegenüber Herr N. Die Notwendigkeit, sich international zu betätigen, fällt lebensbiographisch mit einer sehr starken Veränderung in seiner Lebenssituation zusammen. Nach langen Jahren der Ausbildung, in der er auch für die Kinder gesorgt hat und seine Frau berufstätig war, beginnt er wieder zu arbeiten. In der Familie gibt es erhebliche Spannungen, wohl auch, weil das Verhältnis um die Versorgung der mittlerweile größeren Kinder auf Grund des Wiedereinstiegs des Vaters in die Berufstätigkeit neu austariert werden muß. In diese Zeit genau fallen die ersten auslandsbedingten Abwesenheiten von der Familie. Die Konflikte, die sich daraus ergeben, veranlassen Herrn N., immer weitere Auslandsaufenthalte anzunehmen, weil er so den *„ständigen Auseinandersetzungen entgehen konnte"*. Im nachhinein schätzt er denn auch die Situation so ein, daß durch seine Bereitschaft, durch Auslandseinsätze den familiären Auseinandersetzungen zu entfliehen, seine Ehe endgültig gescheitert ist. *„Zumindest war dies ein Grund mit, warum es dann schließlich nicht mehr weiterging."*

In allen Fällen, wo also überhaupt eine Familie im Leben der Befragten eine Rolle spielt, ist diese ein wichtiger Bezugspunkt für die Intensität, sich auf internationale Anforderungen einlassen zu können. Für Männer und Frauen hat eine internationale Tätigkeit sehr unterschiedliche Bedeutung in der Relation der Gewichtung von Beruf und Familie. Während für die Frauen die Perspektive einer internationalen Tätigkeit, die mit Auslandsaufenthalten verbunden ist, häufig den Verzicht auf Kinder bedeutet, sehen Männer gerade in ihren Auslandstätigkeiten einen wichtigen Gewinn für die Familie, und zwar auf sehr unterschiedliche Weise: Entweder bringen sie mit ihrer Auslandstätigkeit für ihre Kinder die *„große, weite Welt ins Haus"* und ermöglichen auch so eine Vermittlung von Offenheit und Ansätze von interkultureller Kompetenz oder sie können über den Mehrverdienst, der mit Auslandseinsätzen verbunden ist, die gehobenere soziale Absicherung der Familie gewährleisten. In jedem Fall aber wird, wie unsere Interviews deutlich gemacht haben, die Familie zu einem wichtigen Bezugspunkt der Reflexion über die Bedeutung von internationaler Tätigkeit im jeweils subjektiven Lebenszusammenhang. Dies geschieht selbst dann noch, wenn sich – bedingt durch die Auslandseinsätze – dieser Kontext aufzulösen beginnt.

4.5 Vermittlung von „internationalen Qualifikationen" im betrieblichen Kontext

Von den 13 interviewten Personen haben nur drei eine Weiterbildung machen können, die vom Betrieb bezahlt wurde und sich auf ihre internationale Tätigkeit bezog. Es ist dies einmal ein Italienischkurs, den der Ausbilder allerdings selbst innerbetrieblich organisiert hat, und Frau Z. hat einen Kurs in englischer Fachsprache für das Rechnungswesen absolviert. Herr N. wurde darüber hinaus von seinem Betrieb für die Absolvierung von Intensivkursen freigestellt, mußte sie aber selbst finanzieren. Insofern bestätigen die Intensivinterviews die Ergebnisse unserer schriftlichen Befragung, die auch nur ein geringes Ausmaß an Weiterbildungsangeboten für internationale Tätigkeit erbracht hatten.

Zur Frage, ob denn Weiterbildung aus der subjektiven Perspektive nötig sei, sind sich unsere Befragten einig, daß dies ein noch unterentwickeltes Angebot der Betriebe sei. Die Notwendigkeit werde noch viel zu wenig eingesehen. Bei den formulierten Anforderungen werden allerdings sehr unterschiedliche Aspekte genannt.

> „Meines Erachtens müßten die Betriebe die Leute besser vorbereiten, wenn sie sie ins Ausland schicken. Man müßte besser wissen, was da auf einen zukommt. Wie die Menschen dort leben, wie die Arbeit geregelt ist usw." (Frau D.)

Insbesondere die Begleitumstände eines Auslandsaufenthaltes werden hier thematisiert. Es steht nicht so sehr das Fachliche im Vordergrund, sondern es wird eine bessere Vorbereitung darauf gewünscht, wie man das alltägliche Leben im Ausland bewältigen kann. Genau dieser Aspekt wird auch von der Montagefachkraft herausgestellt, obwohl Herr L. häufig im Interview betont, daß die Arbeit im Ausland die gleiche sei wie zu Haus.

> „Wenn man alle paar Wochen irgendwo ins Ausland gehen muß, dann kann man natürlich nicht alle Sprachen können, aber Englisch sollten wir schon können, damit wir uns in dem Land auch mal etwas bewegen können. Aber diese Möglichkeit gibt uns der Betrieb nicht. Privat schaffst du das auch kaum, weil, wenn du nach der Montage mal zu Hause bist, du auch froh bist, bei deiner Familie zu sein. Da müßte es echt ein Angebot im Betrieb geben. Ich glaube, dann liefe

die Arbeit auch besser, weil wir dann ausgeglichener wären, und das würde schon helfen, Konflikte zwischen den Kollegen zu vermeiden." (Herr L.)

Obwohl Herr L. eine Weiterbildungsanforderung anspricht, die insbesondere das private Zurechtkommen mit dem Leben in anderen Ländern betrifft, spannt er doch auch einen Bogen zur Arbeitssituation. Wenn es nämlich auf Grund von besseren Sprachkenntnissen möglich wäre, seine Freizeit bei solchen Montageeinsätzen besser zu verbringen, dann schätzt er ein, daß auch die Arbeit friktionsloser verlaufen würde.

Ganz selbstverständlich wird von allen Gesprächspartnern Englisch als die Sprache genannt, die einem das Zurechtfinden in anderen Ländern erleichtern würde. Sprache wird dabei, mit Ausnahme von Herrn D., eher als ein Hilfsmittel begriffen, sich minimal zu verständigen und die Möglichkeit zu entwickeln, sich wenigstens ein wenig im fremden Land „umzuschauen".

Mit Ausnahme der Montagefachkräfte gehen alle davon aus, daß es heute die Betriebe selbstverständlich voraussetzen, daß man bereits bei der Einstellung mindestens eine fremde Sprache spricht. Besonders deutlich macht dies Herr R. im Vergleich zu seiner damaligen Einstellungssituation:

„Bei mir damals hat bei der Einstellung niemand gefragt, ob ich auch eine Fremdsprache kann. Auch als ich nach Brasilien ging, war das für keinen von Interesse. Als Ingenieur war man technischer Fachmann, sonst nichts. Heute hat sich das total geändert. Da kannst du gar nicht erst anfangen, wenn du nicht wenigstens Englisch sprichst. Für manche Positionen ist das ja auch richtig, aber so generell würde ich das nicht sehen. Und wenn ein Betrieb das will, dann muß er auch Angebote machen." (Herr R.)

Diesen Aspekt, daß Fremdsprachenkenntnisse in vielen Berufsbereichen zu einem wichtigen Auswahlkriterium geworden sind, betonen auch sehr stark die anderen Befragten. Damit aber ersparen es sich die Betriebe weitgehend, ein Weiterbildungsangebot für diese Fähigkeit selbst zu entwickeln und anzubieten.

Darüber hinaus geben auch einige der Befragten an, daß es durchaus ein breites Angebot für die Fremdsprachenausbildung gibt, aber dieses häufig außerhalb der Arbeitszeit angeboten wird.

„Bei uns im Betrieb kann man viele Sprachen lernen. Wir haben da auch ein Sprachlabor. Nur – du mußt das außerhalb der Arbeitszeit machen. Es kostet nichts, außer deine Freizeit. Ich finde das auch ganz richtig, weil Sprachen etwas sind, was man nicht nur für den Beruf nutzen kann. Andererseits kommt mir das auch oft so vor, als ob sie an der Beteiligung an freiwilliger Weiterbildung, gerade im Sprachenbereich, testen wollen, ob du dich auch engagierst. So ein kleiner Test ist das wohl auch." (Frau B.)

Frau B. spricht eine Beobachtung an, die auch von Frau K. und Frau D. formuliert wird. Die Beteiligung an freiwilliger Weiterbildung wird als Kriterium für das Engagement und die Motivation, sich beruflich einzusetzen, bewertet und kann durchaus Folgen für die innerbetriebliche Position haben.

„Also bei uns war das vor zwei Jahren so. Wir haben neue Geschäftsbeziehungen zum spanischsprachigen Markt aufgebaut. Wir wußten das schon länger. Und mein Kollege hat dann in seiner Freizeit bereits in Vorbereitung darauf angefangen, Spanisch zu lernen. Ich hätte das auch gern getan, aber mit meinen beiden Kindern konnte ich das beim besten Willen nicht leisten. Natürlich hat er dann die Sachbearbeitung für den spanischsprachigen Raum bekommen, und das bedeutete eben auch einen Aufstieg." (Frau K.)

Hatten wir bereits darauf hingewiesen, daß es für Frauen mit Kindern oder mit Kinderwunsch schwierig ist, Auslandsaufenthalte zu absolvieren, so wird hier deutlich, daß sie es auch bei einer inländischen Karriere, die sich auf internationale Tätigkeiten bezieht, schwieriger haben. Nur wenn berufliche Qualifizierung auch in der Arbeitszeit angeboten wird, haben Frauen die gleichen Chancen wie die Männer.

Insgesamt zeichnen die interviewten Personen ein Bild über die Weiterbildung für internationale Tätigkeiten, das nach den Ergebnissen der Fallstudien und der schriftlichen Befragung von Fachkräften nicht überrascht. Die Betriebe verhalten sich gegenüber den Anforderungen an Weiterbildung, die internationale Tätigkeiten betreffen, sehr abstinent. Offensichtlich wird die Notwendigkeit einer gezielten und breit angelegten Weiterbildung für Fachkräfte, aber auch für die mittleren Führungskräfte kaum gesehen, oder wie es Herr L. deutlich ausdrückt:

„Ich glaube, die können das gar nicht einschätzen. Denn wenn die Chefs mal ins Ausland gehen, dann wird alles bis ins Kleinste vorbereitet. Und die kriegen auch vorher noch einen Crashkurs. Aber die brauchen auch nicht mit dem normalen Leben fertig zu werden. Die gehen ja nicht selbst einkaufen oder in eine normale Kneipe usw. Die werden 'rumchauffiert. Dann ist es auch nicht schwer, im Ausland zurechtzukommen." (Herr L.)

Im Zentrum der Wünsche an Weiterbildung steht, Bewältigungsstrategien für das Leben im Ausland zu vermitteln. Unter diesem Aspekt werden auch Sprachkurse begriffen, die von unseren Interviewten als sehr wichtig eingeschätzt werden. Allerdings geht es dabei nicht um die jeweilige Landessprache, sondern es gibt eine starke Option für Englisch als der *lingua franca*. Bisher konnte es sich eine Vielzahl von Betrieben offensichtlich leisten, auf die Ausweitung von internationalen Tätigkeiten ohne Weiterbildungsangebote zu reagieren, wohl auch deshalb, weil:

„Irgendwie schafft man das schon immer. Und gerade in einem fremden Land denkst du, du mußt es irgendwie hinkriegen." (Herr R.)

Die offene Frage allerdings bleibt: Könnte nicht gezielte Weiterbildung unter dem doppelten Aspekt der Humanisierung der Arbeitsbedingungen auch im Ausland und der Optimierung der Einsätze unter Rentabilitätsgesichtspunkten einen wichtigen Beitrag leisten?

4.6   Zusammenfassung

Wenngleich die befragten Personen sehr unterschiedliche Erfahrungen mit internationalen Tätigkeiten gemacht haben, können doch einige wichtige Ergebnisse zusammenfassend dargestellt werden.

Die Definitionsversuche zum Begriff der internationalen Qualifikationen zeigen, daß es den meisten Befragten weniger um fachliche Kenntnisse geht, sondern im Mittelpunkt die Fähigkeiten und Kompetenzen stehen, im Ausland das Leben bewältigen zu können und sich dabei offen für fremde Situationen zu zeigen. Der Sprachaspekt ist dem eindeutig bei den meisten untergeordnet – „*Er gehört irgendwie dazu*". Sprache wird eher als ein Hilfsmittel der Bewältigung des fremden Alltags begriffen. Deshalb wird, außer im Fall des Herrn D., auch nicht so sehr betont, daß es immer die jeweiligen Landessprachen sein sollen, sondern es geht um Englisch als eine Sprache, mit der man sich „fast überall bewegen kann".

Sehr stark steht der kommunikative Aspekt bei der Definition internationaler Qualifikationen im Vordergrund. Die Sachbearbeitung im Inlandsbetrieb wird, auch wenn sie in einer Fremdsprache durchgeführt wird, nicht so sehr als internationale Tätigkeit begriffen. Insofern nehmen die Befragten eine wichtige Differenzierung bei der Definition von internationaler Qualifikation und Tätigkeit vor.

Interesse an internationaler Tätigkeit kann bereits durch spezifisch prägende familiäre und schulische Sozialisation erzeugt werden und sich zu einem internationalen Berufswunsch verdichten. Aber auch das Angebot an internationaler Tätigkeit selbst kann dazu führen, daß sich erst internationale Interessen und dann auch Qualifikationen entwickeln. Darüber hinaus scheint es auch einen Typ international tätiger Beschäftigter zu geben, die zwar international arbeiten, aber wenig internationale Interessen entwickeln. Die Interviews liefern allerdings Hinweise, daß dies auch mit den spezifischen Arbeitsbedingungen im Montagebereich zusammenhängt. Gerade in diesem Bereich ergeben sich wichtige weitere Forschungsfragen, wenn man über die Bedingungen von internationalen Tätigkeiten und die dafür benötigten Qualifikationen genaueres wissen will.

Die jeweils aktuelle persönliche Lebenssituation hat einen starken Einfluß auf die Möglichkeiten, international tätig werden zu können. Dabei unterscheidet sich die Situation der Frauen deutlich von der der Männer, jedenfalls dann, wenn sie bereits Kinder haben oder noch welche bekommen möchten. Ein internationaler Einsatz, und zwar auch wenn er nur kurz ist, erscheint Frauen dann kaum noch möglich. Aber auch bei internationaler Tätigkeit im Inland sind die Aufstiegschancen für Frauen nicht gleich. Immer dann, wenn ein zusätzliches Engagement auch außerhalb der Arbeitszeit Voraussetzung für eine neue Position ist, können Frauen mit Kindern hier nicht gleichermaßen mithalten.

Auch für die Männer spielt allerdings die familiäre Situation eine große Rolle. Einerseits macht das Vorhandensein einer Familie auch sie für längere Auslandsaufenthalte unflexibler, wie das Beispiel von Herrn R. zeigt. Andererseits setzt die Familie solche Männer, die durchaus familienorientiert sind, bei Auslandseinsätzen unter den Druck, möglichst schnell wieder nach Hause zu kommen. Sie können dann kaum ein

Interesse an internationaler Kompetenz entwickeln. Gleichzeitig aber ermöglicht es der Auslandseinsatz mit den damit verbundenen Zusatzverdienstmöglichkeiten, die Familie finanziell besser abzusichern.

In keinem Fall aber war es für die befragten Männer ein Problem, die Kinder während der Abwesenheiten versorgt zu wissen. Dies ist in allen Fällen selbstverständliche Aufgabe der Partnerin. Unter diesen Bedingungen können dann auch die eigenen Auslandstätigkeiten als Bereicherung für das Familienleben begriffen werden.

Die Vorbereitung auf die internationalen Tätigkeiten von seiten des Betriebes werden insgesamt als unzulänglich kritisiert. Weiterbildungsangebote in diesem speziellen Feld gibt es kaum. Immer stärker setzt sich nach den Beobachtungen unserer Befragten durch, daß Fremdsprachenkenntnisse mittlerweile zu einem selbstverständlichen Auswahlkriterium für die Stellenbesetzung werden.

Weitere Forschungsfragen ergeben sich aus einem relativ neuen Typ von internationaler Tätigkeit in der Softwarebranche, die auf eine andere Weise internationale Qualifikationen erfordert, als dies in den anderen Tätigkeitsfeldern der Fall ist. Insbesondere die eher abstrakt geprägte Kommunikation über die elektronischen Medien bedürfte genauerer Untersuchungen in ihren Auswirkungen auf eine neue spezifisch internationale Qualifikation.

5 Resümee: „Internationale Qualifikationen" als Zukunftsqualifikationen

Internationale Qualifikationen haben den Charakter von Zukunftsqualifikationen. Die Qualifikationsanforderungen für zukunftsorientiertes berufliches Handeln werden wesentlich durch die Arbeitsweisen, ihre Organisationsformen und die Technikentwicklung bestimmt. In zunehmendem Maße werden diese aber verflochten mit der Internationalisierung von Produktion und Dienstleistungen. Die Beherrschung des ausgesprochen dynamischen Zusammenhangs von Arbeits-/Organisationsformen und Technikeinsatz im Kontext globaler Konkurrenz wird die zukünftige Qualifikationsentwicklung wesentlich determinieren. Diese Dynamik, die durch internationale Konkurrenz und Kooperation ausgelöst wird, ist ein wesentlicher Aspekt, mit dem sich international tätiges Personal auseinandersetzen muß.

Dafür werden vielfältige Schlagworte angeboten. „Europa- oder Auslandskompetenz", „Europatauglichkeit", „Euroqualifikationen", interkulturelle „Kommunikationsfähigkeit" oder „Kulturkompetenz" – die Liste von Bezeichnungen für das Bündel von Qualifikationen, das im Kontext internationalen beruflichen Handelns erforderlich ist, ließe sich beliebig erweitern.

Wir haben in der vorliegenden Studie den weit gefaßten Begriff „internationale Qualifikationen" verwendet und wollen nicht in die Versuchung verfallen, vorhandenen Definitionen noch eine weitere hinzuzufügen. Das primäre Ziel war es, empirisch gesichert dieses Qualifikationsbündel zu beschreiben und im Kontext des betrieblichen und beruflichen Handelns zu analysieren.

In den Interviews mit Aus- und Weiterbildungsleitern und Personalchefs zeigte sich, daß der Begriff der „internationalen Qualifikationen" vielfach mit einem Bündel eher vager Fähigkeiten assoziiert wird, die jedoch vom Umfang her weit über die Kenntnis etwa fremdsprachiger Fachbegriffe oder internationaler Normen hinausreichen. Für viele schien dieser Begriff auch ausschließlich mit internationalen Aktivitäten des Unternehmens verbunden zu sein, selbst wenn die eigene Tätigkeit keinen internationalen Bezug aufweist. Umgekehrt werden Tätigkeiten nicht als international betrachtet, obwohl sie klare Bezüge haben: die Qualifizierung ausländischer Mitarbeiter für die Arbeit in der Bundesrepublik beispielsweise wurde ebensowenig mit „internationalen Qualifikationen" in Verbindung gebracht wie etwa Qualifizierungsmaßnahmen für deutsche Beschäftigte oder Ausbilder beim Umgang mit ausländischen Kollegen oder Auszubildenden.

Das Spektrum der Aussagen der Experten zu internationalen Qualifikationen reichte von der Behauptung, daß „wir internationale Qualifikationen hier bei uns überhaupt nicht brauchen", bis hin zur Feststellung, daß man „gar nicht international, sondern nur innerhalb Europas" tätig sei. Das Problem lag häufig nicht so sehr in der Aufzählung konkreter beruflicher Qualifikationen in einem internationalen Kontext als vielmehr im Verständnis des Begriffs „international" selbst. Der räumliche Bezug – sei es im Denken oder im konkreten beruflichen Handeln – variiert erheblich, z. T. erweitert er sich in einem praktisch kaum noch faßbaren globalen Ausmaß. Der Umgang mit einem anderen und größeren räumlichen Handlungsbezug ist neben der Dynamisierung im internationalen Geschäft ein weiterer Aspekt, mit dem sich international tätiges Personal auseinandersetzen muß.

Geschäfte in Europa sind in vielen Betrieben und Branchen längst zur Normalität geworden, so daß sie nicht mehr als „international" verstanden werden – ebenso wie übrigens der Umgang mit ausländischen Beschäftigten oder die Fertigung nach internationalen Normen und Standards nicht spontan dazugerechnet werden, wenn dieser Umgang vertraut ist. Erst Fremdheit macht Internationalität bewußt. Insgesamt werden die Begriffe „national" und „international" im Zusammenhang mit geschäftlichen Aktivitäten eher in Kategorien wie „Vertrautheit" bzw. „Fremdheit" als in denen staatlicher Grenzen gedacht.

Wie sich internationale Qualifikationen ausprägen und in welchem Ausmaß sie am Arbeitsplatz erforderlich sind, muß differenziert betrachtet werden. Je nach

- Branche
- Betriebsgröße
- Standort
- Berufsgruppen
- Funktionen im Unternehmen
- Produkt- oder Dienstleistungspalette
- Marktbeziehungen
- Unternehmensstruktur und -kultur

und dem beruflichen, aber auch persönlichen Erfahrungshintergrund der Beschäftigten lassen sich sowohl die inhaltlichen Dimensionen „internationaler Qualifikationen" identifizieren und operationalisieren als auch die speziellen Merkmale und Einstellungen international tätigen Personals beschreiben. Unser Eindruck aufgrund der Untersuchungsergebnisse ist aber, daß mit zunehmender Internationalisierung des Wirtschaftens die genannten Kriterien immer unwichtiger werden, weil Tätigkeiten mit internationalem Bezug sowohl in der Breite der Funktionen im Betrieb wie auch in der Tiefe der Organisationsebenen immer selbstverständlicher werden.

5.1 Dimensionen „internationaler Qualifikationen"

Systematisch lassen sich internationale Qualifikationen in drei „originäre" Dimensionen aufgliedern:

1. „hervorragende Fachkenntnisse" als Voraussetzung für internationales berufliches Handeln

2. „Fremdsprachenkenntnisse"

3. „interkulturelle Kompetenz"

Darüber hinaus gibt es im Kontext internationaler Qualifikationen drei
weitere wichtige Aspekte:

- „Überheblichkeit" als eine „heimliche" Dimension deutschen internationalen Handelns

- „psychische und physische Robustheit" als Bedingung für Auslandstätigkeiten.

- „internationale Qualifikationen" als unternehmens- und gesellschaftspolitischer Auftrag

Im folgenden werden die drei originären Dimensionen und die „heimliche" behandelt, die anderen Aspekte sind in die späteren Kapitel integriert, weil sie dort thematisch hingehören.

Die 1. Dimension: *„hervorragende Fachkenntnisse"*
– unabdingbare Voraussetzung für internationales
berufliches Handeln

Aus der Sicht der Beschäftigten werden hervorragende Fachkennntisse
nicht so sehr hervorgehoben wie aus Sicht der Betriebe. Das liegt sicherlich daran, daß die Beschäftigten prinzipiell von einer hohen vorhandenen Fachkompetenz ausgehen, während für die Betriebe gerade
die fachliche Kompetenz der Ausgangspunkt für internationale Tätigkeiten oder Einsätze ist und von daher häufig im Zentrum personalpoliti-
scher Überlegungen steht.

Vor allem im gewerblich-technischen Bereich ist bei der Entsendung
ins Ausland die Fachkompetenz entscheidend. Im kaufmännisch-verwaltenden Bereich spielen darüber hinaus auch Aspekte der Besetzung
wichtiger Funktionen an ausländischen Standorten und die Karriereför-
derung im Sinne des Erwerbs internationaler Erfahrungen eine Rolle.
Auch für Tätigkeiten mit internationalem Bezug im Inland ist hohe
Fachkompetenz, insbesondere bei Bestehen direkter Kontakte mit ausländischen Partnern, unabdingbar. Generell wird das internationale Ansehen eines Betriebes durch die fachliche Kompetenz der jeweiligen
Mitarbeiter bestimmt. Trotz dieser Bedeutung läßt sich bei der hier betrachteten Gruppe der Facharbeiter und Fachangestellten nur sehr bedingt von einer systematischen Vorbereitung auf den Auslandseinsatz
sprechen. 136 (39 %) der auslandserfahrenen Beschäftigten gaben an,

gar nicht vorbereitet worden zu sein – bei den gewerblich-technischen Berufen waren es sogar 45 %. Und bei 125 Befragten beschränkte sich die Vorbereitung auf Gespräche mit Kollegen, die bereits im Ausland waren.

Die 2. Dimension: *„Fremdsprachenkenntnisse"*
– von „minimal" bis verhandlungssicher

Generell benötigen rund 12 % der Beschäftigten an ihrem Arbeitsplatz Fremdsprachenkenntnisse. Einen Überblick über den jeweiligen branchenspezifischen Anteil von Beschäftigten – hier Facharbeiter und Fachangestellte – mit Fremdsprachenbedarf gibt die folgende Tabelle 12.

Tabelle 12: Fremdsprachenbedarf in den wichtigsten Branchen, Facharbeiterinnen/Facharbeiter und Fachangestellte (West) in %

	Facharbeiter	Angestellte (schwierige Tätigkeit)	Erwerbstätige insges. (West)
Verkehrsgewerbe	6,2	41,6	24,1
Hotels, Gaststätten	21,5	38,2	15,9
Feinmechanik, Optik	3,5	31,5	10,9
Maschinenbauindustrie	3,5	27,8	15,7
Groß- und Versandhandel	8,0	23,6	16,4
Chemie	4,1	22,0	17,4
Banken, Sparkassen	–	21,3	21,2
Holz, Möbel	1,2	16,3	5,0
Metallhandwerk	1,3	15,9	7,2
Kfz-Industrie/Kfz-Handwerk	1,6	14,4	7,8
Druckerei und Vervielfältigung	1,0	13,0	8,3
Stahl-, Waggon-, Schiffbau	1,7	12,4	5,8
Elektrotechnik	1,2	11,4	14,9
Textil-, Lederindustrie, Textilhandwerk	1,8	10,8	5,9
Versicherungen	–	10,3	10,7
insgesamt	2,1	13,7	11,7

Quelle: BIBB/IAB 1991/92

In bezug auf die Häufigkeit der Anwendung von Fremdsprachen am Arbeitsplatz und in ausgewählten Berufsgruppen lassen sich durchaus Unterschiede erkennen. Weniger häufig sind die Erfordernisse in den Metall- und Elektroberufen. Im Hotel- und Gaststättengewerbe sind sie in einem breiten Spektrum erforderlich, es werden aber keine Spitzenwerte erreicht (vgl. Schaubild 39).

Schaubild 39: Häufigkeit benötigter Englischkenntnisse für die Arbeit nach Berufen/Berufsgruppen

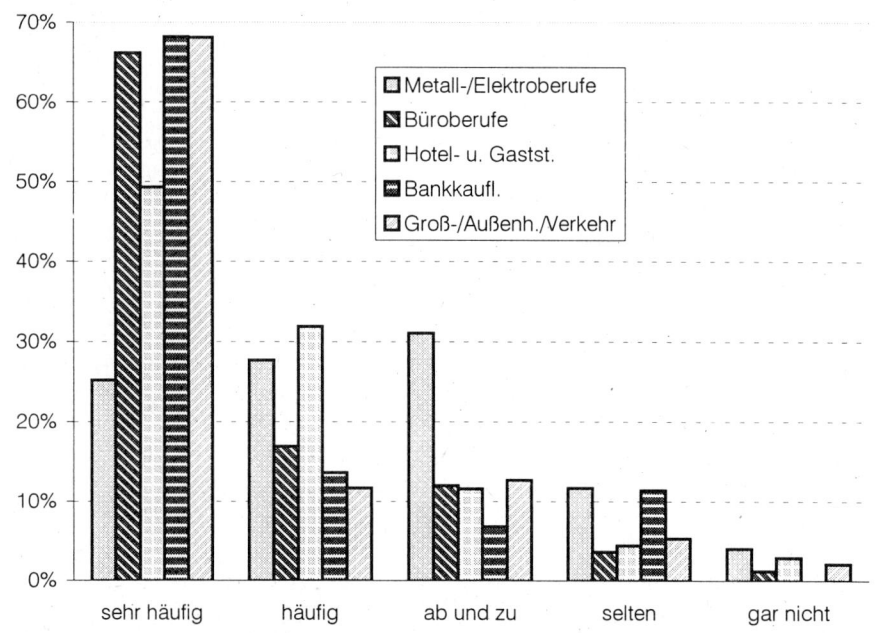

Quelle: BIBB-Projekt 1.2002, 1996

Für das *internationale berufliche Handeln* werden Fremdsprachenkenntnisse allgemein als ausgesprochen wichtig angesehen:

• Neben den Personal- und Ausbildungsleitern in Betrieben bestätigten auch jeweils rund 95 % der befragten international tätigen Facharbeiter und Fachangestellten, daß es für ihre berufliche Tätigkeit nützlich sei, eine Fremdsprache zu beherrschen bzw. daß dabei fremdsprachliche Fachbegriffe eine Rolle spielen. Fast ebensoviele gaben an, Grundkenntnisse in einer Fremdsprache zu besitzen, wobei es sich dabei vorrangig um Englisch handelt.

- Fremdsprachenkenntnisse werden von Beschäftigten wie von Arbeitgebern als so selbstverständlich für internationales berufliches Handeln betrachtet, daß sie bei Einstellungen oder der Übertragung von internationalen Aufgaben kein großes Thema sind. Bei der Einstellung als Auszubildender wurden nur von einem Fünftel explizit Fremdsprachenkenntnisse gefordert, eine Quote, die sich bei der Einstellung nach Abschluß der Ausbildung zwar etwas erhöhte, aber immer noch weit unter der 50%-Marke lag. Hier führt der Markt offensichtlich zu einer tendenziellen Entwertung von Fremdsprachenkenntnissen als isolierter Qualifikation. Im Kontext mit den anderen qualifikatorischen Elementen, vor allem der Fachkompetenz, dürften sie allerdings nach wie vor von Bedeutung sein.

- Insgesamt wird auch ein Druck auf das vorhandene Personal ausgeübt, sich auf diesem Sektor weiterzuqualifizieren. Die Beschäftigten müssen sich ihre Fremdsprachenkenntnisse weitgehend eigeninitiativ aneignen. Über die Hälfte der Befragten gab an, daß der eigene Betrieb nichts für den Fremdsprachenerwerb getan hatte. Dementsprechend glaubt auch nur etwa jeder zehnte, daß eine Bescheinigung über den Besuch eines Fremdsprachenkurses den Aufstieg im Unternehmen erleichtern würde. Nur bei besonderem betrieblichen Interesse an Fremdsprachen werden diese auch speziell vermittelt. Fremdsprachenkenntnisse sind eine wichtige, aber zugleich immer normalere Zusatzqualifikation, die im übrigen der Arbeitsmarkt gegenwärtig relativ problemlos herzugeben scheint.

Die *Notwendigkeit von Fremdsprachenkennntissen* muß differenziert betrachtet werden hinsichtlich

- der Art und des Umfangs: Je nach Funktion können minimale Fremdsprachenkenntnisse ausreichen, vor allem, wenn es um eher „technische" Aufgaben geht. Dann kann fehlende Sprachkompetenz durch Fachkompetenz und auch Persönlichkeitskomponenten ersetzt werden. Im Bereich von Führungskräften gehen die Anforderungen bis hin zu hoher fremdsprachlicher Verhandlungskompetenz.

- der Anzahl der notwendigen Sprachen: Die überragende notwendige Fremdsprache ist Englisch. Von betroffenen Beschäftigten würde gut ein Viertel noch eine weitere Fremdsprache erlernen wollen.

- der Anwendungsform: Die wichtigste Anwendungsform ist das aktive Sprechen. Für mehr als drei Viertel der befragten Facharbeiter und

Fachangestellten hat das aktive Sprechen beim Erwerb neuer bzw. der Verbesserung bestehender Fremdsprachenkompetenz oberste Priorität. An zweiter Stelle rangiert, mit 34 %, die Grammatik, dicht gefolgt vom Hörverständnis und den Fachsprachen.

Weitere wichtige Ergebnisse zum Thema Fremdsprachen:

- Neben der allgemeinbildenden Schule (84 % der Befragten) wurden Sprachen vor allem im Ausland selbst (46 %) sowie im Betrieb, d.h. während der Arbeit (39%), erlernt. Interessant ist jedoch vor allem, daß 44 % der Befragten angaben, sich in der Freizeit Fremdsprachenkenntnisse angeeignet zu haben und damit eine hohe Motivation zum Spracherwerb zu erkennen gaben. Im Rahmen einer betrieblichen Weiterbildung erwarben dagegen nur 21 % der Befragten Sprachkenntnisse.

- Die Betriebe haben für den Erwerb von Fremdsprachenkenntnissen der befragten Facharbeiter und Fachangestellten nur wenig unternommen. Über die Hälfte der Befragten (55 %) gab an, daß der Arbeitgeber nichts dafür getan habe. Immerhin 34 % hatte das eigene Unternehmen den Besuch eines Sprachkurses im Inland ermöglicht, und 7 % waren zum Spracherwerb ins Ausland geschickt worden.

- Möglicherweise könnte sich hier mittelfristig ein Wandel vollziehen. Denn glaubt man der Prognose derjenigen Arbeitnehmer, die sich im Rahmen ihrer Tätigkeit in internationalen Bezügen bewegen, so wird es zu einem steigenden Fremdsprachenbedarf am Arbeitsplatz kommen. 64 % der Befragten zufolge wird z.B. der Bedarf an Englischkenntnissen zunehmen oder sogar stark zunehmen, bei Französisch- und Spanischkenntissen liegen die Werte um 30 % bzw. 21 %. Auch bei Russisch glaubten immerhin noch 18 % an einen (stark) steigenden Bedarf.

- Bei der Frage, wo, nach Abschluß der allgemeinbildenden Schule, vor allem eine Fremdsprache für die berufliche Tätigkeit erworben werden sollte, meinten 38 %, man sollte sie im Ausland erlernen, 32 % sahen die Berufsausbildung als den geeigneten Ort an, und nur 20 % stimmten für die betriebliche Weiterbildung.

- Angesichts der hohen Fremdsprachenkompetenz der Stichprobe ist es interessant, daß nur gut ein Viertel der Befragten den eigenen Kenntnisstand für ausreichend hält: 45 % melden einen Weiterbildungsbedarf an (im gewerblich-technischen Bereich sind es sogar

61 %), und weitere 28 % würden gern noch eine weitere Fremdsprache erlernen. Dieses Ergebnis deckt sich mit anderen Untersuchungen. 79 % der Befragten wären schließlich gar bereit, entsprechende Kenntnisse auch in der Freizeit zu erwerben – was im übrigen 44 % auch getan haben.

Die 3. Dimension: *„interkulturelle Kompetenz"*
– von globalen Marktkenntnissen bis zur
internationalen Kooperationsfähigkeit

Die Ausgangshypothese, daß es neben reinen Fremdsprachenkenntnissen weitere Dimensionen von internationalen Qualifikationen gibt, wurde im wesentlichen bestätigt. Unabhängig davon, daß modernes Fremdsprachenlernen auch den Aspekt der Interkulturalität beinhaltet, zielen wir mit der Dimension „interkulturelle Kompetenz" auf die berufliche Handlungskompetenz.

In der Tat wird bei der konkreten Arbeit mehr als Fremdsprachenkenntnisse verlangt. Von den Personalverantwortlichen in den Betrieben wird das durchgängig so gesehen, z. T. wird der Bedarf auf die Managementebene eingegrenzt. Gelegentlich wird Persönlichkeitskomponenten („Neugierde", „Offenheit", „Toleranz", aber auch Durchsetzungsvermögen und Robustheit) mehr Bedeutung als den reinen (Fremdsprachen-) Kenntnissen beigemessen. Mehr als die Hälfte der befragten Facharbeiter und Fachangestellten sieht allerdings auch für sich die Notwendigkeit interkultureller Kompetenzen. Das deutet auf ein breiteres und persönlichkeitsgebundeneres Qualifikationsbündel hin, das schwieriger abzurufen und auch schwieriger aufzubauen bzw. zu vermitteln ist. Diese Bündel haben wir in einer Reihe von Merkmalen operationalisiert (vgl. Schaubild 40).

Schaubild 40: Notwendigkeit von Kenntnissen/Qualifikationen mit internationalem Bezug nach Berufen/Berufsgruppen

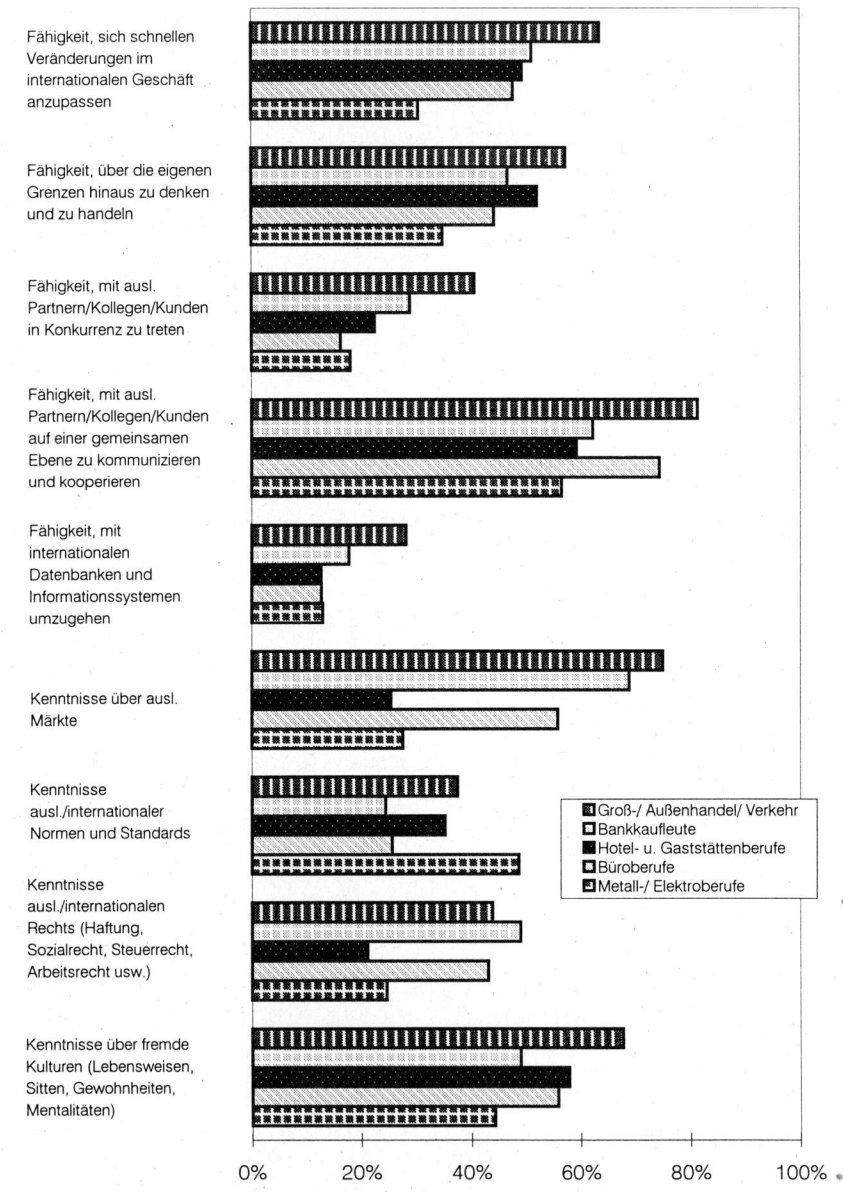

Quelle: BIBB-Projekt 1.2002, 1996

Am wichtigsten ist die Fähigkeit, „mit ausländischen Partnern/Kollegen/Kunden auf einer gemeinsamen Ebene zu kommunizieren und zu kooperieren". Dazu kommen „Kenntnisse über fremde Kulturen (Lebensweisen, Sitten, Gewohnheiten, Mentalitäten)" und über „ausländische Märkte". Wichtig sind auch die Fähigkeiten, „sich den schnellen Veränderungen im internationalen Geschäft anzupassen" und „über die eigenen Grenzen hinaus zu denken und zu handeln".

Weniger wichtig ist interessanterweise – zumindest für den befragten Personenkreis – die Fähigkeit, mit ausländischen Partnern, Kollegen oder Kunden in Konkurrenz zu treten.

Relativ unwichtig ist auch – noch? – die Fähigkeit, „mit internationalen Datenbanken und Informationssystemen umzugehen".

Der mögliche Trend zu einer gewissen Selbstverständlichkeit von internationalen Kenntnissen zeigt sich bei internationalen Normen, die kaum noch als etwas Besonderes betrachtet werden. Dagegen dürfte der Bereich der persönlichkeitsbezogenen Fähigkeiten mit interkulturellem Bezug weiterhin eine besondere Rolle spielen.

„Überheblichkeit": die „heimliche" deutsche Gegendimension

Ein Eindruck, der bei den zahlreichen Gesprächen und Interviews entstanden ist, soll an dieser Stelle nicht unterschlagen werden. Über allen originären, harten und weichen internationalen Qualifikationen schwebt eine heimliche, vielleicht „typisch deutsche" Qualifikation, die Überheblichkeit. Sie basiert wohl eher auf Erfahrungen aus der vorglobalen Ära, als deutsche Produkte über den klassischen Export häufig konkurrenzlos dastanden.

Diese Einstellungen sind auch heute noch vorhanden (vgl. auch Abschnitt 2.4), insbesondere wenn es um neue Märkte und Regionen geht. Die Gefahr, die damit verbunden ist, wird allerdings durchaus gesehen. Überheblichkeit – zumal wenn sie nicht nur fachlich, sondern auch kulturell durchscheint – dürfte so manche Chancen zunichte gemacht haben und für eine Zukunft gleichberechtigter Partner im globalen Wettbewerb völlig unpassend sein.

Überheblichkeit ist aber sicher auch ein Zeichen von Unsicherheit, von mangelnder Kulturkompetenz, welche, wie unsere Ergebnisse zeigen, ja keineswegs systematisch vermittelt wird, sondern sich weitgehend aus Persönlichkeitsmerkmalen und Biographien ergibt. Konzepte modernen interkulturellen Lernens zielen gerade auf diesen Aspekt: die eigene kulturelle Gebundenheit und die des anderen, des Fremden zu erkennen und anzuerkennen, über die Kommunikation den Fremden als gleichwertiges Subjekt zu akzeptieren und so zu einem eigenen Perspektivenwechsel zu kommen. Das bedeutet natürlich auch, das eigene Vertraute in Frage zu stellen. Für Überheblichkeit ist dann kein Platz mehr.

5.2   Internationale Tätigkeiten und Qualifikationen in ausgewählten Berufsfeldern

Es gibt erhebliche Unterschiede im Umfang und in den Strukturen internationaler Tätigkeiten, Qualifikationserfordernissen und Kompetenzen in einzelnen Berufsfeldern.

Internationale Tätigkeiten: Kommunikation vor tätigkeitsspezifischen Kenntnissen

Unter „internationalen Tätigkeiten" werden – und zwar mit Abstand – vor allem stark kommunikative Tätigkeiten verstanden („Umgang mit ausländischen Gästen/Kunden", „internationaler Handel", „Kommunikation", „Marketing/Vertrieb" sowie „Übersetzen/Dolmetschen"), wohingegen der Umgang mit internationalen Normen – trotz seiner durchgängigen Bedeutung für alle in die Untersuchung einbezogenen Berufe – das Schlußlicht dieser Tätigkeitsskala bildet. Dies ist ein weiterer Hinweis für die Richtigkeit unserer Vermutung, nach der die Kenntnis und der Umgang mit internationalen Normen kaum mehr als „internationale" Qualifikation erfahren wird.

Dasselbe gilt offensichtlich auch für die Teilnahme an Austauschmaßnahmen während der Ausbildung bzw. Weiterbildungsveranstaltungen im Ausland, die von insgesamt nur 5 bzw. 19 unserer Probanden (letzteres interessanterweise fast ausnahmslos von Angehörigen der Metall- und Elektroberufe) als „internationale" Tätigkeit genannt wurden. In diesem Zusammenhang ist übrigens der Hinweis interessant, daß an Maßnahmen im Rahmen von EU-Programmen zur Förderung der Berufsbildung, also etwa PETRA, FORCE oder LINGUA, lediglich 13 von insgesamt 487 Befragten – das sind nicht einmal 3 % – teilgenommen hatten. Angesichts der Tatsache, daß die überwältigende Mehrheit, 417 bzw. 86 % der Befragten, diese Programme nicht einmal kannte, überrascht diese geringe Quote allerdings kaum.

Weitere berufsbezogene Ergebnisse:

- Nur jeder 5. Befragte im *gewerblich-technischen Bereich* ist täglich mit internationalen Dingen befaßt, dagegen knapp 50 % im *Hotel- und Gaststättengewerbe*, gut 60 % in den *Büroberufen*, 70 % der *Bankkaufleute* und 80 % der Befragten im *Groß- und Außenhandel/Verkehrsgewerbe*.

- Für die Befragten im *gewerblich-technischen Bereich* sind die Kommunikationsfähigkeit mit ausländischen Partnern, das Marketing bzw. der Vertrieb im Ausland, die Sachbearbeitung für Kommunikation mit ausländischen Geschäftspartnern, die Planung und Koordination der Beziehungen zu ausländischen Firmen und der Umgang mit ausländischen Gästen/Kunden die wichtigsten internationalen Tätigkeiten. Dabei wird Englisch von rund 20 % der Befragten sehr häufig verlangt. Darüber hinaus sind vor allem Kenntnisse über fremde Kulturen und ausländische/internationale Normen erforderlich.

- In den *Büroberufen* spielen das Übersetzen/Dolmetschen, internationaler Handel und die Sachbearbeitung für Kommunikation mit ausländischen Geschäftspartnern die größte Rolle. Über 60 % der Befragten benötigen dafür sehr häufig Englisch. Weitere wichtige internationale Qualifikationen sind die Kommunikationsfähigkeit in bezug auf ausländische Partner, die Kenntnisse über ausländische Märkte und fremde Kulturen sowie die schnelle Anpassung an Veränderungen im internationalen Geschäft.

- Der Umgang mit ausländischen Kunden ist in den *Hotel- und Gaststättenberufen* am ausgeprägtesten, Übersetzen/Dolmetschen und Marketing sind von weitaus geringerer Bedeutung. Knapp 50 % der Befragten benötigen sehr häufig Englischkenntnisse. Im Zusammenhang mit den Tätigkeitsanforderungen werden als weitere Qualifikationen vor allem die Kommunikationsfähigkeit in bezug auf ausländische Partner, Kenntnisse über fremde Kulturen, aber auch „über die eigenen Grenzen hinaus denken" und „sich schnellen Veränderungen im internationalen Geschäft anpassen können" verlangt.

- Bei den *Bankkaufleuten* sind der internationale Handel, das Übersetzen/Dolmetschen, internationale Wertpapier-/Devisengeschäfte und Marketing/Vertrieb im Ausland die wichtigsten internationalen Tätigkeiten. Englisch wird von über 60 % der Befragten sehr häufig verlangt. Wichtigste weitere internationale Qualifikation ist die Kenntnis ausländischer Märkte, dazu kommen die Fähigkeit zur Kommunikation mit ausländischen Partnern, die Anpassung an Veränderungen im internationalen Geschäft, Kenntnisse ausländischen/ internationalen Rechts und fremder Kulturen sowie die Fähigkeit, über die eigenen Grenzen hinaus zu denken.

• Internationaler Handel steht im *Groß- und Außenhandel/Verkehrsgewerbe* im Vordergrund, dazu Marketing und Vertrieb mit/im Ausland sowie die Sachbearbeitung für Kommunikation mit ausländischen Geschäftspartnern. Hier benötigen sogar knapp 70 % der Befragten Englisch sehr häufig bei ihrer Arbeit. Am wichtigsten sind darüber hinaus – auf einem hohen Niveau – die Fähigkeit zur Kommunikation mit ausländischen Partnern, die Kenntnisse ausländischer Märkte und fremder Kulturen sowie die Fähigkeiten zur schnellen Anpassung an Veränderungen im internationalen Geschäft.

• Generell sind gegenwärtig Fremdsprachen- und interkulturelle Kompetenz in den *kaufmännisch-verwaltenden* und *Dienstleistungsberufen* eher notwendig und selbstverständlich. Im *gewerblich-technischen Bereich* überwiegt die Fachkompetenz. Längerfristig dürfte diese Unterscheidung auch wegen der zunehmenden Integration von Beratungsfunktionen und Kundenorientierung in technischen Berufen nicht haltbar sein, schon gar nicht für Beschäftigte in kleinen und mittleren Betrieben.

5.3   Internationales Personal (Fachkräfte) und Auslandsaufenthalte

Die Zugehörigkeit von betrieblich ausgebildeten Fachkräften zum international tätigen Personal ist eng verknüpft mit der Bereitschaft und dem Zugang zu Auslandsaufenthalten. Obwohl als Teilnahmekriterium für die Befragung der Facharbeiter und Fachangestellten nur eine der beiden Voraussetzungen „Fremdsprachenbedarf am Arbeitsplatz" oder „Auslandserfahrung" erforderlich war, erfüllte die Mehrzahl der Probanden beide Bedingungen – und zwar auf einem erstaunlich hohen Niveau, sowohl was die Anzahl und den Grad der Beherrschung verschiedener Fremdsprachen anbelangt, als auch hinsichtlich der Häufigkeit und der Dauer des Einsatzes im Ausland.

Internationales Personal: jung, kinderlos, mobil

Das internationale Personal zeichnet sich über die vorhandenen Qualifikationen hinaus durch eine hohe Mobilitätsfähigkeit und -bereitschaft aus. Voraussetzungen für die Mobilitätsfähigkeit international tätiger Facharbeiter und Fachangestellten sind vor allem

- das Lebensalter und die familiäre Situation. So sind über die Hälfte der Befragten jünger als 35 Jahre, und fast 60 % der Befragten gaben an, keine Kinder zu haben. Die Gruppe derjenigen, die sich in Eigeninitiative und ohne fremde Hilfe um eine Auslandsstelle bemühen würden, ist familiär noch ungebundener.

- ein verhältnismäßig hohes schulisches Bildungsniveau. Die Schule ist auch der hauptsächliche Ort gewesen, an dem die später für die Berufsausübung benötigten Fremdsprachenkenntnisse erworben wurden, die dann über Auslandsaufenthalte sowie in der Freizeit erweitert und vertieft worden sind; die Weiterbildung spielt als Lernort nur eine untergeordnete Rolle.

Die Mobilitätsfähigkeit wird auch durch Eigeninitiative deutlich:

- Rund ein Drittel der befragten Fachkräfte ist bereit, „aus eigenem Antrieb, d. h. aus persönlichem Interesse und ohne ein Angebot und die Unterstützung Ihres derzeitigen Arbeitgebers, ins Ausland zu gehen, um dort zu arbeiten".

- Frauen sind eher bereit, für einen Auslandsaufenthalt auf bestimmte Dinge zu verzichten. Sie würden ihren Arbeitsplatz in Deutschland eher aufgeben als Männer. Zwei Drittel der Frauen, die von sich aus ins Ausland gehen würden, würden das auch bei gleichbleibendem Verdienst machen (Männer: 48%). Schließlich wäre ihnen auch die Unterstützung durch den neuen ausländischen Arbeitgeber nicht so wichtig wie den Männern.

Wir vermuten, daß in dieser sehr mobilitätsbereiten – und aufgrund der sprachlichen Fähigkeiten, des Alters und der familiären Situation auch mobilitätsfähigen – Gruppe derer, die aus eigenem Antrieb usw. ins Ausland gehen würden, ein nicht ausgeschöpftes Potential hinsichtlich beruflicher Einsatzmöglichkeiten im Ausland liegt:

- Im Hinblick auf Sprachkompetenz nimmt diese Gruppe eine Spitzenposition innerhalb der befragten Arbeitnehmer mit internationalen Bezügen in der beruflichen Tätigkeit ein.

- Für eine Tätigkeit im Ausland würden 107 aus der Gruppe von 149 Probanden sogar ihren Arbeitsplatz in Deutschland aufgeben. Auch von der Aussicht, daß der neue Arbeitgeber im Ausland nicht dabei behilflich wäre – etwa durch die Suche nach einer Wohnung oder die Vermittlung sozialer Kontakte –, sich in die fremde Umgebung einzugewöhnen, läßt man sich kaum abschrecken: 60 % der Befragten wären trotzdem bereit, eine solche Stelle anzutreten. Mit 54 % – bei den Bankkaufleuten sind es allerdings nur 23 % – etwas geringer ist dagegen die Bereitschaft, eine Stelle im Ausland anzunehmen, wenn der Verdienst der gleiche bliebe.

Auslandsaufenthalte: vielfältige Motive und Erfahrungen

Die allgemeine Bereitschaft zu einer Auslandstätigkeit hängt für das befragte international tätige Personal von drei Faktoren ab: erstens von der (überschaubaren) Dauer des Einsatzes und der Arbeitsplatzsicherheit zu Hause, zweitens von der Möglichkeit, daß die Familie mitkommt, und drittens muß sich ein solcher Einsatz finanziell und karrieremäßig auszahlen. Interessant ist, daß diese letzte Kategorie, insbesondere hinsichtlich des finanziellen Aspektes, bei denen, die berufliche Auslandserfahrung besitzen oder bei denen ein Einsatz im Ausland denkbar wäre, nur von untergeordneter Bedeutung ist.

Diesen Motiven wird von den Betrieben weitgehend Rechnung getragen. Aus ihrer Sicht ist im Zusammenhang mit Auslandsaufenthalten ein weiterer Aspekt internationaler Qualifikationen wichtig:

„Psychische und physische Robustheit" ist bei Auslandsaufenthalten unabdingbar

Wer aus dem Bereich des international tätigen Personals in das Ausland entsandt wird, muß, vor allem nach Meinung der Betriebe, eine hohe psychische und physische Robustheit mitbringen. Dabei spielen Erfahrungen und die Fähigkeit, „sich schon einmal durchgeboxt zu haben", eine große Rolle. Diese Dimension internationaler Qualifikationen wird auch in den Tiefeninterviews, die mit Fachkräften geführt wurden, deutlich. Bewältigungsstrategien für das Leben im Ausland stehen im Zentrum der Weiterbildungswünsche.

Viele Betriebe gehen davon aus, daß psychische und physische Robustheit mitgebracht werden muß. Sie sei eine persönliche Voraussetzung und entziehe sich daher weitgehend einem Qualifizierungsansatz.

Dennoch ließe sich hier wohl durch Weiterbildung und bessere Vorbereitung manche potentielle Problematik reduzieren. Zum Teil bemühen sich die Betriebe, Themen, die zu persönlichen Problemen führen können, durch das Angebot einer psychologischen Beratung vor der Entsendung bzw. hinterher in Rückkehrseminaren mit den Mitarbeitern und Mitarbeiterinnen zu bearbeiten.

Weitere wichtige Ergebnisse zu Auslandsaufenthalten:

- Insgesamt ergibt sich eine positive Einschätzung des Auslandsaufenthaltes in beruflicher Hinsicht. Daran ändern auch die 63 % der Befragten mit Auslandserfahrung nichts, die angaben, daß sich für sie nach der Rückkehr beruflich nichts geändert habe. Immerhin für ein knappes Viertel der Befragten hatte sich der Auslandseinsatz in Form eines beruflichen Aufstiegs ausgezahlt – bei den Bankkaufleuten lag diese Zahl sogar fast doppelt so hoch (42 %). Und bei 11 % der Befragten hatte der Einsatz offenbar mobilitätsfördernd gewirkt: sie hatten nach der Rückkehr die Arbeitsstelle gewechselt (in der Teilstichprobe der Hotel- und Gaststättenberufe hatte der Auslandseinsatz sogar bei genau einem Drittel zum anschließenden Arbeitsstellenwechsel geführt). Für die Hälfte der Befragten hat der Auslandsaufenthalt zu einer Erweiterung der Kenntnisse beigetragen.

- Auch bei den persönlichen Aspekten des Auslandsaufenthalts überwogen die positiv gefärbten Aussagen. Dem Satz: „Der Auslandsaufenthalt war wichtig für mich, weil er eine interessante Erweiterung meiner Lebenserfahrung darstellte" konnten 60 % der Probanden zustimmen – mit Spitzenwerten bei den Speditions- und Reiseverkehrskaufleuten (79 %) und den Hotel- und Gaststättenberufen (78 %). Für 28 % war der Auslandsaufenthalt vor allem deshalb wichtig, „weil ich dadurch soziale und kulturelle Eigenheiten eines anderen Landes kennengelernt habe"; in dieser Gruppe waren die Industrie- bzw. Bankkaufleute mit 39 % bzw. 40 % sehr stark vertreten.

- Zu der positiven Beurteilung des Einsatzes im Ausland mag auch die Situation beigetragen haben, die man nach der Rückkehr vorfand. Die überwältigende Mehrheit (94 %) gab an, daß sie keine Schwierigkeiten gehabt habe, sich wieder in die Arbeit in Deutschland einzufinden. Und fast ebenso viele, 93 % der Befragten, wären bereit, im Rahmen ihrer Berufstätigkeit noch einmal ins Ausland zu gehen. Einschränkend muß gesagt werden, daß es sich in gut zwei Drittel der

Fälle um relativ kurze Einsätze handelte (bis zu einem halben Jahr). Bei mehrjährigen Auslandsaufenthalten – dies legen die in Kapitel 2 erörterten Gespräche mit Personalverantwortlichen in deutschen Unternehmen nahe – würde sich möglicherweise, zumindest was die Rückkehrerproblematik anbelangt, ein etwas anderes Bild ergeben.

- Dies könnte auch für den Punkt der Vorbereitung auf einen Auslandseinsatz durch Sprach-, Fach- oder Kurse zur Landeskunde gelten. Bei der hier betrachteten Gruppe läßt sich jedenfalls nur sehr bedingt von einer systematischen Vorbereitung auf den Auslandseinsatz sprechen. 136 der auslandserfahrenen Beschäftigten (39%) waren gar nicht vorbereitet worden – bei den gewerblich-technischen Berufen waren es sogar 45%. Und bei 125 Befragten, das sind 36%, beschränkte sich die Vorbereitung auf Gespräche mit Kollegen, die bereits im Ausland waren.

- Doch von den Betroffenen selbst scheint dies nicht als gravierendes Problem empfunden worden zu sein: Die Frage, ob sie hinsichtlich der Vorbereitung auf den Auslandseinsatz im nachhinein etwas verbessern würden, beantworteten 72% mit einem klaren „Nein". Nur bei den Arbeitnehmern im gewerblich-technischen Bereich war dieses „Nein" mit 60% deutlich verhaltener; d.h. 40% von ihnen hätte sich eine bessere Vorbereitung gewünscht – kein Wunder angesichts der Tatsache, daß fast die Hälfte von ihnen überhaupt nicht eingewiesen worden war.

- Die Probanden mit Auslandserfahrung wurden gefragt, unter welchen Umständen sie bereit wären, noch einmal ins Ausland zu gehen. Weitaus die meisten zeigten sich unter der Voraussetzung zur Auslandstätigkeit bereit, „wenn es weiterhin bei kurzen Auslandseinsätzen bleibt". Am zweitwichtigsten war den Befragten, daß im Fall einer nochmaligen Auslandstätigkeit die Familie mitgeht; Platz drei bildete eine Rückkehrgarantie des Arbeitgebers vor Antritt der Auslandsstelle, und erst an vierter Stelle wurde die Bedingung gestellt, daß der Auslandsaufenthalt mit einem beruflichen Aufstieg verbunden sein müsse. Bei der Entscheidung für eine Auslandstätigkeit scheint es den Betroffenen eher um soziale Kategorien, wie den Zusammenhalt der Familie oder die Sicherung des Arbeitsplatzes, als um finanzielle Vorteile oder die berufliche Karriere zu gehen.

Frauen: nach der Technisierung auch die Internationalisierung verloren?

Beim Zugang zu internationalen Tätigkeitsfeldern sind Frauen nach unseren Erkenntnissen benachteiligt. Insgesamt in unserem Sample unterrepräsentiert, schwindet ihr Anteil weiter, sobald Auslandsreisen ins Spiel kommen. Die „internationalen" Tätigkeiten werden von dieser Gruppe also in der Hauptsache im Inland ausgeübt. Nach unseren Ergebnissen sind weibliche Fachkräfte mit internationalen Bezügen in der beruflichen Tätigkeit deutlich jünger und familiär ungebundener (kinderlos und ohne Partner) als ihre männlichen Kollegen. Bei der Einstellung werden von ihnen häufiger Fremdsprachenkenntnisse gefordert als von den Männern – die dafür öfter einmal zu einem Sprachkurs ins Ausland geschickt werden. Chancen, internationale Tätigkeiten auch mit einem Auslandsaufenthalt zu verbinden, sehen Frauen im wesentlichen nur dann, wenn sie auf ihren Kinderwunsch verzichten.

Auch die Ergebnisse der Fallstudien mit Personalverantwortlichen in Betrieben zeigen, daß es mehr oder weniger unterschwellig Vorbehalte gegen den Einsatz von Frauen im Ausland gibt. Da wird leicht generell unterstellt, daß Frauen sich im Zweifel für die Familie entscheiden, aber auch, daß sie in anderen Kulturen und Regionen dieser Welt nicht das notwendige Ansehen genießen bzw. gar gefährdet sind.

Die Strukturen der Diskriminierung im internationalen Kontext unterscheiden sich von denen im technischen Bereich. Hier wird vor allem auf die sozialen und kulturellen Probleme, dort auf weibliche Distanz zur Technik abgestellt. Der Effekt dürfte aber ähnlich sein, nämlich die potentielle Ausgrenzung aus karriereträchtigen Berufsperspektiven.

5.4 „Internationale Qualifikationen" aus unterschiedlichen Sichtweisen

Unsere Untersuchung war bewußt darauf angelegt, das Phänomen internationaler Qualifikationen aus unterschiedlichen Sichtweisen und vor verschiedenen Erfahrungshintergründen zu analysieren – von der Befragung einer repräsentativen Stichprobe der Erwerbstätigen in der Bundesrepublik Deutschland (1991/92), Fallstudien in 15 international tätigen Betrieben (1994), Fragebogeninterviews mit rund 500 international tätigen Facharbeitern und Fachangestellten mit Berufsausbildung, bis hin zu 13 weitgehend unstrukturierten Interviews von international beschäftigten Fachkräften. Dabei haben sich durchaus Nuancen ergeben, die wir hier noch einmal auf den Punkt bringen möchten:

- In bezug auf den generellen *Fremdsprachenbedarf* hat die Erwerbstätigenbefragung ergeben, daß etwa jeder achte Erwerbstätige Fremdsprachen am Arbeitsplatz benötigt. Die Unterschiede zwischen Männern und Frauen sind zu vernachlässigen, aber die Notwendigkeit von Fremdsprachen besteht vor allem bei jüngeren Erwerbstätigen. Der Fremdsprachenbedarf von Angestellten mit Lehre liegt in etwa beim Durchschnitt aller Erwerbstätigen (12%), der Bedarf der Facharbeiter mit 3% erheblich darunter. Bei Hochschulabsolventen benötigt nahezu jeder zweite Fremdsprachenkenntnisse. Die Fallstudien in Betrieben mit Personal- und Ausbildungsleitern – also die Betriebssicht – vermitteln den Eindruck, daß Fremdsprachenkenntnisse in höherem Maße erforderlich sind. Das liegt sicher an der Auswahl der Betriebe, die international tätig sind, aber andere Untersuchungen zeigen ein ähnliches Bild. Mit anderen Worten: die betrieblichen Wünsche hinsichtlich der internationalen Qualifizierung des Personals sind höher, als es wohl der gegenwärtigen Realität am Arbeitsplatz entspricht.

- Der *Weiterbildungsbedarf* an Fremdsprachen liegt bei 6% der Erwerbstätigen. Bei denjenigen, die Fremdsprachen am Arbeitsplatz benötigen, liegt der Weiterbildungsbedarf bei 24%, bei denen, die keine Fremdsprachen benötigen, nur bei 3%. Diese Ergebnisse decken sich mit denen der von uns befragten international tätigen Fachkräfte. Diese sind auch weitgehend bereit, den Forderungen der Betriebe nach fremdsprachlicher Weiterbildung in der Freizeit zu entsprechen. Aus Einzelsicht wird allerdings erkennbar, daß die Betriebe diese Bereitschaft auch als Test für das berufliche Engagement ansehen.

- In bezug auf *die Notwendigkeit von Fremdsprachenkenntnissen am Arbeitsplatz* des international tätigen Personals gibt es eine weitgehende Übereinstimmung zwischen den Personalverantwortlichen und dem befragten Personal: Die Notwendigkeit der Beherrschung einer Fremdsprache wird als sehr hoch eingeschätzt. Allerdings ist die individuelle Sicht etwas nuancierter: hier wird auch die Fähigkeit zur Bewältigung von Lebens- und Arbeitssituationen hervorgehoben, die oft wichtiger sei als Fremdsprachenkenntnisse.

- Ähnliches gilt für die Dimension *„interkulturelle Kompetenz"*. Aus betrieblicher Sicht ist diese eher für Führungskräfte erforderlich, über die Hälfte der Fachkräfte reklamiert diese Notwendigkeit aber auch für ihre Tätigkeit, und aus individueller Sicht wird vor allem der Umgang mit Fremdheit als ausgesprochen wichtig hervorgehoben. Die Vermittlung dieser Kompetenzen findet seitens der Betriebe praktisch nicht statt. Sie gehen von den bereits vorhandenen Erfahrungen und Persönlichkeitsmerkmalen aus und stellen – mehr als die Betroffenen selbst – die notwendigen Fachkenntnisse heraus. Dieses sieht das international tätige Personal durchaus als Problem und ist deshalb auch bereit, sich in der Freizeit zusätzliche internationale Qualifikationen anzueignen.

- Zur *Mobilität und Mobilitätsbereitschaft* ist festzustellen, daß bisher nur 4 % der Beschäftigten „für längere Zeit aus beruflichen Gründen im Ausland" waren. Die Spitze liegt bei 16 % der Hochschulabsolventen. Die Werte für die Facharbeiter/-innen und die Fachangestellten betragen dagegen nur 2 %. Männliche Erwerbstätige sind doppelt so häufig im Ausland gewesen als ihre weiblichen Kollegen. Das gilt auch für die Ebene der Facharbeiter/-innen, während bei den Fachangestellten die Anteile von Frauen und Männern mit Auslandsaufenthalten in etwa gleich sind. Die Mobilitätsbereitschaft wird von den Betrieben als durchaus verbesserungswürdig eingeschätzt. Dagegen ist bei dem befragten international tätigen Fachpersonal eine hohe Mobilitätsfähigkeit und -bereitschaft festzustellen.

- Hinsichtlich der *Auslandsaufenthalte* gehen die Betriebe i.d.R. davon aus, daß die Vorbereitung – auch wenn sie meist ad hoc geschieht – ausreichend ist und es vor Ort kaum Probleme gibt. Dagegen macht das Personal, das im Ausland tätig war und ist, deutlich, daß die Vorbereitung verbesserungsbedürftig ist. Sie geschieht meist durch Erfahrungsaustausch mit Kollegen. Aus individueller Sicht werden auch Probleme, die im Ausland bestehen (Isolation, kulturelles Unverständnis) genannt.

5.5 Bildungs-, arbeitsmarkt- und personalpolitische Folgerungen

Die Internationalisierung des Wirtschaftens ist für die Bundesrepublik Deutschland kein neues Phänomen. Sie ist allerdings in den letzten Jahren aufgrund der europäischen Entwicklung und der Zuspitzung auf dem Arbeitsmarkt verstärkt in das Bewußtsein gerückt.

Trotz der langen Erfahrungen auf diesem Gebiet ist das System der Berufsbildung gegenüber den Anforderungen der Internationalisierung und zunehmend der Globalisierung des Wirtschaftens ausgesprochen resistent geblieben.

Schaut man sich allein die Situation des Fremdsprachenunterrichts in der Berufsausbildung an, so kann von einer befriedigenden Weiterentwicklung – trotz vielfältiger Appelle und Forderungen – nicht die Rede sein. Die Zahlen der Schülerinnen und Schüler, die fremdsprachlichen Unterricht an den Berufsschulen haben, sind nach wie vor gering. Meistens handelt es sich um fakultativen Unterricht. Hohe Anteile finden sich in den Stadtstaaten Berlin und Hamburg, ein Hinweis darauf, daß in Ballungsräumen vor allem in kaufmännischen Berufen mehr Fremdsprachenunterricht durchgeführt wird.

Noch problematischer sieht es in den Ausbildungsordnungen aus. Im kaufmännisch-verwaltenden Bereich sind in den Regelungen, die noch vor 1969 getroffen wurden (z. B. Kaufmannsgehilfe im Hotel- und Gaststättengewerbe, Musikalienhändler/-in, Luftverkehrskaufmann/-frau), Fremdsprachenkenntnisse als „erwünscht" genannt. Beim Datenverarbeitungskaufmann/-frau sind im Berufsbild Kenntnisse englischer Fachausdrücke sowie der wichtigsten englischen DV-Ausdrücke erwähnt. Traditionell gibt es bei den Köchen/Köchinnen die französische Fachterminologie.

In den gewerblich-technischen Berufen wird angesichts kaum vorhandener Regelungen das Thema Fremdsprachen in den Meinungsbildungsprozessen zunehmend wichtiger, wie z. B. die Diskussion bei den Technischen Zeichnern gezeigt hat. Gute Ansatzpunkte bot die Erprobungsverordnung zum Ausbildungsberuf „Eisenbahner/Eisenbahnerin im Betriebsdienst". Im Rahmenplan wurde gefordert: „Auskünfte in einer Fremdsprache erteilen".

Das Schaubild 41 gibt einen Überblick über die Einbeziehung der internationalen Dimension in neugeordnete bzw. sich im Neuordnungsverfahren befindliche Ausbildungsberufe. Vor dem Hintergrund unserer Untersuchungsergebnisse dürfte es sich dabei um absolute Minimalerfordernisse handeln, da in aller Regel lediglich Kenntnisse in der (englischen) Fachsprache gefordert werden.

Schaubild 41: Übersicht über die Einbeziehung der internationalen Dimension in neugeordnete Ausbildungsberufe

Ausbildungs-beruf	Stand des Verfahrens	Fremdsprachen-kenntnisse	Ausbildungsinhalte mit internationalem Bezug
Speditionskaufmann/ Speditions-kauffrau	Verordnung vom 18.Juni 1996	fremdsprachige Fachausdrücke anwenden, Formulare ausfüllen und Dokumente erstellen; mit fremdsprachigen Standardtexten arbeiten; einfache Auskünfte erteilen	
Kaufmann/ Kauffrau für Groß- und Außenhandel	Entwurf Stand: 10/96	betriebsübliche fremdsprachige Lieferanteninformationen für die Warenbeschaffung auswerten

Fachrichtung Außenhandel:

in einer Fremdsprache korrespondieren und kommunizieren

fremdsprachige Offerten, Gebote und Abschlußbestätigungen erstellen

fremdsprachige Warendokumente erklären

fremdsprachiges Informationsmaterial auswerten | Fachrichtung Außenhandel u.a.:

Veränderungen der Bedingungen auf nationalen und internationalen Märkten und deren Auswirkungen einschätzen

mit in- und ausländischen Geschäftspartnern kommunizieren und Geschäftsabschlüsse tätigen

Transportmittel und -wege im internationalen Warenverkehr ... erkunden

internationale Transportversicherungsbedingungen und gebräuchliche Klauseln anwenden sowie Versicherungsfälle bearbeiten

international gebräuchliche Klauseln und Handelsusancen anwenden |
| Versicherungs-kaufmann/ Versicherungs-kauffrau | Verordnung vom 8.Februar 1996 | | Dienstleistungs- und Niederlassungsfreiheit; Dienstleistungs- und Niederlassungsfreiheit für ausländische Versicherer in Deutschland; Sitzlandprinzip: EU-Vermittlungsempfehlung bzw. später geltendes Recht |
| Neue Berufe der Informations- und Kommunikationstechnik (IuK) | Entwurf Stand 11/96 | technische Unterlagen, insbesondere Dokumentationen und Handbücher, in deutscher und englischer Sprache lesen und anwenden;

deutsche und englische Fachausdrücke anwenden | |

Ausbildungs- beruf	Stand des Verfahrens	Fremdsprachen- kenntnisse	Ausbildungsinhalte mit internationalem Bezug
Fluggeräteelek- troniker/Flugge- räteelektronikerin	Entwurf Stand 11/96	technische Unterlagen, insb. Dokumentationen und Handbücher, in deutscher und englischer Sprache lesen und an- wenden; deutsche und englische Fachausdrücke anwen- den	
Eisenbahner/ Eisenbahnerin im Betriebsdienst	Entwurf: Stand 5.9.96	bisher: „Auskünfte in ei- ner Fremdsprache ertei- len" (Erprobungs- verordnung) neu: „Fachsprache unter Nut- zung betriebsüblicher fremdsprachiger Begriffe anwenden"	
Film- und Video- editor/Film und Videoeditorin	Verordnung vom 29.1.96	Geräte- und Softwarebe- schreibungen in deut- scher und englischer Sprache lesen und aus- werten	
Mediengestalter Bild und Ton/Me- diengestalterin Bild und Ton	Verordnung vom 29.1.96	produktionstechnische Fachsprache in Deutsch und Englisch anwenden	

Quelle: BIBB-Projekt 1.2002, 1996

In einer ganzen Reihe weiterer neugeordneter Berufe ist die internationale Dimension, sicherlich auch wegen fehlender gegenwärtiger beruflicher Relevanz, nicht berücksichtigt worden. Es bleibt aber abzuwarten,
ob in den weiteren großen Neuordnungsverfahren (z.B. Bankkaufleute,
Industriekaufleute) die internationale Dimension Niederschlag findet.
Gerade hier wäre nach unseren Ergebnissen – mehr als im gewerblich-
technischen Bereich – eine internationale kommunikative Kompetenz
gefordert.

Das duale System und das hohe Qualifikationsniveau der Fachkräfte
in der Bundesrepublik Deutschland werden als Standortvorteil gehandelt. Dennoch führt die Schere zwischen hohem Ausbildungsniveau und
negativer Arbeitsmarktentwicklung auch zu der Frage, ob Strukturen,
Verfahren und Inhalte im System der Berufsbildung der dynamischen internationalen Entwicklung noch angemessen sind und ohne Weiterentwicklung nicht selbst zu einem Hindernis im globalen Wettbewerb werden können. Überspitzt könnte man es so formulieren: Wurde schon der

europäischen Entwicklung bisher nicht genügend Rechnung getragen, wie soll es dann erst bei der Globalisierung glücken?

Wir haben uns mit einem Aspekt auseinandergesetzt – den Inhalten von Qualifikationen, die sich als Folge der Internationalisierung des Wirtschaftens ergeben. Daraus leiten wir – wohlwissend, daß auch Strukturen und Verfahren des Berufsbildungssystems selbst einer intensiven Betrachtung unter internationalen Aspekten bedürfen – zu einer Reihe relevanter Problemstellungen der Berufsbildungs-, Arbeitsmarkt- und Personalpolitik Folgerungen ab.

Internationale Qualifikationen in der Berufsausbildung: alleinige Aufgabe der Berufsschulen?

In den Rahmenlehrplänen für die Berufsschulen kommen Fremdsprachen – mit einigen Ausnahmen – nicht vor. Dabei heißt Fremdsprachenunterricht an der Berufsschule normalerweise Englischunterricht, der obligatorisch – wenn überhaupt – nur in den Berufsfeldern Wirtschaft und Verwaltung sowie Ernährung und Hauswirtschaft erteilt wird. Sie können sowohl in die berufsbezogenen wie in die allgemeinbildenden Anteile integriert sein oder als Wahl- bzw. Wahlpflichtfächer angeboten werden, wie z. B. seit dem Schuljahr 1989/90 in Rheinland-Pfalz oder an Oberstufenzentren in Berlin. In Bayern läuft seit 1987 der Modellversuch „Fremdsprachen an der Berufsschule – Chancen für die Arbeitnehmer in der EG von morgen". Dort werden an ca. 26 Berufsschulen Sprachkurse angeboten, bei denen man sich verstärkt auf die Vorkenntnisse der Schulabgänger und die Möglichkeiten des weiteren Ausbaus der Sprachfertigkeit an den Berufsschulen konzentriert. Darüber hinaus gibt es z.B. weitere Modellversuche in Saarbrücken/Neunkirchen, Bremen/Rostock und Hamburg.

Meist wird gefordert, daß die Berufsschulen verstärkt tätig werden sollen. Das gilt auch für das von uns befragte international tätige Personal und erst recht für die Personalverantwortlichen. Das von der Konferenz der Kultusminister der Länder (KMK) entwickelte Konzept einer Bund-Länder-Vereinbarung über die Regelung des Fremdsprachenunterrichts an den Berufsschulen, das von einem Dreistufenmodell ausgeht, liegt allerdings derzeit auf Eis.

Der Ansatz ist im Prinzip richtig, und es lassen sich mit einiger Sicherheit auch die Ausbildungsberufe benennen, bei denen Fremdsprachenunterricht in der Berufsschule obligatorisch sein sollte. Wir gehen davon aus, daß bei einem relativ hohen Fremdsprachenbedarf von Fachkräften in bestimmten Branchen (vgl. Tabelle 12), denen sich im Prinzip auch Ausbildungsberufe zuordnen lassen, Fremdsprachen zur beruflichen Handlungskompetenz gehören. Damit wären in der Reihenfolge mindestens (da es sich um ältere Daten aus dem Jahr 1991/92 handelt) die Berufe

– Speditionskaufmann/-frau,

– Reiseverkehrskaufmann/-frau,

– Restaurantfachmann/-frau, Hotelfachmann/-frau,

– Koch/Köchin,

– Kaufmann/-frau im Groß- und Außenhandel,

– Industriekaufmann/-frau und Bankkaufmann/-frau

angesprochen. In diesen Fällen sollte auch im betrieblichen Kontext – wie z. T. bereits geregelt – fremdsprachlich weiterqualifiziert werden. Daß dies möglich ist und keineswegs ein Ausbildungshindernis bedeutet, zeigen Beispiele aus vielen Betrieben.

Darüber hinaus gibt es im gewerblich-technischen Bereich tätigkeitsabhängig (z. B. Montageberufe) die Notwendigkeit, bessere Fremdsprachenkenntisse zu vermitteln.

Wahlfreiheit im Unterricht bringt i.d.R. keine Fortschritte. Deshalb halten wir es für sinnvoll, daß in den Ausbildungsberufen, in denen der Fremdsprachenunterricht aufgrund der Bedarfsüberlegungen nicht obligatorisch ist, eine interkulturelle Basisqualifikation vermittelt wird, die auch Fremdsprachenlernen enthält, aber insgesamt auf einem niedrigeren Niveau ansetzt. Diese Qualifikation hätte zwei Ziele:

– in bezug auf Fremdsprachenkompetenz (Englisch): nicht abstürzen bei Kontakten wie Telefonanrufen etc.

– in bezug auf die interkulturelle Kompetenz: lernen, daß woanders vieles anders sein kann, sowie interkulturelle Konfliktregelungspotentiale entwickeln können.

Ein solcher Ansatz würde nicht nur dem bildungspolitischen Auftrag, sondern auch den langfristigen Interessen der Betriebe entsprechen, die immer wieder auch auf die innerbetriebliche und gesellschaftspolitische Bedeutung interkultureller Kompetenz hinweisen. Für die einzelnen Beschäftigten ergibt sich daraus auch eine gewisse Mobilitätsfähigkeit, ein Aspekt, der angesichts der Entwicklung auf dem heimischen Arbeitsmarkt zukünftig verstärkt an Bedeutung gewinnen könnte.

Internationale Qualifikationen als unternehmens- und gesellschaftspolitischer Auftrag

Diese Dimension internationaler Qualifikationen ist als Auftrag formuliert. Sie betrifft die notwendige Kommunikation mit ausländischen Geschäftspartnern, aber auch mit ausländischen Freunden, Kollegen und Kolleginnen. Sie bezieht sich also auf die Internationalisierung des Lebens. Ein wichtiger Aspekt wären z. B. kulturell bedingte innerbetriebliche Konflikte, die möglicherweise bei verschärfter Arbeitslosigkeit noch zunehmen können. „Ich lern 'ne zweite Sprache und komm als Ausländer wieder." Dieser Satz mag kennzeichnen, worum es geht. Insofern tritt hier der direkte berufliche Bezug in den Hintergrund. Primäres Ziel einer solchen Dimension internationaler Qualifikationen sind die genannten Aspekte der interkulturellen Basisqualifikation. Sie kann durchaus auch als Gegendimension zur „Überheblichkeit" formuliert werden.

Diese Dimension ist deshalb auch keineswegs alleiniger Auftrag der Berufsausbildung, sondern muß im allgemeinbildenden Schulsystem ansetzen, darf aber unserer Meinung nach auch in der Ausbildung nicht vernachlässigt werden. Sie ist die Basis für ein ganzheitliches Konzept internationaler Qualifizierung für das benötigte international tätige Personal.

Internationale Qualifikationen in der Weiterbildung – mehr als nur Fremdsprachen

Intensives Fremdsprachenlernen in bestimmten Berufen und eine interkulturelle Basisqualifikation für alle gehören in die Berufsausbildung. Darüber hinausgehende Aspekte internationaler Qualifikationen sollten in die Weiterbildung verlagert werden, z. B. Kenntnisse über bestimmte Länder, Regionen und Märkte, auch spezielle Sprachen.

Das ist bisher nur begrenzt der Fall. In der Weiterbildung besteht das Thema „internationale Qualifikationen" nach wie vor primär aus Fremdsprachenunterricht mit z. T. erheblichem Umfang, etwa in den Bereichen Banken und Handel. Gelegentlich wird gerade die Eigeninitiative einer interkulturellen Vorbereitung auf Auslandsaufenthalte als Test für Engagement und auch Belastbarkeit seitens der Betriebe angesehen.

Daß die Betriebe hier für Fachkräfte wenig tun – im Managementbereich ist das anders –, wird von dem international tätigen Personal in unserer Befragung auch meist hingenommen. Dennoch zeigen die Einzelinterviews, daß es vor Ort durchaus auch kulturell bedingte Probleme gibt, die bei besserer Vorbereitung verhindert werden könnten.

Zweifellos entsteht aber ein praktisches Kostenproblem. Die Fremdsprachenweiterbildung wird in der Tendenz weitgehend auf die Beschäftigten abgewälzt. Hier wäre zu fordern, daß, zumindest bei Frauen, die Vermittlung während der Arbeitszeit erfolgt, im Sinne einer positiven Diskriminierung. Interkulturelles Training ist spezialisierter, anspruchsvoller und nicht so leicht zugänglich wie Fremdsprachenkurse. Deshalb müßten hier die Betriebe weitgehend Organisation und Kosten übernehmen. Bei Auslandsaufenthalten könnten die Beschäften ihre Freizeit/Urlaub einbringen. Vermutlich sind die Kosten dafür minimal im Vergleich zu denen, die durch Unverständnis, Vorurteile, Unkenntnis etc. entstehen. Das gilt sicher auch bei Kontakten am Arbeitsplatz in Deutschland, sei es in direkter, telefonischer oder schriftlicher Form. Das Ziel der kulturellen Synergiefähigkeit als der höchsten Form internationaler Kompetenz sollte den Betrieben vermehrt Investitionen in ihr Humankapital wert sein.

Bleibt die Frage der Zertifizierung. Die Bedeutung von Fremdsprachenzertifikaten wird vom international tätigen Personal nicht als bedeutend eingeschätzt, auch weil Fremdsprachenkompetenz weit verbreitet und damit am Markt verfügbar ist. Zertifizierungen von Teilnahmen an interkulturellen Trainings könnten hier – gerade weil sie seltener sind – eine größere Bedeutung erlangen.

Internationale Qualifikationen und die Attraktivität der beruflichen Bildung – neue Berufe, Zusatzqualifikationen, Module oder: Ist der Zug schon abgefahren?

Die Auswirkungen der Internationalisierung des Wirtschaftens tangieren die Leistungsfähigkeit der einzelnen Bildungssysteme. Allgemeinbildende Schulen reagieren zunehmend mit frühzeitigem Sprachunterricht, Hochschulen mit internationalisierten Bildungsgängen. Das Berufsbildungssystem, das am direktesten mit dem Beschäftigungssystem verknüpft ist, hat mit der Ausweitung von qualifikatorischen Ansprüchen erhebliche Probleme. Eine Internationalisierung von Berufsausbildungsgängen könnte

– dem Trend der Jugendlichen zu höherwertigen Abschlüssen begegnen;
– einen Beitrag zur Aufwertung deutscher Abschlüsse innerhalb Europas leisten;

– die Betriebe dazu veranlassen, auch betrieblich Ausgebildeten die Chancen des Zugangs zu internationalen Tätigkeiten zu erhalten bzw. zu verbessern.

Die Rekrutierungsstrategien der Betriebe sind unterschiedlich. Zum Teil wird international tätiges Personal weitgehend aus Hochschulabsolventen rekrutiert (Trainees), zum Teil wird bewußt auf internationale Aspekte in der betrieblichen Ausbildung des eigenen Nachwuchses Wert gelegt, zum Teil wird gar nicht ausgebildet und das internationale Personal „vom Markt" – durchaus auch vom ausländischen – geholt. Daß in Deutschland ausgebildete Industriekaufleute/Wirtschaftsassistenten im Marketingbereich mit Hochschulabsolventen aus Asien konkurrieren, mag ein Schlaglicht auf die Situation werfen. Betrieblich ausgebildete Jugendliche haben den Konkurrenzkampf mit Fachhochschul- und Hochschulabsolventen noch nicht verloren, aber sie sind dabei, ihn zu verlieren, wenn nicht gegengesteuert wird. Diese Gegensteuerung erfolgt bisher allerdings kaum innerhalb der geregelten Ausbildungsberufe. Vier Trends deuten sich an:

- Zum einen werden auf die herkömmliche Berufsausbildung zusätzliche Komponenten aufgesetzt. Das betrifft insbesondere Fremdsprachenkenntnisse. Hier spielt die Zertifizierung durchaus als Motivation eine Rolle. Verschiedene Kammern bieten inzwischen solche Prüfungen an, auch die Konferenz der Kultusminister der Länder (KMK) strebt eine einheitliche Zertizierung durch die Berufsschulen an.

- Zum zweiten werden in einzelne Ausbildungsberufe regional zusätzliche internationale Komponenten integriert, so z. B. bei der Ausbildung von Speditionskaufleuten in Hamburg, dem Berufskolleg in Baden-Württemberg und dem Modellversuch Eurokaufmann in Nordrhein-Westfalen. Diese Bildungsgänge haben z. T. jedoch das Abitur als Zugangsvoraussetzung.

- Zum dritten werden internationale Komponenten durch verschiedene, z. T. parallel laufende Ausbildungsgänge zu einer umfassenden Kompetenz miteinander kombiniert. In der chemischen Industrie beispielsweise werden Industriekaufleute gleichzeitig zu einem Fachhochschulabschluß (Betriebswirt) geführt und erlangen nach einem Auslandsaufenthalt auch noch den Master of Business Administration (MBA). Hier bilden sich kombinierte Bildungsgänge zwischen dualem System und Hochschulsystem heraus, es ist praktisch ein duales System auf höherer Ebene. Abitur ist Zugangsbedingung.

- Schließlich gibt es im Bereich der Weiterbildung/Fortbildung positive Ansätze der internationalen Qualifizierung von Bildungsträgern und Kammern. Ein richtiger Weg wird hier über die Bündelung internationaler Qualifikationen in Modulen und Fortbildungsberufen gegangen. Ein Beispiel ist hier der „Exportbeauftragte im Handwerk" bei der Handwerkskammer Trier.

Diese Trends zeigen einen Hang zur weiteren Ausdifferenzierung des Systems der Berufsbildung mit einer gewissen Elitebildung. Es kann letztlich zu einem System von ausgebildeten Fachkräften mit und ohne Abitur und daraus folgend mit und ohne internationale Qualifikationen führen.

Internationale Qualifikationen und internationaler Arbeitsmarkt – Mobilitätsförderung durch mehr Qualifikation?

Daß mehr Qualifikation die Möglichkeiten zu mehr Mobilität erhöht, haben die Ergebnisse unserer Untersuchungen bestätigt. Allerdings stellt sich die Frage, ob größere Mobilität der Beschäftigten das alleinige strategische Ziel internationaler Qualifizierung ist. Dem stehen mindestens folgende Aspekte entgegen:

- Die bisherige Mobilität der Erwerbstätigen hält sich in Grenzen. Nur 4 % der Erwerbstätigen in der BRD waren schon einmal für längere Zeit aus beruflichen Gründen im Ausland.

- Mobilitätsbereites, international kompetentes Personal ist vorhanden. Häufig können die Wünsche zu Auslandsaufenthalten nicht erfüllt werden.

- Die betrieblichen Rekrutierungsstrategien richten sich verstärkt auf die Beschäftigung inländischen Personals an den ausländischen Standorten.

Eine wichtige Frage dürfte zudem sein, inwieweit internationale Qualifizierung zukünftig mit dazu beitragen kann, im globalen Wettbewerb Arbeitsplätze im Inland zu sichern und zu schaffen. Dazu bedarf es aber einer umfassenden und ganzheitlichen Qualifizierungsstrategie des international tätigen Personals unter Einbeziehung aller Dimensionen internationaler Qualifikationen. Das erfordert

- den frühzeitigen Beginn von internationalen Qualifizierungselementen schon in der Schule,

- die Weiterführung in allen Bildungsteilsystemen,

- eine Anwendung auch im Rahmen der betrieblichen Ausbildungsmöglichkeiten,

- eine geplante internationale Weiterbildungsstrategie und damit

- eine Abkehr von Ad-hoc-Qualifizierungsmaßnahmen.

Gefordert ist letztlich ein Konzept internationaler Bildung. Einzelne Maßnahmen, Module u. ä. werden dem nur gerecht, wenn langfristig der Grundstein für die notwendige Persönlichkeitsentwicklung im interkulturellen Kontext bereits frühzeitig in Schule und Ausbildung gelegt ist.

5.6   Trends internationaler Qualifikationsentwicklung und offene Fragen

Wir haben einen relativ begrenzten Ansatz bei der Analyse internationaler Qualifikationen gewählt, vor allem deshalb, weil dieses Feld, in dem so viel Forderungen auf der Basis unklarer Begrifflichkeiten gestellt werden, zunächst systematisiert und die gegenwärtige Situation beschrieben werden mußte.

Wie wir gesehen haben, hinken die Aktivitäten in Aus- und Weiterbildung ohnehin weit hinter dem gegenwärtigen Stand an internationalen Arbeitsplätzen hinterher. Die Veränderungen im Beschäftigungssystem geschehen weiter mit hoher Geschwindigkeit; Zeit und Raum verlieren ihre traditionelle Bedeutung.

Für die zukünftige Entwicklung gehen wir von folgenden Thesen aus, wobei vor allem die Entwicklung der neuen Informations- und Kommunikationstechnologien weitere qualitative Sprünge erzeugen wird:

- Von internationalen beruflichen Aktivitäten wird insgesamt mehr Personal betroffen sein. Insbesondere in kleinen und mittleren Unternehmen, die sich internationalisieren müssen, werden die Anforderungen steigen. Wie sind sie darauf vorbereitet und wie können sie die technischen Möglichkeiten zur grenzüberschreitenden Kommunikation nutzen?

- Eine andere, eher informationstechnisch dominierte Kommunikation vom Arbeitsplatz aus könnte die kulturellen Unterschiede verschwimmen lassen. In der Netzkommunikation können kulturfreie Räume entstehen, in denen die Teilnehmer gleichberechtigt miteinander umgehen. Als Gegenstück zu kultureller Synergie könnte die Fähigkeit zum „kulturfreien" Handeln in den Vordergrund treten. Aber lassen sich technische Standards wirklich kulturfrei handhaben?

- Die Folge ist vermutlich weniger physische, aber mehr geistige und informationelle Mobilität mit einer hohen Anforderung an die Schnelligkeit des Handelns. Standorte werden tendenziell immer unwichtiger. Welche Tätigkeiten und Berufsgruppen sind besonders betroffen? Können sich daraus etwa neue Chancen für Frauen ergeben?

Internationale Qualifikationen sind Zukunftsqualifikationen, was gegenwärtig noch nicht überall im Bewußtsein ist. Sie werden als Teil globaler beruflicher Handlungsfähigkeit immer selbstverständlicher und damit für breitere Kreise von Beschäftigten relevant. Sie ändern ihren Charakter im Zusammenhang mit der Entwicklung von Technik, Arbeits- und Organisationsformen schneller als früher. Deswegen ist die Schaffung breiter und früh angelegter interkultureller Basisqualifikationen notwendig. Damit gilt die Forderung nach einer breit angelegten und zukunftsorientierten internationalen Qualifikationsentwicklung nicht nur für die Berufsbildung, sondern auch für die Schul- und Jugendpolitik.

Anhang

Literatur

ACKERMANN, K.-F.; SCHOLZ, H. (Hrsg): Personalmanagement für die 90er Jahre: Neue Entwicklungen, neues Denken, neue Strategien. Stuttgart 1991

AMTSBLATT DER EUROPÄISCHEN GEMEINSCHAFTEN vom 24. Juli 1992: Richtlinie 92/51/EWG des Rates vom 18. Juni 1992 über eine zweite allgemeine Regelung zur Anerkennung beruflicher Befähigungsnachweise in Ergänzung zur Richtlinie 89/48/EWG

BAUR, RITA; WOLFF, HEIMFRID; WORDELMANN, PETER: Herausforderungen des europäischen Binnenmarktes für das Bildungssystem der Bundesrepublik Deutschland. Bonn 1991

BAUSCH, KARL-RICHARD; BLIESENER, ULRICH; CHRIST, HERBERT; SCHRÖDER, KONRAD; WEISSBROD, URTE: Fremdsprachen in Handel und Industrie. Eine Untersuchung in dem IHK-Bereich Ostwestfalen zu Bielefeld. Manuskripte zur Sprachlehrforschung Nr. 16. Bochum 1980

BECK, ULRICH: Vom strengen Drillzeug zum „Denkzeug" führt ein weiter Weg. In: Management und Seminar (1992), Heft 11, o. S.

BENETREU, HEINZ-PETER: Entsprechung der beruflichen Befähigungsnachweise. Einschätzungen aus der Sicht des Deutschen Gewerkschaftsbundes. In: Die berufsbildende Schule (1991), Heft 11, S. 662-666

BERGEMANN, NIELS; SOURISSEAUX, ANDREAS L.J. (Hrsg.): Interkulturelles Management. Heidelberg 2 1996

BERGMANN, MANFRED; HANF, GEORG: Auswirkungen des EG-Binnenmarktes auf das System der beruflichen Bildung in der Bundesrepublik Deutschland. In: Berufsbildung in Europa. Arbeitsunterlagen und Materialien des BIBB. Berlin 1990, S. 29 - 41

BERGGREEN, INGEBORG: Das Bildungswesen in Europa nach Maastricht. In: Recht der Jugend und des Bildungswesens (1992), Heft 4, S. 436-450

BERTRAND, OLIVIER: Qualifikation und ihre Dimensionen. Besonderheiten und Analysen. In: Berufsbildung (1991), Heft 2, S. 28-32

BEUTLER, BENGT: „Soft law" oder Gemeinschafts„recht". In: Recht der Jugend und des Bildungswesens (1992), Heft 2, S. 175-180

BLOSSFELD, HANS-PETER u. a.: Ökonomie und Politik beruflicher Bildung – Europäische Entwicklungen. Berlin 1992

BLUMBERG, D.: Der PC ist kein Sprachlehrer. In: Berliner Zeitung vom 26.9.1993

BLUMENSTOCK, HORST: Quantitative Personalbedarfsplanung. Konzeption für ein mittelständisches Unternehmen. In: Personal, Jg. 44 (1992), Heft 8, S. 336-339

BRANDENBURGER, M.: Interkulturelles Management. Köln 1995

BRANDS, ALOIS: Europaqualifikationen – fremdsprachliche Zusatzqualifikationen als Bestandteil der Berufsausbildung von Speditionskaufleuten. In: Wordelmann, Peter (Hrsg.): Internationale Qualifikationen. Inhalte, Bedarf und Vermittlung. Herausgegeben vom Bundesinstitut für Berufsbildung, Der Generalsekretär. (Berichte zur beruflichen Bildung, Heft 184). Berlin, Bonn: Bundesinstitut für Berufsbildung 1995, S. 141-150

BRÖTZ, RAINER; MÖLLGARD, CORD: Fremdsprachen in der Berufsausbildung. In: Gewerkschaftliche Bildungspolitik (1993), Heft 11, S. 247-250

BUNDESINSTITUT FÜR BERUFSBILDUNG: Berufsbildung für Europa. Arbeitsunterlagen und Materialien des BIBB. Berlin 1988

BUNDESINSTITUT FÜR BERUFSBILDUNG: Die Rolle der beruflichen Bildung und Berufsbildungsforschung im internationalen Vergleich. Internationale Wissenschaftliche Tagung zur beruflichen Bildung. 25/26.10.1990 in Berlin. Berlin 1990

BUNDESINSTITUT FÜR BERUFSBILDUNG: The Structural Meaning of Alternance in Context of the Initital Education and Vocational Training System: A Comparative Presentation of the EC-Countries. Berlin 1994

BUNDESINSTITUT FÜR BERUFSBILDUNG: Empfehlungen des Hauptausschusses des Bundesinstituts für Berufsbildung zu Fremdsprachen in der beruflichen Bildung. In: Beilage zu Berufsbildung in Wissenschaft und Praxis, (1994), H. 3

BUNDESMINISTERIUM FÜR BILDUNG UND WISSENSCHAFT (BMBW): Deutscher Länderbericht zur Evaluierung des Systems der Entsprechungen der beruflichen Befähigungsnachweise. BMBW III B 4 - 6860 - 1 I. Bonn, Herbst 1991

BUNDESMINISTERIUM FÜR BILDUNG UND WISSENSCHAFT (BMBW): Entwurf einer deutschen Stellungnahme zum Memorandum der EG-Kommission über die Berufsbildungspolitik der Gemeinschaft für die 90er Jahre. In: Informationen für die Beratungs- und Vermittlungsdienste der Bundesanstalt für Arbeit (1992), Nr. 48, S. 2923-2929

BUNDESMINSTERIUM FÜR BILDUNG UND WISSENSCHAFT (BMBW): Perspektiven der fremdsprachlichen Weiterbildung in den neuen Bundesländern: Expertengespräche im Rahmen der konzertierten Aktion Weiterbildung. Uni Potsdam 14./15.10.92. Bonn 1993

BUNDESMINSTERIUM FÜR BILDUNG UND WISSENSCHAFT (BMBW): Berichtsystem Weiterbildung 1991: Integrierter Gesamtbericht zur Weiterbildungssituation in den alten und neuen Bundesländern. Bonn 1993

BUNDESMINSTERIUM FÜR BILDUNG UND WISSENSCHAFT (BMBW): Grünbuch der Kommission der Europäischen Gemeinschaft zur europäischen Dimension des Bildungswesens. In: Bundesrat Drucksachen, Nr. 769/93, 28.10.1993. Bonn 1993

BUNDESMINSTERIUM FÜR BILDUNG UND WISSENSCHAFT (BMBW): Verbesserung der Fremdsprachenkenntnisse im Beruf. Konzept des Bundesministeriums für Bildung und Wissenschaft. Bonn 1993/94

BUNDESMINISTERIUM FÜR WIRTSCHAFT: Merkblatt zur europarechtlichen Anerkennung von Diplomen und Prüfungszeugnissen in den Gesundheitshandwerken und zu anderen europarechtlichen Vorschriften im Zusammenhang mit der Ausübung eines Handwerks in Deutschland. (II A 4 - 47 50 17/19 -.) Bonn, 15. Mai 1995

BUNDESVERBAND DER DEUTSCHEN INDUSTRIE u. a. (Hrsg.): Differenzierung, Durchlässigkeit, Leistung. Strukturmaßnahmen zur Weiterentwicklung des Bildungssystems. Bildungspolitische Position der Spitzenverbände der Wirtschaft. Bonn, Januar 1992

BUNDESZENTRALE FÜR POLITISCHE BILDUNG (Hrsg.): Europa in der Schule. Zur politischen Bildung in der Bundesrepublik Deutschland, Dänemark, Frankreich, Großbritannien und den Niederlanden. Bonn 1986

BUSSE, GERD; KROGIAS, MARIA; PAUL-KOHLHOFF, ANGELA: Berufliche Qualifikationen im internationalen Kontext. Eine Literaturauswertung. Bericht für das Bundesinstitut für Berufsbildung. Dortmund: Sozialforschungsstelle, November 1993

BUSSE, Gerd: Europafähigkeit, Euroqualifikation, internationale Qualifikation. In: Berufsbildung 48 (1994), H. 26, S. 14-16

BUSSE, GERD; PAUL-KOHLHOFF, ANGELA: Internationale Qualifikationen im betrieblichen Kontext. 2. Zwischenbericht. Unter Mitarbeit von Detlef Ullenboom. Dortmund: Sozialforschungsstelle, Februar 1995

BUTTLER, FRIEDRICH; TESSARING, MANFRED: Humankapital als Standortfaktor: Argumente zur Bildungsdiskussion aus arbeitsmarktpolitscher Sicht. In: MittAB, 26. Jg. (1993), Heft 4, S. 467-476

CHRIST, HERBERT; LIEBE, ELISABETH; SCHRÖDER, KONRAD: Fremdsprachen in Handel und Industrie. Eine Untersuchung in den IHK-Bezirken Düsseldorf und Köln. Augsburg: Augsburger I & I-Schriften 9, 1979

COENENBERG, ADOLF G. u. a. (Hrsg.): Internationalisierung als Herausforderung für das Personalmanagement. Stuttgart 1993

DEWE, BERND; FERCHHOFF, WILFRIED; RADTKE, FRANK-OLAF: EG Binnenmarkt – Eine Herausforderung an das Bildungs- und Beschäftigungssystem. Ausgewählte Bibliographie. Bielefeld 1989

DEUTSCHER INDUSTRIE- UND HANDELSTAG (DIHT): Fremdsprachen in der Berufsausbildung. In: Wirtschaft und Berufs-Erziehung (1992), Heft 9, S. 285-286

DEUTSCHER INDUSTRIE- UND HANDELSTAG (DIHT): Fremdsprachen in der Berufsausbildung. In: Wirtschaft und Berufs-Erziehung (1993), Heft 1, S. 23-24

DEUTSCHER INDUSTRIE- UND HANDELSTAG (DIHT) (Hrsg.): Fremdsprachen in einem Europa offener Grenzen. Bonn 1994

DIELMANN, KLAUS: Personalwirtschafliche Strategien internationaler Unternehmenstätigkeit. In: Personal (1993), Heft 10, S. 93 ff.

DIESEL, HARALD: Europazertifikat aus Brandenburg. In: Berufsbildung (1993), Heft 19, S. 47-48

DITTMANN, ARMIN; FEHRENBACHER, CLAUS: Die bildungsrechtlichen Harmonisierungsverbote (Art. 126 Abs. 4, 127 Abs. 4 EGV) und ihre Bedeutung für die nationale „Bildungshoheit". In: Recht der Jugend und des Bildungswesens (1992), Heft 4, S. 478-493

DOHMS, RÜDIGER: Die Kompetenz der EG im Bereich der allgemeinen Bildung nach Art. 126 EGV. In: Recht der Jugend und des Bildungswesens (1992), Heft 4, S. 451-468

DREXEL, INGRID: Das Ende des Facharbeiteraufstiegs? Neue mittlere Bildungs- und Karrierewege in Deutschland und Frankreich – ein Vergleich. München 1993

DRÖLL, HAJO: Der Sprachschulmarkt in Frankfurt am Main. Eine empirische Untersuchung des Bildungs- und Förderungswerks der Gewerkschaft Erziehung und Wissenschaft. Frankfurt am Main 1994

EG-INFORMATIONEN: Sonderheft. Studieren in Europa (1993), Heft 2

ENDRESS; HAUSER: Regio-Ausbildung – La formation Régio: Cernay – Maulburg – Reinach. Ausbildungsbroschüre der Fa. Endress + Hauser. Maulburg, 1992

EULE, Michael: Auslandspraktika in der Berufsausbildung. Rechtliche Rahmenbedingungen von Praktika und Ausbildungsabschnitten im Ausland während einer Berufsausbildung nach Berufsausbildungsgesetz. In: Die berufsbildende Schule (1991), Heft 11, S. 666-678

EUROCHAMBRES: Eine Berufsausbildungspolitik der Europäischen Gemeinschaft. In: Wirtschaft und Berufs-Erziehung (1991), Heft 11, S. 347 bis 348

EUROPÄISCHE GEMEINSCHAFT – EUROPÄISCHE UNION: Die Vertragstexte von Maastricht mit den deutschen Begleitgesetzen. Bearbeitet und eingeleitet von Thomas Läufer. Herausgegeben von der Bundeszentrale für Politische Bildung Bonn. Bonn 1993

EUROPÄISCHER GEWERKSCHAFTSBUND (EGB): Herausforderungen und Möglichkeiten für europäische Erziehung, Ausbildung und Qualifikationen. In: Gewerkschaftliche Bildungspolitik (1991), Heft 9, S. 211 bis 213

EUROQUALIFIKATION: Pädagogischer Bericht für das Kontrollkomitee. Brüssel 1993

FAHLE, KLAUS: Die Politik der EG in den Bereichen Erziehung, Bildung und Wissenschaft. Eine Bestandsaufnahme. Frankfurt 1989

FEUCHTHOFEN, JÖRG: Wo steht das deutsche Bildungssystem im Gemeinsamen Europäischen Markt? In: Informationen für die Beratungs- und Vermittlungsdienste der Bundesanstalt für Arbeit Nr. 45 (1990), S. 2031-2035

FEUCHTHOFEN, JÖRG: LINGUA: Wirtschaftsbezogenes Fremdsprachenlernen im Binnenmarkt. In: KRAMER, WOLFGANG; WEISS, REINHOLD (Hrsg.): Fremdsprachen in der Wirtschaft. Ein Beitrag zu interkultureller Kompetenz. Köln 1992

FEUCHTHOFEN, JÖRG: Europäische Förderprogramme im Bildungswesen. In: Recht der Jugend und des Bildungswesens (1992), Heft 2, S. 181-194

FEUCHTHOFEN, JÖRG; BRACKMANN, HANS-JÜRGEN: Berufliche Bildung im Maastrichter Unionsvertrag. In: Recht der Jugend und des Bildungswesens (1992), Heft 4, S. 468-477

FEUCHTHOFEN, JÖRG: „Gleichwertigkeit" beruflicher Bildungsabschlüsse in Europa. In: Wirtschaft und Berufs-Erziehung (1993), Heft 3, S. 73 bis 79

FINKENSTAEDT, THOMAS; SCHRÖDER, KONRAD: Sprachschranken statt Zollschranken? Grundlegung einer Fremdsprachenpolitik für das Europa von morgen. Hrsg. vom Stifterverband für die Deutsche Wissenschaft, Materialien zur Bildungspolitik, Heft 11. Essen 1990

FITZPATRICK, A.: Internationalisierung von Prüfungen. Berufsbezogene Fremdsprachentests. (Beispiel: Zertifikate der International Certificate Conference – ICC). Nürnberg 1993

FLECHSIG, KARL-HEINZ: Forschungsschwerpunkte im Bereich der Unterrichtstechnologie. Stuttgart 1975

FROHNE, GÜNTER: Die „Ostsprachen" im Europäischen Haus. In: Die Neueren Sprachen 91 (1992), H. 4/5, S. 375-396

GEUTHER, ALBRECHT: Qualifikationsbedarf durch Europäische Normen. In: Wordelmann, Peter (Hrsg.): Internationale Qualifikationen. Inhalte, Bedarf und Vermittlung. Herausgegeben vom Bundesinstitut für Berufsbildung, Der Generalsekretär. (Berichte zur beruflichen Bildung, Heft 184). Berlin, Bonn: Bundesinstitut für Berufsbildung 1995, S. 77-84

GROTHE, PETER: Weiterbildung – eine öffentliche Aufgabe. Bonn, Wolfenbüttel 1993

GUMMERSBACH, ALFONS: Überlegungen zur Entwicklung eines Europäischen Übungsfirmenmarktes. In: Gewerkschaftliche Bildungspolitik (1992), H. 2, S. 38-42

HAGEN, STEPHEN (Hrsg.): Languages in British Business. An Analysis of Current Need. Newcastle-upon-Tyne 1988

HAMEL, GARY; PRAHALAD, C.K.: Wettlauf um die Zukunft. Wien 1995

HARDES, H.-D.;WÄCHTER, H. (Hrsg.): Personalmanagement in Europa. Anforderungsprofile, Rekrutierung, Auslandsentsendung. Wiesbaden 1993

HASSE, ROLF H.; SCHÄFER, WOLF (Hrsg.): Die Weltwirtschaft vor neuen Herausforderungen. Strategischer Handel, Protektion und Wettbewerb. Göttingen 1994

HAUPTAUSSCHUSS DES BUNDESINSTITUTS FÜR BERUFSBILDUNG: Empfehlung des Hauptausschusses des BIBB zu Fremdsprachen in der beruflichen Bildung. Berlin 24./25.2.94

HEIDEMANN, WINFRIED: Die Zukunft des dualen Systems. Gefährdung durch Europa? In: Die Mitbestimung (1994), Heft 1, S. 72 ff.

HEIMERER, LEO; WEIDINGER, DOROTHEA (Hrsg.): Fremdsprachen an der Berufsschule. Stand und Perspektiven. München 1994

HERNAUT, KUNO: Der Europa-Ingenieur. Anforderungen an die Ingenieurqualifikation im vereinten Europa aus der Sicht der Industrie. In: Fortschrittliche Betriebsführung und Industrial Engineering, Jg. 41 (1992), Heft 4, S. 175-180

HOCHBAUM, INGO: Weiterbildung in der Europäischen Gemeinschaft. In: Wirtschaft und Berufs-Erziehung (1991), Heft 12, S. 361-367

HOCHBAUM, INGO: Nationales und gemeinschaftliches Interesse. Die europäische Bildungspolitik von Rom bis Maastricht. In: Recht der Jugend und des Bildungswesens (1992), Heft 4, S. 505-520

HOCHBAUM, INGO: Neue Wege der Zusammenarbeit. Die europäische Bildungs- und Berufsbildungspolitik nach Maastricht. In: Bildung und Erziehung (1993), Heft 1, S. 19-37

HOFSTEDE, G.: Interkulturelle Zusammenarbeit. Kulturen – Organisationen – Management. Wiesbaden 1993

HUMMEL, THOMAS R.: Eurostrategisches Personalmanagement. In: Personal (1992), Heft 10, S. 440-443

HUMMEL, THOMAS R.: Europäische Ausrichtung deutscher Hochschulen. In: Personal (1992), Heft 10, S. 472-478

HUMMEL, THOMAS R.: Internationale Personalentwicklung. Grundlagen und Perspektiven. In: Zeitschrift Führung und Organisation, Jg. 62 (1993), Heft 3, S. 156-161

IFA (Hrsg.): Interkulturelle Kommunikation und Interkulturelles Training. Problemanalysen und Problemlösungen. Stuttgart 1994

IHK-Magazin: Nach Maastricht: Perspektiven für die berufliche Bildung (1992), Heft 3, S. 6-8

Informationen für die Beratungs- und Vermittlungsdienste der BUNDESANSTALT FÜR ARBEIT: Horizon (1991), Nr. 7, S. 283-285

Informationen für die Beratungs- und Vermittlungsdienste der BUNDESANSTALT FÜR ARBEIT: Berufsberatung in Europa. Weitere Schritte zur „Europäisierung der Berufsberatung" (1992), Nr. 26, S. 1665

Informationen für die Beratungs- und Vermittlungsdienste der BUNDES-ANSTALT FÜR ARBEIT: Europäisches Gymnasium. Schulversuch in Bayern (1992), Nr. 36, S. 2215-2216

Informationen für die Beratungs- und Vermittlungsdienste der BUNDES-ANSTALT FÜR ARBEIT: Ausländische Arbeitnehmer/Arbeitnehmerinnen lernen Deutsch am Arbeitsplatz. Trainingsprogramm ILTIS in Erprobung (1992), Nr. 42, S. 2613

Informationen für die Beratungs- und Vermittlungsdienste der BUNDES-ANSTALT FÜR ARBEIT: Zweites Aktionsprogramm der Gemeinschaft zugunsten Behinderter (HELIOS) (1992), Nr. 43, S. 2661-2662

Informationen für die Beratungs- und Vermittlungsdienste der BUNDES-ANSTALT FÜR ARBEIT: Europäische Berufsberatungskonferenz. Ergebnisse und Empfehlungen. Vom 25. bis 27. November 1992 in Nürnberg (1993), Nr. 26, S. 11-13

JACH, FRANK-RÜDIGER: Das neue Subsidiaritätsprinzip im Gemeinschaftsrecht. In: Recht der Jugend und des Bildungswesens (1992), Heft 4, S. 493-504

JANSEN, ROLF; STOOSS, FRIEDEMANN (Hrsg.): Qualifikation und Erwerbssituation im geeinten Deutschland. Ein Überblick über die Ergebnisse der BIBB/IAB-Erhebung 1991/92. Hrsg. vom Bundesinstitut für Berufsbildung u. dem Institut für Arbeitsmarkt- und Berufsforschung der Bundesanstalt für Arbeit. Berlin, Bonn: Bundesinstitut für Berufsbildung 1993

JÜTTNER, EGON: Europa – Binnenmarkt der Bildung. In: Bildung und Erziehung, Jg. 46 (1993), Heft 1, S. 5-17

KAMMEL, ANDREA; TEICHELMANN, DIRK: Internationaler Personaleinsatz. Konzeptionelle und instrumentelle Grundlagen. München, Wien 1994

KELZ, HEINRICH P. (Hrsg.): Internationale Kommunikation und Sprachkompetenz. Beiträge zum Fachprogramm der Expolingua Berlin. Bonn 1993

KENNEDY, FIONNUALA; SCHRÖDER, KONRAD: Foreign Language Learning Experience, Foreign Language Learning Motivation and European Multilingualism. An Irish Approach, With Reference to Findings in the Netherlands and the United Kingdom. In: Die Neueren Sprachen 91 (1992), H. 4/5, S. 434-452

KLEMM, KLAUS: Berufsbildung und das Projekt des einheitlichen Binnenmarktes. In: BLOSSFELD, HANS-PETER u. a.: Ökonomie und Politik beruflicher Bildung – Europäische Entwicklungen. Berlin 1992

KOCH, RICHARD; REULING, JOCHEN: Modernisierung, Regulierung und Anpassungsfähigkeit des Berufsausbildungssystems der Bundesrepublik Deutschland. Bielefeld 1994

KOCH, RITA; ZEDLER, REINHARD: Berufsschule – Partner der Ausbildungsstätte. Ergebnisse einer Unternehmensumfrage. Köln 1992

KOCKS, ANDREAS: Fremdsprachenbedarf in Handel und Industrie. Eine Untersuchung in Duisburg. Duisburg: Linguistic Angency University of Duisburg 1989

KÖDITZ, VOLKER: Europäische Zusammenarbeit auf dem Felde der Berufsberatung. In: Gewerkschaftliche Bildungspolitik (1993), Heft 7/8, S. 161-167

KÖHLER, CHRISTOPH: Vom Primat der Ökonomie zum Primat der Politik. Thesen zum Wandel von Arbeits- und Qualifikationstrukturen im deutschen Maschinenbau. In: WSI-Mitteilungen (1991), Heft 7, S. 409 bis 419

KOMMISSION DER EUROPÄISCHEN GEMEINSCHAFTEN: Task Force Humanressourcen. Allgemeine und berufliche Bildung. Jugend FORCE. Berufliche Weiterbildung in Europa. Vademecum. Brüssel 1990

KOMMISSION DER EUROPÄISCHEN GEMEINSCHAFTEN: Memorandum der Kommission über die Berufsausbildungspolitik der Gemeinschaft für die 90er Jahre. Brüssel, 12. Dezember 1991

KOMMISSION DER EUROPÄISCHEN GEMEINSCHAFTEN: Leitfaden zu den Gemeinschaftsprogrammen Humanressourcen. Brüssel 1991

KOMMISSION DER EUROPÄISCHEN GEMEINSCHAFTEN: Task Force Humanressourcen. Allgemeine und berufliche Bildung. Jugend. PETRA II Vademecum. Leitfaden für Antragsteller für 1992. Brüssel, Januar 1992

KOMMISSION DER EUROPÄISCHEN GEMEINSCHAFTEN: Lingua Kompendium. Deutsche Fassung. Brüssel 1992

KOMMISSION DER EUROPÄISCHEN GEMEINSCHAFTEN: Entsprechung der beruflichen Befähigungsnachweise. Luxemburg: Amt für amtliche Veröffentlichungen der Europäischen Gemeinschaften 1992

KOMMISSION DER EUROPÄISCHEN GEMEINSCHAFTEN: Lingua. Venice Conference Proceedings. Action IV. February 1993. Brüssel 1993

KOMMISSION DER EUROPÄISCHEN GEMEINSCHAFTEN: Lingua Delta. Foreign language learning and the use of new technologies. Conference Proceedings London 1993. Brüssel 1993

KOMMISSION DER EUROPÄISCHEN GEMEINSCHAFTEN: PETRA Vademecum. Leitfaden für Antragsteller 1993. Köln 1993

KOMMISSION DER EUROPÄISCHEN GEMEINSCHAFTEN: Wachstum, Wettbewerbsfähigkeit, Herausforderungen der Gegenwart und Wege ins 21. Jahrhundert. Weißbuch. Luxemburg: Amt für amtliche Veröffentlichungen der Europäischen Gemeinschaften 1994

KONOW, GERHARD: Bildungspolitik nach „Maastricht". In: Recht der Jugend und des Bildungswesens (1992), Heft 4, S. 428-435

KRAMER, WOLFGANG; WEISS, REINHOLD: Fremdsprachen in der Wirtschaft. Ein Beitrag zu interkultureller Kompetenz. Köln 1992

KRAMER, WOLFGANG: Euro-Manager auf dem Vormarsch. In: Personal, Jg. 44 (1992), Heft 10, S. 445-447

KRAMER, WOLFGANG: Interkulturelle Kompetenz: Zum neuen Anforderungsprofil an international tätige Mitarbeiter. In: KRAMER, WOLFGANG; WEISS, REINHOLD (Hrsg.): Fremdsprachen in der Wirtschaft. Ein Beitrag zu interkultureller Kompetenz. Köln 1992, S. 9-46

KRÖNNER, HANS; PURGAND, WINFRIED: Das internationale Übereinkommen zur beruflichen Bildung. In: Informationen für die Beratungs- und Vermittlungsdienste der Bundesanstalt für Arbeit (1991), Nr. 6, S. 267-272

KÜHN, JÜRGEN; LEUSCHNER, HAGEN: Fremdsprachenbedarf in ausgewählten Betrieben Niedersachsens. Hrsg. vom Institut für die Niedersächsische Wirtschaft. Hannover 1980

KÜMMERLEIN, SIGRID: CEDEFOP. Das Europäische Zentrum für die Berufsbildung. In: Grundlagen der Weiterbildung (1992), Heft 2, S. 82 bis 86

KÜMMERLEIN, SIGRID: Fremdsprachen in der Berufsausbildung. In: Lernfeld Betrieb (1990), Heft 2, o. S.

KURATORIUM DER DEUTSCHEN WIRTSCHAFT FÜR BERUFSBILDUNG (Hrsg.): Das duale System und die Herausforderungen der 90er Jahre. Grundpositionen der Wirtschaft zur Berufsausbildung. Bonn, September 1991

KURATORIUM DER DEUTSCHEN WIRTSCHAFT FÜR BERUFSBILDUNG: Fremdsprachen in der Berufsbildung. Empfehlungen der Wirtschaft. Bonn 1992

LEHMKUHL, KIRSTEN: Das Konzept der Schlüsselqualifikationen in der Berufspädagogik. Eine ausreichende Antwort auf Qualifizierungsanforderungen der flexiblen Massenproduktion?. Hannover 1992

LEVE, MANFRED: Europäischer Binnenmarkt – Perspektiven für die berufliche Rehabilitation junger Behinderter. In: Informationen für die Beratungs- und Vermittlungsdienste der Bundesanstalt für Arbeit (1992), Nr. 28, S. 1725-1731

LICHTE, RAINER; ULLENBOOM, DETLEF: Bericht über eine empirische Kurzstudie „Bescheinigung und Anerkennung von Arbeitspraktika und Ausbildungsaufenthalten in einem anderen Mitgliedsland im Rahmen des EG-Programms PETRA II". Die Praxis in der Bundesrepublik Deutschland. Dortmund 1994

LIEBER, PAUL; MELLIN-LIEBER, VERENA: EG-Binnenmarkt 1993. Ansätze einer vorausschauenden Qualifizierungspolitik der Arbeitsverwaltung. In: Arbeit und Beruf, Jg. 43 (1992), Heft 2, S. 33-36

LIPSMEIER, ANTONIUS: Lernen für Europa – Lernen in Europa. Berufspädagogische Anforderungen an ein zukunftsorientiertes europäisches Qualifikationskonzept. In: Zeitschrift für Berufs- und Wirtschaftspädagogik (1991), H. 5, S. 355-376

LIPSMEIER, ANTONIUS; MÜNK, DIETER: Die Berufsbildungspolitik der Gemeinschaft für die 90er Jahre. Hrsg. vom Bundesministerium für Bildung und Wissenschaft. Bonn 1994

LÜBKE, S., OLIVER: Das Memorandum aus der Sicht der Arbeitnehmer. Statement anläßlich des BMBW-Kolloquiums zum Memorandum der Kommision über die Berufsbildungspolitik für die 90er Jahre am 01. und 02.10.1992 in Suhl. Düsseldorf, September 1992 (unveröffentl. Manuskript)

MANNING, SABINE: Ausrichtung der beruflichen Bildung auf den EG-Binnenmarkt 1992. In: Vergleichende Pädagogik (1990), Heft 2

MCLEAN, MARTIN: Das europäische Curriculum. In: SCHLEICHER, KLAUS (Hrsg.): Zukunft der Bildung in Europa. Nationale Vielfalt und europäische Einheit. Darmstadt 1993

MOLE, JOHN: Euro-Knigge für Manager. Frankfurt a.M.; New York 1993

MÜLLER-SOLGER, HERMANN u. a.: Bildung und Europa. Die EG-Fördermaßnahmen. Bonn 1993

PAUL-KOHLHOFF, ANGELA: Die Vollendung des europäischen Binnenmarktes. In: Berufsbildung 48 (1994), H. 26, S. 4-7

PIERRET, MARIA; SELLIN, BURKHART: Vergleichende Analyse der Systeme und Verfahren der Zertifizierung von Qualifikationen in der EG. Zusammenfassung und synoptische Tabellen. Berlin 1993

PLANT, PETER: Transnational Guidance and Training for Young People and Adults (Transnationale Berufsberatung und -ausbildung für Jugendliche und Erwachsene). Berlin 1990

PLANT, PETER: Transnationale Berufsberatung in der EG. In: Informationen für die Beratungs- und Vermittlungsdienste der Bundesanstalt für Arbeit (1991), Nr. 15, S. 645-651

POHL, ENNO: Europaqualifikationen für Speditionskaufleute. In: WORDELMANN, PETER (Hrsg.): Internationale Qualifikationen. Inhalte, Bedarf und Vermittlung. Herausgegeben vom Bundesinstitut für Berufsbildung, Der Generalsekretär. (Berichte zur beruflichen Bildung, Heft 184). Berlin, Bonn: Bundesinstitut für Berufsbildung 1995, S. 151-163

ROSE, KLAUS; SAUERNHEIMER, KARLHANS: Theorie der Außenwirtschaft. München 1992

SCHLAFFKE, W. (Hrsg.): Qualifizierter Nachwuchs für Europa; Beiträge zur Gesellschafts- und Bildungspolitik des Instituts der deutschen Wirtschaft Köln, 176. Köln 1992

SCHLEICHER, KLAUS (Hrsg.): Zukunft der Bildung in Europa: Nationale Vielfalt und europäische Einheit. Darmstadt 1993

SCHMIDT, HERMANN: Berufliche Bildung in Europa. Vielfalt in der Einheit. In: Berufsbildung für Europa. Arbeitsunterlagen und Materialien aus dem BIBB. Berlin, Oktober 1990

SCHMIDT, JENS. U.; REISSE, WILFRIED (Hrsg.): Zertifizierung von berufsbezogenen Fremdsprachenqualifikationen in einem zusammenwachsenden Europa. Bielefeld 1996

SCHREINER, PETER: Bildung in europäischer Perspektive. Münster 1992

SCHRÖDER, KONRAD; LANGHELD, DOROTHÉE; MACHT, KONRAD: Fremdsprachen in Handel und Industrie unter besonderer Berücksichtigung mittlerer Betriebe in Schwaben und im Raum München. Dokumentation und Auswertung einer Umfrage. Augsburg: Augsburger I & I-Schriften 5, 1978

SCHRÖDER, KONRAD: Fremdsprachenbedarf – Didaktische Problematik und empirische Analyse. Eine Bibliographie. In: Die Neueren Sprachen 83 (1984), H. 1, S. 109-117

SCHRÖDER, KONRAD: Kommentierte Auswahlbibliographie zur sprachlichen und sprachenpolitischen Problematik Europas. In: Die Neueren Sprachen 91 (1992), H. 4/5, S. 492-516

SCHRÖDER, KONRAD: Zum Fremdsprachenbedarf der Wirtschaft. In: HEIMERER, LEO; WEIDINGER, DOROTHEA (Hrsg.): Fremdsprachen an der Berufsschule. Ergebnisse einer Tagung zum Fremdsprachenunterricht in der beruflichen Bildung. München: Staatsinstitut für Schulpädagogik und Bildungsforschung 1994a

SCHRÖDER, KONRAD: Wege zur Vielsprachigkeit und notwendige Elemente einer Sprachenpolitik. In: DIHT (Deutscher Industrie- und Handelstag): Fremdsprachen in einem Europa offener Grenzen. Symposium des DIHT und des DBG in Bonn, 29. April 1994. Bonn 1994b

SCHUSTER, MATTHIAS: Zum Auslandseinsatz von Mitarbeitern. Köln 1995

SEITTER, WOLFGANG: Erwachsenenbildung zwischen Europäisierung und nationalen Traditionen. In: Zeitschrift für Pädagogik, Jg. 39 (1993), Heft 3, S. 427-442

SEKRETARIAT DER STÄNDIGEN KONFERENZ DER KULTUSMINISTER DER LÄNDER IN DER BRD: Fremdsprachenunterricht an der Berufsschule. Auswertung der Länderumfrage. Bonn 1993

SEKRETARIAT DER STÄNDIGEN KONFERENZ DER KULTUSMINISTER DER LÄNDER IN DER BRD: Überlegungen zu einem Grundkonzept für den Fremdsprachenunterricht mit Gutachten zum Fremdsprachenunterricht in der Bundesrepublik Deutschland. Bonn 1994

SELLIN, BURKART: Euroqualifikation für alle: neue Ansätze und Programme der EG zur Berufsbildung Jugendlicher. Köln 1991

SEYD, WOLFGANG: EG und Kulturföderalismus. Bundesdeutsche Bildungspolitik vor dem Hintergrund der europäischen Integration. In: Gewerkschaftliche Bildungspolitik (1993), Heft 11, S. 266-270

SLOANE, PETER F. E. (Hrsg.): Transnationale Ausbildung im Handwerk. Forschungsinstitut für Berufsbildung im Handwerk an der Universität zu Köln. Reihe B: Berufsbildung im Handwerk, Heft 35. Köln 1993

SOFI (Hrsg.): Im Zeichen des Umbruchs. Beiträge zu einer anderen Standortdebatte. Opladen 1995

SPELBERG, K.: Berufsspezifische Vermittlung von Fremdsprachen erforderlich. In: Handwerk Magazin (1992), Heft 5

STAATSINSTITUT FÜR SCHULPÄDAGOGIK UND BILDUNGSFORSCHUNG, Abteilung Berufliche Schulen: Modellversuch. Fremdsprachen an der Berufsschule – Chancen für den Arbeitnehmer in der EG von morgen. München 1993

STAATSMINISTERIUM FÜR ARBEIT UND SOZIALORDNUNG, FAMILIE, FRAUEN UND GESUNDHEIT BAYERN (Hrsg.): Aufbruch nach Europa! Fünfter Bayerischer Berufsbildungskongreß. Nürnberg 25.-28.11.1992. Dokumentation. München 1993

STATISTISCHES BUNDESAMT (Hrsg.): Statistisches Jahrbuch 1994 für die Bundesrepublik Deutschland. Wiesbaden 1994

STROHMEYER, RUDOLF: Grundzüge der europäischen Bildungspolitik. In: Grundlagen der Weiterbildung (1992), Heft 2, S. 69-72

SUTTER, HANNELORE: Fremdsprachenbedarf in Klein- und Mittelbetrieben. Eine vergleichende Analyse empirischer Untersuchungen. Hrsg. vom Bundesministerium für Bildung und Wissenschaft, Schriftenreihe Studien zu Bildung und Wissenschaft 101. Bad Honnef 1992

TEICHLER, ULRICH: Wandel der Hochschulstrukturen im internationalen Vergleich. Kassel 1988

THOBOIS, PIERRE-MARIE: Euroqualification Info. Brüssel 1993

THOMAS, A. (Hrsg.): Psychologie und multikulturelle Gesellschaft, Problemanalysen und Problemlösungen. Göttingen 1994

TORRE, ENRIQUE ROBERTO DE LA: Neue Qualifikationen oder eine neue Auslegung des Berufsbegriffs? In: Berufsbildung (1991), Heft 2, S. 8-10

UTEAU, KARINE: EG-Berufsbildungsprogramme im BIBB. Überblick und Einzeldarstellungen. Berlin 1993

VERTRETUNG DER EG-KOMMISSION IN DER BRD (Hrsg.): EU Almanach 1993. Ansprechpartner, Informationsquellen und Datenbanken zu europäischen Themen in der BRD. Bonn 1993

VOJTA, JENS: Berufsausbildung für Europa (Positionspapier der DAG). Hamburg, 24. Februar 1992 (unveröffentlichtes Manuskript)

VOLLE, ANGELIKA: Aus- und Fortbildung für internationale Tätigkeiten in der Bundesrepublik Deutschland. Eine Bestandsaufnahme im internationalen Vergleich. Schriften des Forschungsinstituts der Deutschen Gesellschaft für Auswärtige Politik e. V. Bonn 1980

WEIDENFELD, WERNER u. a. (Hrsg.): Europäische Integration und Arbeitsmarkt. Grundlagen und Perspektiven. Nürnberg 1994

WEIDINGER, DOROTHEA: Der Modellversuch „Fremdsprachen an der Berufsschule – Chancen für den Arbeitnehmer in der EG von morgen". In: HEIMERER, LEO; WEIDINGER, DOROTHEA (Hrsg.): Fremdsprachen an der Berufsschule. Ergebnisse einer Tagung zum Fremdsprachenunterricht in der beruflichen Bildung. München: Staatsinstitut für Schulpädagogik und Bildungsforschung 1994

WEIDINGER, DOROTHEA: Fremdsprachen an der Berufsschule. Chancen für den Arbeitnehmer in der EG von morgen. Ergebnisse des Modellversuchs (1990-1993) und der Befragungen. München: Staatsinstitut für Schulpädagogik und Bildungsforschung 1995

WEISS, REINHOLD: Fremdsprachen in der Wirtschaft: Bedarf und Qualifizierung. Ergebnisse einer empirischen Untersuchung. In: KRAMER, WOLFGANG; WEISS, REINHOLD (Hrsg.): Fremdsprachen in der Wirtschaft. Ein Beitrag zu interkultureller Kompetenz. Köln 1992

WEISS, REINHOLD: Was tut sich in der betrieblichen Weiterbildung in Deutschland mit Blick auf Europa? In: KRUSE, WILFRIED (Hrsg.): Weiterbildung und Weiterbildungsforschung – Europäische Perspektiven. Dokumente einer Arbeitstagung zum FORCE-Programm. 11./12.12.1991 in Dortmund. Dortmund, August 1992

WEISS, REINHOLD; SCHÖPPER-GRABE, SIGRID: Fremdsprachen im Ausbildungsberuf Kaufmann/Kauffrau im Groß- und Außenhandel. In: WORDELMANN, PETER (Hrsg.): Internationale Qualifikationen. Inhalte, Bedarf und Vermittlung. Herausgegeben vom Bundesinstitut für Berufsbildung, Der Generalsekretär. (Berichte zur beruflichen Bildung, Heft 184). Berlin, Bonn: Bundesinstitut für Berufsbildung 1995, S. 85-102

WEISS, REINHOLD; SCHÖPPER-GRABE, SIGRID: Fremdsprachen im Ausbildungsberuf Kaufmann/Kauffrau im Groß- und Außenhandel. Bundesministerium für Bildung, Wissenschaft, Forschung und Technologie. Bonn 1995

WIEGAND, ULRICH: PETRA II. Größter Jugendaustausch. In: Arbeitgeber (1993), Heft 13/14, S. 486-490

WILLEMS, M.M.; OUD-DE GLAS, M.M.B.: De behoeften aan talenkennis en talenonderwijs bij politie-functionarissen in de drie Gelderse regio's. Nimwegen: Instituut voor Toegepaste Sociale wetenschappen 1993

WITHAGEN, VIRGIE: Weinig aandacht voor moderne vreemde talen in mbo-eindtermen. Beroepsopleidingsprofielen gescreend. Hrsg. vom Nationaal Actieprogramma/Moderne Vreemde Talen. Nimwegen: Instituut voor Toegepaste Sociale wetenschappen 1993

WORDELMANN, PETER: Fremdsprachen in Ausbildung und Beruf. In: Gewerkschaftliche Bildungspolitik (1991), H. 2, S. 33-40

WORDELMANN, PETER: Die Notwendigkeit von Fremdsprachenunterricht an der Berufsschule. In: Berufsbildung in Wissenschaft und Praxis (1993), H. 5, S. 9-14

WORDELMANN, PETER: Produkte oder Menschen? – Bildungspolitik in den neunziger Jahren. In: Gewerkschaftliche Bildungspolitik (1993), Heft 2, S. 29-34

WORDELMANN, PETER (Hrsg.): Internationale Qualifikationen. Inhalte, Bedarf und Vermittlung. Herausgegeben vom Bundesinstitut für Berufsbildung, Der Generalsekretär. (Berichte zur beruflichen Bildung, Heft 184). Berlin, Bonn: Bundesinstitut für Berufsbildung 1995

WORDELMANN, PETER; MATTHES, CLAUDIA-YVETTE: Fachkräfte, Fremdsprachen und Mobilität. Bundesinstitut für Berufsbildung (Hrsg.). Berlin, Bonn 1995

ZEDLER, REINHARD; KOCH, RITA: Berufsschule – Partner der Ausbildungsbetriebe. Ergebnisse einer Unternehmensumfrage. Beiträge zur Gesellschafts- und Bildungspolitik 178. Köln 1992

Verzeichnis der Schaubilder

Verzeichnis der Tabellen

Die Zeitschrift zur Berufsbildung

BWP – „Berufsbildung in Wissenschaft und Praxis" mit Beilage BIBB-aktuell

BWP informiert über aktuelle Themen der beruflichen Bildung, insbesondere über wesentliche Arbeits- und Forschungsergebnisse aus Wissenschaft und Praxis. Die Beiträge befassen sich u.a. mit Fragen über neue Ausbildungsordnungen, die Qualifizierung des Berufsbildungspersonals, neue Methoden und Konzepte der Weiterbildung, die Entwicklung neuer Ausbildungsmittel, Umweltschutz in der Berufsbildung, Frauen und Berufsbildung, internationale Aspekte der Berufsbildung sowie über Ergebnisse, Analysen und Prognosen aus Forschungsprojekten und Modellversuchen.

Jede Ausgabe erscheint mit der Beilage „BIBB aktuell", in der neueste Nachrichten aus dem BIBB und anderen Bereichen der Berufsbildung enthalten sind.

BWP wendet sich an Berufsbildungsexperten in Wissenschaft, Praxis und Politik.

Bezugspreise:
Einzelheft 15,00 DM
Jahresabonnement 69,50 DM
Auslandsabonnement 78,00 DM
zuzüglich Versandkosten
Erscheinungsweise zweimonatlich

Bestellungen sind zu richten an den
W. Bertelsmann Verlag GmbH & Co. KG,
Postfach 10 06 33,
33506 Bielefeld
Telefon: 0521/91101-26
Telefax: 0521/91101-79

Peter Wordelmann
(Hrsg.)

Internationale
Qualifikationen

Inhalte, Bedarf und Vermittlung

Berichte zur beruflichen Bildung

Bundesinstitut für Berufsbildung

184

Bundesinstitut für Berufsbildung

PETER WORDELMANN (HRSG.)
INTERNATIONALE QUALIFIKATIONEN
INHALTE, BEDARF UND VERMITTLUNG
BERICHTE ZUR BERUFLICHEN BILDUNG, HEFT 184

1995, 246 Seiten,
Bestell-Nr. 102.184,
Preis 29.00 DM

▶ Sie erhalten diese Veröffentlichung beim
W. Bertelsmann Verlag GmbH & Co KG
Postfach 10 06 33
33506 Bielefeld
Telefon (05 21) 9 11 01- 0
Telefax (05 21) 9 11 01- 79

Was sind eigentlich „internationale Qualifikationen", „Euro-qualifikationen", „Europakompetenzen" oder wie immer dieses Bündel von qualifikatorischen Anforderungen genannt wird, das sich aus der Internationalisierung des Wirtschaftens ergibt? Wer braucht sie und wofür? Wo werden sie benötigt und wo werden sie am besten erlernt? Wie entwickelt sich der zukünftige Bedarf?

Dies sind einige der Fragestellungen, die in dem vorliegenden Band bearbeitet werden. Er entstand im Rahmen des BIBB-Projektes „Berufliche Qualifikationen im internationalen Kontext" und stellt eine Zwischenbilanz der bisherigen Projektarbeiten zu diesem Thema dar. Die Beiträge der Experten aus Wissenschaft, Verbänden und Wirtschaft, die auf einem Workshop im November 1994 in Berlin vorgetragen wurden, machen deutlich, daß die Thematik eine sehr differenzierte Betrachtung verlangt, sowohl was den sogenannten Bedarf an internationalen Qualifikationen – meist festgemacht am Fremdsprachenbedarf – als auch die inhaltliche Ausgestaltung, die Formen und Orte ihrer Vermittlung anbetrifft.